JN287652

The Study of Corporate Tax Law

法人税法の研究

河野 惟隆 [著]

税務経理協会

はじめに

　本書の主たる課題は，平成13年度以降に導入された適格合併における欠損金繰越控除と特定資産譲渡損失額とを，明らかにすることである。平成13年度に，適格合併を含めた適格組織再編税制が導入され，それ以降も，それの，言わば追加的な改定が行われ，平成12年度以前と比べて，法人税法は，格段に難解になったが，その解釈をいささかなりとも試みた。この適格合併を，利益積立金額を明確にしつつ，利益積立金額との関連で明らかにした。法人税法・法人税法施行令は，利益積立金額を規定しつつも，その規定通りには明示的算出は行わず，法人税法施行規則においてある算出を行い，その結果を利益積立金額としているが，その結果を利益積立金額としてよい理由を，従来の研究は不問に付し，明らかにしていない。そこでこの利益積立金額を明確にしつつ，そのなかで適格合併を位置づけ，適格合併を明らかにした。

　各章の要旨は次の通りである。

　第1章　法人税法は，所得金額を規定しているが，その規定通りには明示的算出は行われておらず，法人税法施行規則においてある算出を行い，その結果を所得金額としている。このように，その結果を所得金額としてよい理由を証明した。

　第2章　法人税法は，利益積立金額を規定しているが，その規定通りには明示的算出は行われておらず，法人税法施行規則においてある算出を行い，その結果を利益積立金額としている。その際に，法人税法と法人税法施行規則とで，利益積立金額を構成する各項目は，唯一つの法人税・地方税を除いて，全く異なっている。このようにして良い理由を証明した。前章の所得金額の規定と明示的算出との関係と似たような面があることも指摘した。

　第3章　平成19年度に導入された減価償却の定率法において，初年度から一定の比率の金額の年数は，償却保証額によって定まる，と規定しているが，この規定は同義反復となっていて無意味であることを明らかにし，償却保証額に

よらずとも，一般的な式によって定まる，ということを明らかにした。

　第4章　適格合併等における，合併法人による，被合併法人の欠損金額の繰越控除が，法人税法において，必ずしも，整合的であるとは限らないことを指摘し，整合的にしうることを述べた。

　第5章　特定適格合併において，被合併法人の，特定資本関係事業年度前の欠損金額と，その事業年度以後の特定資産譲渡等損失額の，合併法人による引継ぎが，制限される場合と，その制限が緩和される場合とを，明確にし，又，合併事業年度以後の，特定資産譲渡等損失額の損金算入の制限と緩和とを明確にした。

　第6章　適格合併における，合併法人による，被合併法人の利益積立金額の引継ぎを，第1章と第2章で述べた所得金額と，第2章で述べた利益積立金額とを，詳説しつつ，明確にした。

　第7章　適格合併における未処理欠損金額の引継ぎを，前章における，利益積立金額の明示的算出との関連で明らかにした。法人税法・法人税法施行令において，利益積立金額を規定する際に，欠損金額と欠損金繰越控除が規定されており，したがって，両者の差額の未処理欠損金額も規定されていることになるが，しかし，利益積立金額の明示的な算出は，これらの規定のようには行われず，それは，法人税法施行規則において行われ，その際に，欠損金額と欠損金繰越控除したがって未処理欠損金額は明示化されない。そこで，未処理金額の引継ぎを，利益積立金額の明示的算出との関連で明らかにした。

　第8章　平成18年度に導入された，特定支配関係にある欠損等法人の適格合併を，特定資本関係の特定適格合併との対比で，明らかにした。特に，「欠損金額を含まないものとする」ならびに「損金の額に算入しない」という，特定資本関係の特定適格合併の規定は，特定支配関係にある欠損等法人の適格合併においては「適用しない」と規定されているが，これは二重否定ではなく，後者の，特定支配関係にある欠損等法人の適格合併に関する独自の規定を，強制適用する，という意味である，ということを明らかにした。本章は，著者が，読者諸氏に，最も注視して頂きたい部分である。

はじめに

第9章 特定適格合併を，適格合併の一つである「共同で事業を営むための合併」との対比で明らかにした。このような対比的取り扱いは，5章から8章までの，特に前章8章の，理解を，容易にすると思われる。

第10章 適格合併における減価償却資産の引継ぎを，第6章における，利益積立金額の明示的算出との関連で明らかにした。第7章の欠損金繰越控除と対称的に，法人税法・法人税法施行令において，利益積立金額を規定する際に，減価償却限度超過額は規定されていないが，しかし，法人税法施行規則における，利益積立金額の明示的な算出においては，明示されている。そこで，減価償却資産の引継ぎを，利益積立金額の明示的算出との関連で明らかにした。

第11章 前章では，利益積立金額の明示的算出との関連での，減価償却資産の引継ぎを，適格合併において，明らかにしたが，ここでは，適格合併だけでなく，適格分割，適格現物出資，適格事後設立を含めた，適格組織再編税制において明らかにした。

私は，現在の勤務先の帝京大学において，故冲永荘一学主，冲永佳史学長，冲永荘八副学長の下，研究教育に自由に専念させて頂いている。経済学の目的は，現在進行形の現実の日本経済について明らかにすることであり，そのために理論経済学・経済史学・外国経済論は極めて有効な手段であるが，経済学教育はかような観点から行われるのが望ましい。その経済学教育について，帝京大学において，同僚の賀村進一氏・石川治夫氏・小島寛之氏そして濱野茂人氏・岩井　靖氏・青地　潤氏等と論じたが，そこでの議論が，教育が研究にフィードバックされる形で，本書の研究の推進力ともなった。本書出版に際しては，株式会社税務経理協会の大坪嘉春社長，峯村英治部長，日野西資延氏に限りなく御世話になった。以上の方々に厚く御礼を申し上げたい。なお，私事にわたって恐縮であるが，研究教育に専念させてくれている妻康子に，最後に，しかし，最小にではなく，謝意を表したい。

2009年3月

著　者

目　　次

はじめに

第1章　法人税法の所得金額
1 はじめに……………………………………………………………1
2 条文の検討…………………………………………………………2
3 既存文献の検討……………………………………………………10
4 おわりに……………………………………………………………20

第2章　法人税法の所得金額と利益積立金額
1 はじめに……………………………………………………………21
2 所得金額（その1）…………………………………………………21
3 利益積立金額（その1）……………………………………………23
4 所得金額（その2）…………………………………………………24
5 利益積立金額（その2）……………………………………………25
6 おわりに……………………………………………………………27

第3章　法人税法減価償却の新規定
1 はじめに……………………………………………………………31
2 期首始働の場合……………………………………………………33
　2－1　保証率の冗慢性……………………………………………33
　2－2　保証率等の非公開性………………………………………39
3 期中始働の場合……………………………………………………42
　3－1　保証率等の冗慢性…………………………………………42
　3－2　「一定の割合」事業年度 vs.「同一」事業年度…………45
　3－3　小　　括……………………………………………………46

4　おわりに……………………………………………………47

第4章　適格合併等における欠損金繰越控除
　1　はじめに……………………………………………………49
　2　合併法人等7年前事業年度開始日が被合併法人等
　　　7年前事業年度開始日以前である場合……………………50
　　2－1　被合併法人等のみなし事業年度開始の日が合併法人
　　　　　等の合併等事業年度開始の日前の場合………………50
　　2－2　被合併法人等のみなし事業年度開始の日が合併法人
　　　　　等の合併等事業年度開始の日以後の場合……………53
　3　合併法人等7年前事業年度開始日が被合併法人等
　　　7年前事業年度開始日後である場合………………………55
　　3－1　被合併法人等のみなし事業年度開始の日が合併法人
　　　　　等の合併等事業年度開始の日前の場合………………56
　　3－2　被合併法人等のみなし事業年度開始の日が合併法人
　　　　　等の合併等事業年度開始の日以後の場合……………59
　4　おわりに……………………………………………………61

第5章　適格合併等の欠損金繰越控除の制限と緩和
　1　はじめに……………………………………………………63
　2　特定資本関係だけの場合…………………………………64
　　2－1　適用期間内事業年度──合併法人等………………64
　　2－2　前7年内事業年度──被合併法人等………………67
　3　純資産超過額も加味される場合…………………………72
　　3－1　前7年内事業年度──被合併法人等………………72
　　3－2　適用期間内事業年度──合併法人等………………79
　4　おわりに……………………………………………………84

目　次

第6章　適格合併における利益積立金額の引継ぎ
1　はじめに………………………………………………………………87
2　合併法人の利益積立金額と被合併法人の利益積立金額 ……88
　2－1　過去事業年度の利益積立金額と当該事業年度の利益積立金額…………………………………………………………88
　2－2　被合併法人の利益積立金額の分離による利益積立金額の第一段階の定義………………………………………92
　2－3　当該事業年度利益積立金額と留保金額との同一性……95
　2－4　当該事業年度利益積立金額への被合併法人利益積立金額の非包含………………………………………………99
　2－5　被合併法人利益積立金額の加算 ………………………100
3　合併法人の税引前当該事業年度利益積立金額 ………………103
　3－1　税引前当該事業年度利益積立金額と留保所得の同一性………………………………………………………………103
　3－2　税引前当該事業年度利益積立金額の算出と所得金額の算出 …………………………………………………………106
　3－3　税引前当該事業年度利益積立金額の算出の別表四②・③両欄の同値性……………………………………………108
4　おわりに……………………………………………………………110

第7章　適格合併における未処理欠損金額の引継ぎ
　　　　　──利益積立金額の明示的算出との関連で──
1　はじめに……………………………………………………………111
2　未処理欠損金額の引継ぎの意味 ………………………………111
3　未処理欠損金額の引継ぎの例示 ………………………………114
4　利益積立金額の明示的な算出と未処理欠損金額の引継ぎ（その1）……………………………………………………………119

5　利益積立金額の明示的な算出と未処理欠損金額の引継ぎ（その2）………………………………………………………123
　　6　所得金額の規定と明示的算出 ……………………128
　　7　おわりに ……………………………………………130

第8章　欠損等法人・特定支配関係による適格合併
　1　はじめに ………………………………………………131
　2　既存文献の検討 ………………………………………134
　　2-1　合併法人たる欠損等法人の適用期間前の欠損金額
　　　　　――他法人の合併日前日以前および自己の合併事業年度直前事業年度以前との関連で―― ……………134
　　2-2　合併法人たる欠損等法人の適用期間における特定資産譲渡等損失額――自己の合併事業年度以後との関連で―― ……………………………………………142
　3　合併法人たる欠損等法人の適用期間前の欠損金額
　　　――他法人の合併日前日以前および自己の合併事業年度直前事業年度以前との関連で―― ………………146
　　3-1　関連条文 …………………………………………146
　　3-2　特定支配関係にある欠損等法人 ………………150
　　3-3　欠損等法人が合併法人である場合 ……………152
　　3-4　欠損等法人が被合併法人である場合 …………156
　4　合併法人たる欠損等法人の適用期間における特定資産譲渡等損失額――自己の合併事業年度以後との関連で―― ……157
　　4-1　関連条文 …………………………………………157
　　4-2　欠損等法人が合併法人である場合 ……………161
　　4-3　欠損等法人が被合併法人である場合 …………165
　5　おわりに ………………………………………………167

第9章　特定適格合併と「共同で事業を営むための合併」

1　はじめに …………………………………………………………169
2　法第57条第3項「ハ　共同で事業を営むための適格合併」
　　VS. 法第2条第12号の8「共同で事業を営むための合併」…170
　2−1　特定適格合併という用語 …………………………………170
　2−2　法第2条第12号の8「ハ　共同で事業を営むための
　　　　合併」………………………………………………………171
　2−3　法第57条第3項「共同で事業を営むための適格合併」
　　　　VS. 法第2条第12号の8「ハ　共同で事業を営むため
　　　　の合併」……………………………………………………173
3　法第57条第3項「共同で事業を営むための適格合併」
　　と関連する法第2条第12号の8「ロ　100分の50を超え
　　100分の100に満たない数の株式を保有する関係」VS.
　　同号「ハ　共同で事業を営むための合併として政令で定
　　めるもの」(その1) ……………………………………………177
4　法第57条第3項「共同で事業を営むための適格合併」
　　と関連する法第2条第12号の8「ロ　100分の50を超え
　　100分の100に満たない数の株式を保有する関係」VS.
　　同号「ハ　共同で事業を営むための合併として政令で定
　　めるもの」(その2) ……………………………………………182
5　おわりに …………………………………………………………185

第10章　適格合併における減価償却資産の引継ぎ
──利益積立金額の引継ぎとの関連で──

1　はじめに …………………………………………………………187
2　被合併法人の減価償却限度超過額と利益積立金額 …………188
3　被合併法人の合併日前日の取得価額 …………………………192

4　「帳簿価額による引継ぎ」VS.「帳簿に記載されていた金額」の引継ぎ ……………………………………………193
　　5　おわりに ……………………………………………………198

第11章　適格組織再編税制における減価償却資産と利益積立金額

　1　はじめに ………………………………………………………201
　2　減価償却資産の引継ぎ ………………………………………202
　　2－1　償却費の損金経理額および期中損金経理額 …………202
　　2－2　償却事業年度前および分割等事業年度前の償却限度超過額 …………………………………………………207
　　2－3　「帳簿に記載されていた金額」と「帳簿に記載された金額」 ……………………………………………………210
　　2－4　減価償却資産の取得価額 ………………………………213
　　2－5　小　　括 …………………………………………………216
　3　利益積立金額の引継ぎ ………………………………………217
　　3－1　適格合併等 ………………………………………………217
　　3－2　適格分社型分割等 ………………………………………223
　4　おわりに ………………………………………………………239

参考文献 ……………………………………………………………241

索　引 ………………………………………………………………245

第1章

法人税法の所得金額

1 はじめに

　本章の課題は，法人税法のいわば本法が定める所得金額と，その施行規則が定める所得金額とが，如何なる関係にあるのか，ということを明らかにすることである。すなわち，法人税法の本法では，益金と損金との差額として，所得金額を定めている。しかるに，その施行規則では，利益金への加算と減算の結果として，所得金額を算出している。前者の所得金額と，後者の所得金額との関係を明らかにすることが，本章の課題なのである。

　一般に税法学者は，所得金額としては本法の規定に言及し，しかも，その規定に言及するだけである。しかし，現実には，本法が定めるようには，所得金額は算出されていない。つまり，益金と損金の差額として所得金額は，直接的には算出されていない。したがって，この規定に言及するだけでは，架空のもの，いわば空中楼閣を明示しているに過ぎない。

　他方，一般に税務会計学者は，益金と損金との差額としての所得金額の本法の規定に言及しつつ，施行規則において，利益金への加減算の結果として算出されるものが，所得金額である，と述べている。しかし，かような叙述において特徴的なことは，施行規則において算出されるものが，何故に，本法で規定される所得金額と一致するのか，ということについて全く明らかにされていな

い，ということである。施行規則において算出される結果を，施行規則が所得金額と定めているから，この所得金額を，本法の定める所得金額と解するのは，単に見做しでしかなく，何ら説明になっておらず，同義反復で思考停止的でしかない。

そこで本章では，施行規則で算出されるものを，何故に，本法の定める所得金額としてよいのか，ということを明らかにしたい。以下，2では法人税法の条文を検討し，3では既存文献として中村利雄・岡田至康［2004］を取り上げ検討し，最後に4では簡単に本章の結論を述べることにする。

2　条文の検討

法　人　税　法
（各事業年度の所得に対する法人税の課税標準）
第21条　内国法人に対して課する各事業年度の所得に対する法人税の課税標準は，各事業年度の所得の金額とする。
（各事業年度の所得の金額の計算）
第22条　内国法人の各事業年度の所得の金額は，当該事業年度の益金の額から当該事業年度の損金を控除した金額とする。
2　内国法人の各事業年度の所得の金額の計算上当該事業年度の益金の額に算入すべき金額は，別段の定めがあるものを除き，資産の販売，有償又は無償による資産の譲渡又は役務の提供，無償による資産の譲受けその他の取引で資本等取引以外のものに係る当該事業年度の収益の額とする。
3　内国法人の各事業年度の所得の金額の計算上当該事業年度の損金の額に算入すべき金額は，別段の定めがあるものを除き，次に掲げる額とする。
　一　当該事業年度の収益に係る売上原価，完成工事原価その他これらに

第1章　法人税法の所得金額

　　　準ずる原価の額
　　二　前号に掲げるもののほか，当該事業年度の販売費，一般管理費その他の費用（償却費以外の費用で当該事業年度終了の日までに債務の確定しないものを除く。）の額
　　三　当該事業年度の損失の額で資本等取引以外の取引に係るもの
　4　第2項に規定する当該事業年度の収益の額及び前項各号に掲げる額は，一般に公正妥当と認められる会計処理の基準に従って計算されるものとする。

以下，この条文を図示も含めて考察してゆくことにするが，以下の図のアルファベットについている添字の番号は，後出の図表6の記号を使用しているために，飛び離れたものもあるが，特に意味がある訳ではないことを，予め，お断わりしておく。

第22条第2項において，別段の定めとは益金算入と益金不算入とを意味するので，この第2項は，次のように定式化され，図表1－1のように図示される。

　　益金＝収益A_1A_6＋益金算入B_6B_7－益金不算入B_5B_6
　　　　＝益金（C_1C_5＋C_6C_7）

次に第22条第3項において，別段の定めとは損金不算入と損金算入とを意味するので，この第3項は，次のように定式化され，図表1－2のように図示される。

　　損金＝原価・費用・損失H_1H_3－損金不算入G_2G_3＋損金算入G_3G_4
　　　　＝損金（F_1F_2＋F_3F_4）

そうすると，第22条第1項は，次のように定式化され，図表1－3のように図示されることになる。

　　所得金額
　　　　＝益金－損金
　　　　＝（収益A_1A_6＋益金算入B_6B_7－益金不算入B_5B_6）
　　　　　－（原価・費用・損失H_1H_3－損金不算入G_2G_3＋損金算入G_3G_4）

$$= 益金（C_1C_5 + C_6C_7）- 損金（F_1F_2 + F_3F_4）= 所得金額（E_2E_3 + E_4E_5 + E_6E_7）$$

　上の式において，第1辺から第3辺までが第22条第1項を示しており，第4辺は第2辺を図と対応させて再記したものであり，又，第5辺は図と対応させて再記したものである。

法人税法施行規則

（確定申告書の記載事項）

第34条

2　確定申告書（当該申告書に係る修正申告書を含む。）の記載事項及びこれに添付すべき書類の記載事項のうち別表一（一）から別表一（三）まで，……別表四，別表五（一）から別表五（二）まで，……別表六（一）から別表六（二十八）まで……及び別表十六（一）から別表十七（四）までに定めるものの記載については，これらの表の書式によらなければならない。

　この条文が義務づけている別表四の書式は図表1－4である。このうち，所得金額は①総額欄で算出される。これは次のように定式化され，又，図表1－5のように図示される。

$$利益金 D_3D_6$$
$$+（益金算入 B_6B_7 + 損金不算入 G_2G_3）$$
$$-（益金不算入 B_5B_6 + 損金算入 G_3G_4）$$
$$= 所得金額（E_2E_3 + E_4E_5 + E_6E_7）$$

　上式の第1辺の，第2項と第3項は，それぞれ加算と減算と明記されているので，以下でもこれらの用語を，いわば法定化された用語として，用いることにする。両者を併せて加減算とも言うことにする。つまり，上式の第1辺を，利益金に加減算する，とも表すことにする。

　後の説明との関連もあるので，上式の利益金を，収益と原価・費用・損失の差額にまで遡及させて，上式を次のように再記し，図表1－5にも示しておくことにする。

第1章　法人税法の所得金額

$$（収益 A_1 A_6 - 原価・費用・損失 H_1 H_3）$$
$$+（益金算入 B_6 B_7 + 損金不算入 G_2 G_3）$$
$$-（益金不算入 B_5 B_6 + 損金算入 G_3 G_4）$$
$$= 利益金 D_3 D_6$$
$$+（益金算入 B_6 B_7 + 損金不算入 G_2 G_3）$$
$$-（益金不算入 B_5 B_6 + 損金算入 G_3 G_4）$$
$$= 所得金額（E_2 E_3 + E_4 E_5 + E_6 E_7）$$

　ここで明確にすべきことは，法人税法のいわは本法の，益金と損金の差額として所得金額を定めることと，その施行規則の別表四の①総額欄の利益金への加減算によって所得金額を算出することとの，関連である。結論から先に言えば，本法の所得金額から，施行規則の，利益金への加減算が誘導されるのである。つまり，本法の所得金額が，施行規則の，利益金の加減算に変換されるのである。施行規則の，利益金への加減算の結果を，所得金額とするのは，利益金への加減算が，所得金額から変換される，ということが，予め，明らかになっているからである。施行規則において，利益金への加減算の結果を，所得金額と表しているからと言って，これを，本法の所得金額である，と結論づけることは，それだけでは不可能なのである。何よりも，施行規則の，利益金への加減算が，本法の所得金額の変換となっている，ということを明確にすべきなのである。

　以下，上述を，式で説明することにする。図表1－1から1－5まで（ただし，1－4は除く）を一緒にした，いわば総括表である，図表1－6と合わせて説明することにする。

　所得金額は，図表1－6において，一方では，次のようなものとして示されている。

図表 1 - 1

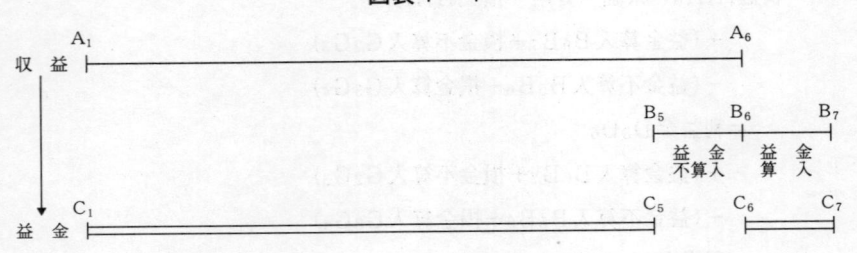

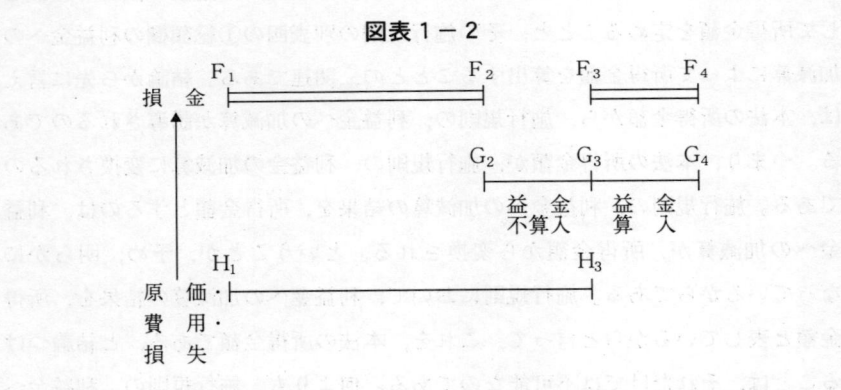

収益　A₁├──────────────────────────┤A₆

　　　　　　　　　　　　　B₅├──┤B₆├──┤B₇
　　　　　　　　　　　　　　益金　　益金
　　　　　　　　　　　　　不算入　算入

益金　C₁├────────────────────┤C₅　C₆├──┤C₇

図表 1 - 2

損金　F₁├──────────┤F₂　　F₃├──┤F₄

　　　　　　　　　G₂├──┤G₃├──┤G₄
　　　　　　　　　　益金　　益金
　　　　　　　　　不算入　算入

原価・
費用・　H₁├──────────┤H₃
損失

第1章　法人税法の所得金額

図表1－3

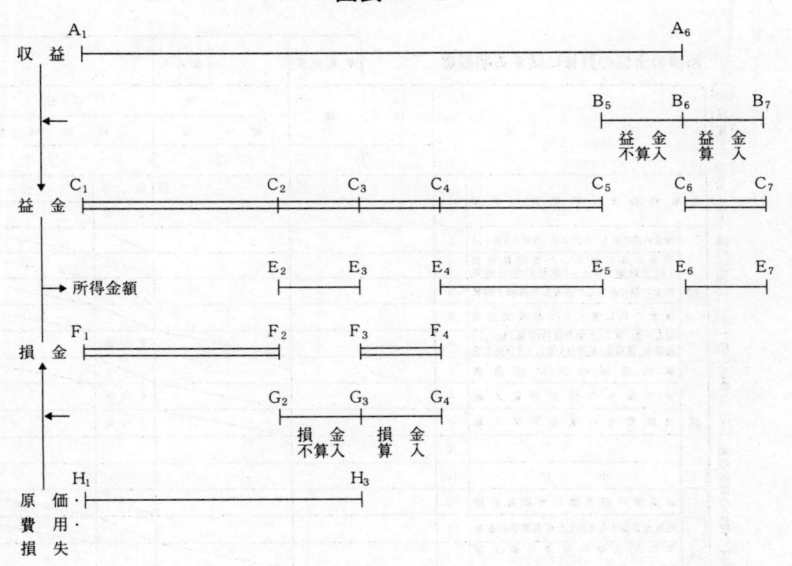

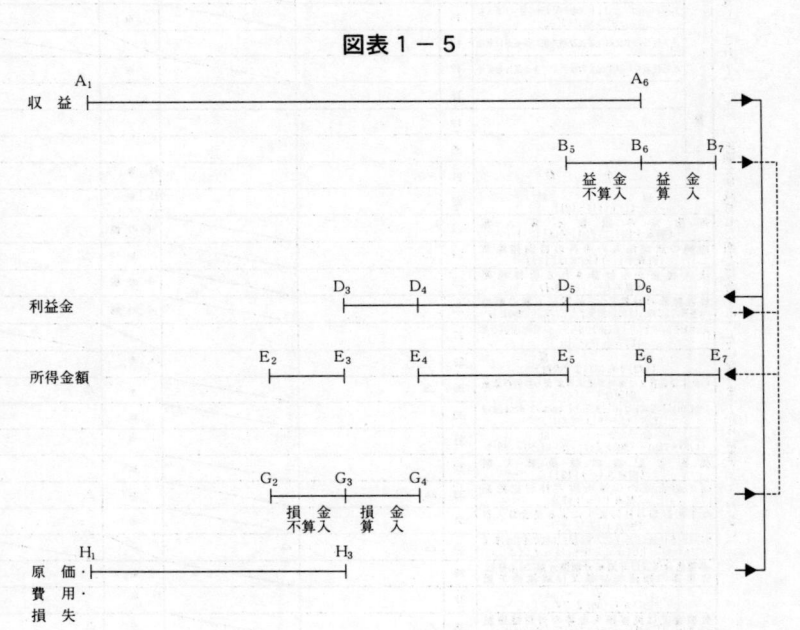

収　益　A_1 ─────────────────── A_6

　　　　　　　　　　　　　　　　B_5　B_6　B_7
　　　　　　　　　　　　　　　　├──┼──┤
　　　　　　　　　　　　　　　　益　金　益　金
　　　　　　　　　　　　　　　　不算入　算　入

益　金　C_1 ══ C_2 ─ C_3 ─ C_4 ─ C_5　C_6 ══ C_7

→所得金額　　　E_2 ─ E_3　E_4 ──── E_5　E_6 ─ E_7

損　金　F_1 ══════ F_2　F_3 ══ F_4

　　　　　　　　　G_2　G_3　G_4
　　　　　　　　　├──┼──┤
　　　　　　　　　損　金　損　金
　　　　　　　　　不算入　算　入

原　価・　H_1 ──────── H_3
費　用・
損　失

図表1－5

収　益　A_1 ─────────────────── A_6

　　　　　　　　　　　　　　　　B_5　B_6　B_7
　　　　　　　　　　　　　　　　├──┼──┤
　　　　　　　　　　　　　　　　益　金　益　金
　　　　　　　　　　　　　　　　不算入　算　入

利益金　　　　　D_3 ─ D_4 ──── D_5 ─ D_6

所得金額　　　E_2 ─ E_3　E_4 ──── E_5　E_6 ─ E_7

　　　　　　　　　G_2　G_3　G_4
　　　　　　　　　├──┼──┤
　　　　　　　　　損　金　損　金
　　　　　　　　　不算入　算　入

原　価・　H_1 ──────── H_3
費　用・
損　失

図表1-4　所得の金額の計算に関する明細書

所得の金額の計算に関する明細書　　事業年度　　　法人名

区　分		総　額 ①	処　分	
			留　保 ②	社外流出 ③
当期利益又は当期欠損の額	1	円	円	配当　円 その他
加算	損金の額に算入した法人税(附帯税を除く。)	2			
	損金の額に算入した道府県民税(利子割額を除く。)及び市町村民税	3			
	損金の額に算入した道府県民税利子割額	4			
	損金の額に算入した納税充当金	5			
	損金の額に算入した附帯税(利子税を除く。)、加算金、延滞金(延納分を除く。)及び過怠税	6			その他
	減価償却の償却超過額	7			
	役員給与の損金不算入額	8			その他
	交際費等の損金不算入額	9			その他
		10			
	小　計	11			
減算	減価償却超過額の当期認容額	12			
	納税充当金から支出した事業税等の金額	13			
	受取配当等の益金不算入額(別表八(一)「12」又は「24」)	14			※
	外国子会社から受ける剰余金の配当等の益金不算入額(別表八(二)「13」)	15			
	法人税等の中間納付額及び過誤納に係る還付金額	16			
	所得税額及び欠損金の繰戻しによる還付金額等	17			※
		18			
		19			
		20			
	小　計	21			外　※
仮　計 (1)+(11)-(21)		22			外　※
寄附金の損金不算入額(別表十四(二)「24」又は「40」)		23			その他
沖縄の認定法人の所得の特別控除額(別表十(一)「9」又は「12」)		24	△		※　△
法人税額から控除される所得税額(別表六(一)「6の③」)		25			その他
税額控除の対象となる外国法人税の額等(別表六(二の二)「10」・別表十七(二の二)「39の計」)		26			その他
組合等損失額の損金不算入額又は組合事業等による組合員の損失額の損金算入額(別表九(四)「10」)		27			
合　計 ((22)から(27)までの計)		28			外　※
新鉱床探鉱費又は海外新鉱床探鉱費の特別控除額(別表十(三)「12」)		29	△		※　△
残額処理以外の対象となる欠損金の損金算入額又は残額処理以外の対象となる所得金額(別表十(三)「19」・「30」又は「22」)		30			※
総　計 ((28)+(29)-(30)又は(28)+(29)+(30))		31			外　※
契約者配当の益金算入額(別表九(一)「13」)		32			※
商工組合等の留保所得の特別控除額(別表十(四)「47」)		33	△		※　△
商工組合等の社外流出による益金算入額(別表十(五)「38」)		34			※
特定目的会社等の支払配当又は特定目的信託に係る受託法人の利益の分配等の損金算入額(別表九(二)「13」若しくは「24」・別表九(三)「14」・「21」・「25」)		35	△	△	
非適格合併又は非適格分割型分割による移転資産等の譲渡利益額又は譲渡損失額		36			※
差引計 ((31)から(36)までの計)		37			外　※
欠損金又は災害損失金等の当期控除額(別表七(一)「2の計」+(別表七(二)「11」・「22」又は「31」))		38	△		※　△
所得金額又は欠損金額		39			外　※

別表四　平二十一・四・一以後終了事業年度分

第1章　法人税法の所得金額

図表1-6

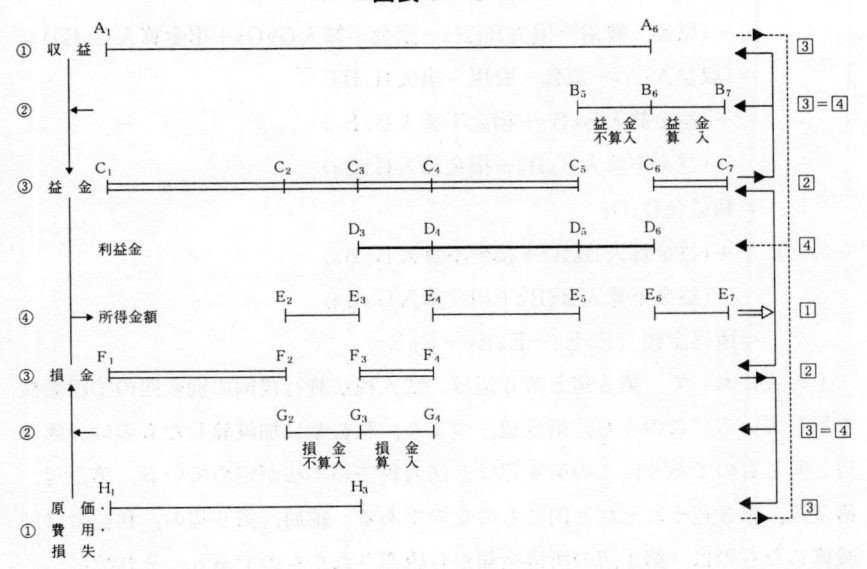

```
         A₁                                            A₆
① 収  益 ├──────────────────────────────────────────────┤             ③
                                                                     ┊
                                       B₅      B₆      B₇            ┊
②       ←                              ├───────┼───────┤             ③=④
                                       益 金   益 金                  ┊
                                       不算入  算 入                  ┊
         C₁       C₂      C₃     C₄     C₅      C₆      C₇           ┊
③ 益  金 ╞════════┤       ├──────┼──────┤       ╞═══════╡             ②
                                                                     ┊
                          D₃     D₄             D₅     D₆            ┊
         利益金            ├──────┼──────────────┼──────┤             ④
                                                                     ┊
                  E₂     E₃      E₄             E₅     E₆      E₇   ┊
④ →所得金額        ├──────┤       ├──────────────┤       ├──────┤⇒   ①
                                                                     ┊
         F₁               F₂     F₃     F₄                          ┊
③ 損  金 ╞════════════════╡       ├──────┤                           ②
                                                                     ┊
                  G₂     G₃     G₄                                   ┊
②       ←         ├──────┼──────┤                                   ③=④
                  損 金  損 金                                        ┊
                  不算入 算 入                                        ┊
   原 価・H₁              H₃                                          ┊
① 費 用・├────────────────┤                                          ③
   損 失
```

所得金額

　　　＝益金－損金

　　　＝（収益 A_1A_6－益金不算入 B_5B_6＋益金算入 B_6B_7）

　　　　－（原価・費用・損失 H_1H_3－損金不算入 G_2G_3＋損金算入 G_3G_4）

　　　＝益金（$C_1C_5＋C_6C_7$）－損金（$F_1F_2＋F_3F_4$）

　　　＝所得金額（$E_2E_3＋E_4E_5＋E_6E_7$）

　上の式において，第1辺と第2辺と第3辺は，法人税法の本法が定めていることである。第4辺は，第2辺を，図と対応させて，再記したものであり，又，第5辺は，第1辺を，図と対応させて対応させたものである。何れにせよ，第2辺と第3辺のように，第1辺の所得金額が定められているのである。

　所得金額は，図表1-6において，他方では，次のようなものとして示されている。

　　所得金額

　　　＝益金－損金

$$= (収益 A_1A_6 - 益金不算入 B_5B_6 + 益金算入 B_6B_7)$$
$$- (原価・費用・損失 H_1H_3 - 損金不算入 G_2G_3 + 損金算入 G_3G_4)$$
$$= (収益 A_1A_6 - 原価・費用・損失 H_1H_3)$$
$$+ (益金算入 B_6B_7 + 損金不算入 B_5B_6)$$
$$- (益金不算入 B_5B_6 + 損金算入 G_3G_4)$$
$$= 利益金 D_3D_6$$
$$+ (益金算入 B_6B_7 + 損金不算入 B_5B_6)$$
$$- (益金不算入 B_5B_6 + 損金算入 G_3G_4)$$
$$= 所得金額 \ (E_2E_3 + E_4E_5 + E_6E_7)$$

　上の式において，第5辺と第6辺は，法人税法施行規則の別表四の①総額欄を示している。このうち，第5辺，つまり，利益金に加減算したものは，第4辺と同じものであり，この第4辺は，法人税法の本法が定めている，第1辺，第2辺，第3辺それぞれと同じものなのである。結局，第5辺の，利益金に加減算したものは，第1辺の所得金額から誘導されたものであり，それ故に，この結果が，第6辺のように所得金額と表してあるのである。

　決して，第5辺の，利益金に加減算したものが，第1辺の所得金額とは独立に定めてあるのではない。あたかも，第5辺が，第1辺とは独立して定めてあるかのように考え，そして第5辺の結果を，第6辺のように所得金額とし，これが第1辺の所得金額になる，というのは論理が逆である。第1辺の所得金額から，第5辺の，利益金に加減算したものが誘導され，それ故に，この結果を，第6辺で所得金額と表しているのである。第1辺からの，第5辺の誘導なかりせば，第5辺の結果を第6辺とすることはありえないのである。

3　既存文献の検討

　法人税法の規定についてみると，まず，課税所得は，当該事業年度の益金の額から当該事業年度の損金の額を控除した金額とされ（法22①），次い

で，この益金の額には別段の定めがあるものを除き当該事業年度の損益取引による収益の額を，損金の額には別段の定めがあるものを除き当該事業年度の損益取引による費用・損失の額を算入することとし（同②③），そして，この収益の額及び費用・損失の額は，一般に公正妥当と認められる会計処理の基準（以下「公正処理基準」という。）に従って計算するものとされている（同④）。すなわち，別段の定めがあるものを除き，課税所得計算上の益金の額には収益の額を，損金の額には費用・損失の額を算入することとされているので，益金の額及び損金の額の中味は，原則として公正処理基準に従って計算される収益の額及び費用・損失の額によることとなるのである。

このように，課税所得は企業利益を離れて別個に存在するものではなく，企業会計上の収益の額及び費用・損失の額を基礎として，これに租税原則，租税政策や課税技術上の見地に基づく必要最小限の税法特有の規定（別段の定め）を適用して計算されるものであるから，課税所得の概念も企業利益から誘導されたものであるということができる。

以上の関係を図示すれば，次のとおりである。

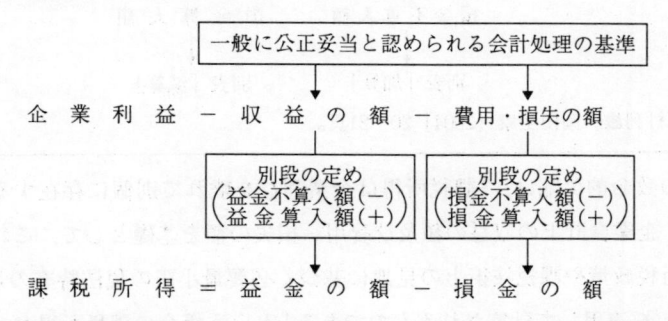

```
               ┌─一般に公正妥当と認められる会計処理の基準─┐
企 業 利 益 ─  収 益 の 額  ─  費用・損失の額
               ┌─────────┐  ┌─────────┐
               │  別段の定め   │  │  別段の定め   │
               │(益金不算入額(-))│  │(損金不算入額(-))│
               │(益金算入額(+)) │  │(損金算入額(+)) │
               └─────────┘  └─────────┘

課 税 所 得 ＝  益 金 の 額  －  損 金 の 額
```

課税所得の計算構造を法人税法の規定（法22～65）の構成に即して説明すれば上記のとおりであるが，実務的には計算の便宜性を考慮して，法人の確定決算における当期純利益（企業利益）を基礎とし，これに「別段の定め」による一定の金額を加算又は減算して課税所得を算定する簡便法が採

用されている。つまり，課税所得は，その計算規定の構成上は，企業会計上の収益の額及び費用・損失の額を基礎として益金の額及び損金の額を誘導的に算定し，両者の差額として把握することとされているが，実務的には，この収益の額及び費用・損失の額の総額算定を省略し，収益の額と費用・損失の額との差額である企業利益に「別段の定め」による一定の金額を加算又は減算して誘導的に算定するものとされているのである。

すなわち，法人税の確定申告書は，「確定した決算に基づき」所定の事項を記載した申告書の提出により行わねばならず（法74①），また，法人税の申告書の様式は法定されており（規34②），その申告書別表四の記載要領2では，「当期利益又は当期欠損の額(1)」の欄は，損益計算書に掲げた当期利益の額又は当期欠損の額を記載することとされているから，前掲の図示は実務的には次のとおり変形されることとなる。

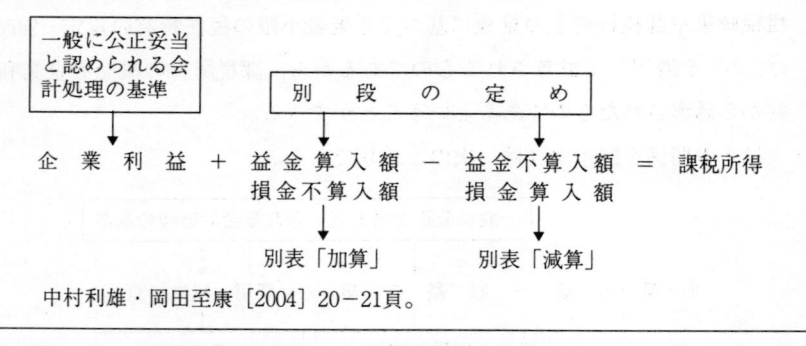

```
┌─────────┐
│一般に公正妥当│
│と認められる会│              ┌───────────────┐
│計処理の基準 │              │ 別  段  の  定  め │
└─────────┘              └───────────────┘

 企 業 利 益  ＋  益金算入額    －  益金不算入額   ＝  課税所得
                損金不算入額        損金算入額
                     │                │
                     ↓                ↓
                  別表「加算」      別表「減算」
```

中村利雄・岡田至康［2004］20－21頁。

上記の致命的欠陥は，「課税所得は企業利益を離れて別個に存在するものではなく，企業会計上の収益の額及び費用・損失の額を基礎として，これに租税原則，租税政策や課税技術上の見地に基づく必要最小限の税法特有の規定（別段の定め）を適用して計算されるものである」という場合の課税所得が，何故に，「法人の確定計算における当期純利益（企業利益）を基礎とし，これに『別段の定め』による一定の金額を加算又は減算して課税所得を算定する」という場合の課税所得と同じものであるのか，ということを全く説明していないことである。名称が同じく課税所得であるとしても，前者のように計算されるものが，

何故に，後者のように算定されるものと，同じものであるのか，ということが全く説明されていないのである。又，後者が，何故に，前者に対して，「計算の便宜性を考慮して」のものなのか，あるいは，「簡便法」なのか，の説明も行われていないのである。

又，同じことであるが，上記の致命的欠陥は，「課税所得は，その計算規定の構成上は，企業会計上の収益の額及び費用・損失の額を基礎として益金の額及び損金の額を誘導的に算定し，両者の差額として把握することとされている」という場合の課税所得が，何故に，「収益の額及び費用・損失の額の総額算定を省略し，収益の額と費用・損失の額との差額である企業利益に『別段の定め』による一定の金額を加算又は減算して誘導的に算定するものとされている」という場合のものと同じものなのか，ということが全く説明されていないことである。「実務的には」，後者のように算定されるものが，何故に，前者のように把握されるものと，一致するのか，が全く説明されていないのである。又，後者においては，前者において想定されている「総額算定を省略し」ている，ということの意味も全く説明されていないのである。

結論から先に言えば，前者の計算から，後者の算定が導かれるから，前者の課税所得は，後者の課税所得と同じである，ということになる。それは次の式で示される。

　課税所得
　　＝益金の額－損金の額
　　＝（収益の額＋益金算入額－益金不算入額）
　　　－（費用・損失の額＋損金算入額－損金不算入額）
　　＝（収益の額－費用・損失の額）
　　　＋（益金算入額＋損金不算入額）
　　　－（益金不算入額＋損金算入額）
　　＝企業利益
　　　＋（益金算入額＋損金不算入額）
　　　－（益金不算入額＋損金算入額）

上式において，第１辺と第２辺とが，上記の，前者の計算を示し，最後の第５辺が，上記の，後者の算定を示している。

　上記の検討の際の，前者の課税所得は何故に後者の課税所得と同じものなのか，という発問自体，実は厳密に言えば，論理矛盾である。後者において，算定によって結果的に課税所得が得られる，ということであるが，実は，前者の計算と，後者の算定とは同じことなので，後者において課税所得が初めて得られる，のではないのである。課税所得は，初めから，前者の計算において，定められているのである。最初から，前者の課税所得と，後者の課税所得とは同じものなのである。

　つまり，上の式のように，第１辺の課税所得は，第２辺のように，益金の額－損金の額，として定義され，これから，第５辺のような，企業利益に加減算されるものが誘導されるのである。決して，第５辺のような，企業利益に加減算されるものから，第２辺のように，益金の額－損金の額，として定義される，第１辺の課税所得が誘導されるのではない。この逆が正しいのである。第２辺から，第５辺が誘導される，ということを前提にして，第５辺の結果を，第１辺の課税所得としているのである。元々，第５辺の，企業利益に加減算したものは，第２辺から，つまりは，第１辺の課税所得から誘導されたものを，第５辺から課税所得が算出される，とするのは，話が逆なのである。

　次に，企業利益に加減算したものを課税所得とする，というのは，上記の言うように，「実務的には計算の便宜性を考慮して」「簡便法が採用されている」，というのでもなければ，又，「収益の額及び費用・損失の額の総額算定を省略し」ている，というのでもない。上記とは逆に，簡便化もされていなければ，総額算定が省略もされてもいない，と言うのが正しい。と言うのは，「別段の定め」は，収益の個々のすべてについて，又，費用・損失の個々のすべてについて，そして利益金について，定められているからである。到底，簡便化されて総額算定が省略されている，とは言い難いからである。

　結局，上の式の第５辺が，課税所得とされるのは，第５辺が，第１辺と第２辺との式が，簡便化され総額算定が省略化されたものであるからではなく，第

第1章　法人税法の所得金額

1辺と第2辺の式から誘導されたものだからである。

　課税所得の計算の基礎となる収益及び費用・損失は「一般に公正妥当と認められる会計処理の基準」に従って計算されるので，企業利益と課税所得とは原則として一致すべきものであるが，一致しない部分がある。すなわち，種々の原因により企業会計上は利益となるが税法上は所得とならない部分と，課税所得となるが企業利益とならない部分とが存在する。そして，課税所得は，企業会計上の収益の額及び費用・損失の額ないしその差額である企業利益を基礎とし，これに法人税に関する法令の規定による一定の調整を加えて誘導的に算出される。この関係を算式で示せば，次のとおりである。

　①　企業利益　　収益の額－費用・損失の額＝当期純利益
　②　課税所得
　　　㋑　企業会計上の収益の額＋益金算入額－益金不算入額＝益金の額
　　　㋺　企業会計上の費用・損失の額＋損金算入額－損金不算入額
　　　　＝損金の額
　　　㋩　益金の額－損金の額＝課税所得

また，これを図示すれば，次のとおりである。

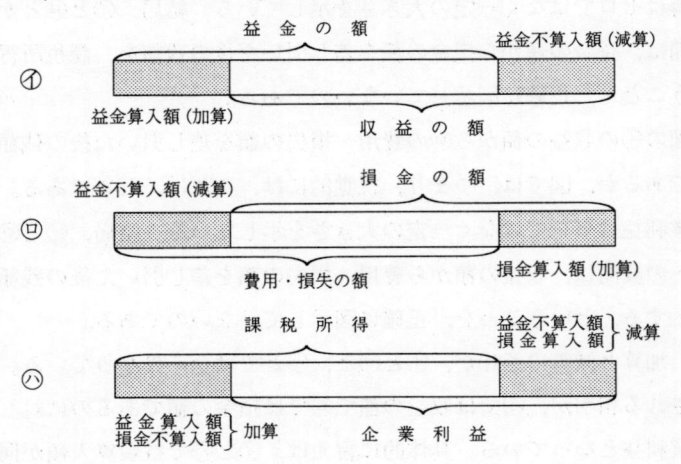

㋑　益金算入額（加算）｜益金の額｜益金不算入額（減算）
　　　　　　　　　収益の額

㋺　益金不算入額（減算）｜損金の額｜損金算入額（加算）
　　　　　　　　　費用・損失の額

㋩　益金算入額・損金不算入額｛加算　課税所得　益金不算入額・損金算入額｝減算
　　　　　　　　　企業利益

> 　図における斜線部分が「別段の定め」による調整部分であり，白地部分は法人の経理が公正妥当な会計慣行に従っている限り，そのまま課税所得の計算に受け入れられることとなる。そして，企業利益を中心としてみれば，益金算入額及び損金不算入額は，ともに企業利益に加算されるべき性格のものであり，また，益金不算入額及び損金算入額は企業利益から減算されるべき性格のものである。この企業利益に加算又は減算を行って調整した後の金額が課税所得となるのである。
>
> 　　中村利雄・岡田至康［2004］33－34頁。

　結論から先に言えば，図は正確な図示にはなっていない。益金の額から損金の額を差し引いた後の残額が課税所得であるが，図はこのことを正確に図示していない。又，収益の額から費用・損失の額を差し引いた後の残額が企業利益であるが，図はこのことを正確に示していない。そして，課税所得は，企業利益に，益金算入額と損金不算入額とを加算し，益金不算入額と損金算入額とを減算したものに変換されるが，図はこのことを正確に図示していない。

　先ず，図の㋑の益金の額から㋩の損金の額を差し引いた後の残額は，課税所得であるが，図では，つまり，視覚的には，これは，ゼロである。他方，㋺では課税所得はゼロではなく一定の大きさを示している。結局，㋑と㋩とからの㋺への展開は，益金の額から損金の額を差し引いた後の残額を，課税所得とする，ということを，正確に図示していないのである。

　次に，図の㋑の収益の額から㋩の費用・損失の額を差し引いた後の残額は，企業利益であるが，図では，つまり，視覚的には，これは，ゼロである。他方，㋺では企業利益はゼロではなく一定の大きさを示している。結局，㋑と㋩とからの，㋺への展開は，収益の額から費用・損失の額を差し引いた後の残額を，企業利益とする，ということを，正確に図示していないのである。

　さらに，加算と減算の意味が，㋑と㋩と，㋺とでは全く異なっている。加算され減算される相手が，㋑では収益の額で㋩では損金の額であるのに対して，㋺では企業利益となっている。具体的に言えば，㋑と㋺で益金算入額が同じく

加算されると言っても，前者の㋑では収益の額に対して加算され，後者の㋩では企業利益に加算されるのであり，又，㋑と㋩で益金不算入額が同じく減算されると言っても，前者の㋑では収益の額から減算され，後者の㋩では企業利益から減算されるのである。他方，同じ損金不算入額が，㋺では減算となり，㋩では加算となっているが，前者の㋺では費用・損失の額から減算され，後者の㋩では企業利益に加算される，という意味であり，又，同じ損金算入額が，㋺では加算となり，㋩では減算となっているが，前者の㋺では費用・損失の額に加算され，後者の㋩では企業利益から減算される，という意味である。このように，㋑と㋺と，㋩とでは加算と減算の意味が全く異なっている。加算と減算という用語は，別表四においても，企業利益に対するものとしていわば法定化されているので，㋑と㋺におけるようには使用せず，㋩におけるように使用するのが望ましい。

さて，㋩の益金算入額と損金不算入額との大きさとは，㋑の益金算入額と㋺の損金不算入額との合計の大きさとはなっておらず，何れか一方の大きさとしかなっていない。同様に，㋩の益金不算入額と損金算入額との大きさは，㋑の益金不算入額と㋺の損金算入額との合計の大きさとはなっておらず，何れか一方の大きさとしかなっていない。ここにおいても，㋩が㋑と㋺の導出の結果となっていないのである。仮に，㋩の課税所得と企業利益とが，㋑と㋺とから正しく誘導されたものであるとしても，㋩の，益金算入額，損金不算入額，又，益金不算入額，損金算入額は，㋑と㋺とから正しく誘導されたものにはなってないのである。

以下では，上記の図の骨格は崩さずに維持し，大きさだけを変えて，正しい図示を行うことにする。作図を次のようにし，結果は図表1−7の通りである。
・図表1−7の上段，中段，下段は，それぞれ同じ順序で，先の図の㋑，㋺，㋩を改定したものとする。
・上段と中段では，それぞれ，加算，減算という用語は使用しないことにする。
・図には記してないが，図は横軸と縦軸のうち横軸のみを表していることにする。従って横軸に垂直な線上の点は，横軸上において同じ座標を表し，同じ

図表 1 − 7

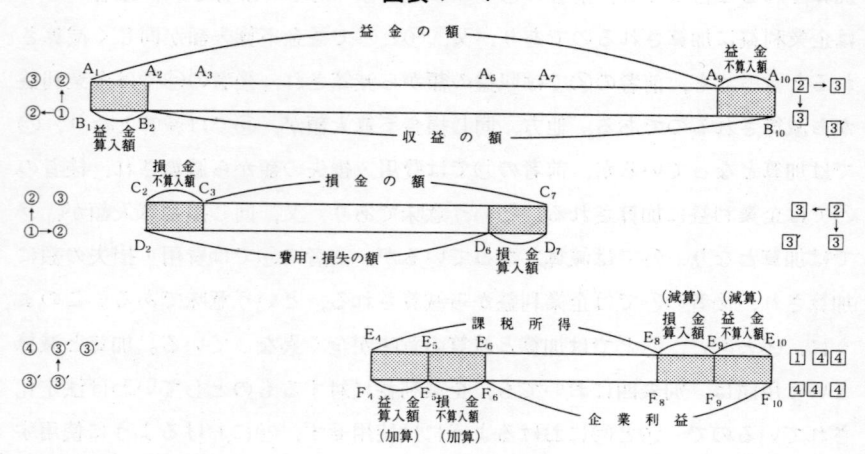

位置上に存することになる。アルファベットの下付き添数について数字が同じものは横軸上において同じ位置上に存することを表すことにする。

・(収益の額 B_2B_{10} −費用・損失の額 D_2D_6) の長さに等しくなるように企業利益の長さ F_6F_{10} を取る。

そのために,

・収益の額の左端の始点 B_2 と, 費用・損失の額の左端の始点 D_2 とを, 同じ位置に取る。

そして

・費用・損失の額の右端の終点 D_6 と, 企業利益の左端の始点 F_6 とを同じ位置に取り, 又, 収益の額の右端の終点 B_{10} と, 企業利益の右端の終点 F_{10} とを同じ位置に取る。

・損金不算入額 C_2C_3 を F_5F_6 に, 益金算入額 B_1B_2 を F_4F_5 に, 又, 益金不算入額 A_9A_{10} を E_9E_{10} に, 損金算入額 D_6D_7 を E_8E_9 に, それぞれ移す。

・論点を明確にするために, 最初から, 企業利益 F_6F_{10} は, (損金算入額 D_6D_7 つまり E_8E_9 +益金不算入額 A_9A_{10} つまり E_9E_{10}) よりも大きく取ってある。そうすると, 課税所得は次のように, 図表 1 − 7 の上段の益金の額から中段

第1章　法人税法の所得金額

の損金の額を差し引いた後の残額として正確に下段のE_4E_8の長さで図示されている。

　　課税所得
　　　　＝益金の額A_1A_9－損金の額C_3C_7
　　　　＝$A_1A_3+A_7A_9$
　　　　＝$(A_1A_2+A_2A_3)+(A_6A_9-A_6A_7)$
　　　　＝（益金算入額B_1B_2＋損金不算入額C_2C_3）
　　　　　＋（A_6A_9－損金算入額D_6D_7）
　　　　＝$(F_4F_5+F_5F_6)+(E_6E_9-$損金算入額$E_8E_9)$
　　　　＝$(E_4E_5+E_5E_6)+E_6E_8$
　　　　＝E_4E_8

　他方，企業利益は次のように，上段の収益の額から，中段の損金の額を差し引いた後の残額として正確に下段のF_6F_{10}の長さで図示されている。

　　企業利益
　　　　＝収益の額B_2B_{10}－費用・損失の額D_2D_6
　　　　＝F_6F_{10}

　さらに，加算項目と減算項目も，次のようにそれぞれ，上段と中段とから下段に移記されている。

　　益 金 算 入 額　　$B_1B_2==F_4F_5$
　　損金不算入額　　$C_2C_3=F_5F_6$
　　損 金 算 入 額　　$D_6D_7=E_8E_9$
　　益金不算入額　　$A_9A_{10}=E_9E_{10}$

　結局，次のように，課税所得が，企業利益に，益金算入額と損金不算入額とを加算し，それから益金不算入額と損金算入額とを減算したものに変換されることを，図表1－7は正確に示しているのである。

　　課税所得
　　　　＝益金の額A_1A_9－損金の額C_3C_7
　　　　＝$\{$益金算入額B_1B_2＋（収益の額B_2B_{10}－益金不算入額A_9A_{10}）$\}$

19

$$\begin{aligned}
&\quad -\{(費用・損失の額 D_2 D_6 - 損金不算入額 C_2 C_3) \\
&\quad\quad + 損金算入額 D_6 D_7\} \\
&= (収益の額 B_2 B_{10} - 費用・損失の額 D_2 D_6) \\
&\quad + (益金算入額 F_4 F_5 + 損金不算入額 F_5 F_6) - (損金算入額 E_8 E_9 \\
&\quad + 益金不算入額 E_9 E_{10}) \\
&= 企業利益 F_6 F_{10} + (益金算入額 F_4 F_5 \\
&\quad + 損金不算入額 F_5 F_6) - (損金算入額 F_8 F_9 + 益金不算入額 F_9 F_{10})
\end{aligned}$$

4 おわりに

　本章の結論は，法人税法の本法は，所得金額を益金と損金の差額として定めているが，これを展開すると，施行規則の，利益金への加減算となり，従って，この結果を，本法の所得金額と解してよい，ということである。施行規則における算出の結果を，施行規則が所得金額と定めているから，これを本法の所得金額と解する，というのは，因果関係の理解が逆なのである。正しくは本法での所得金額の規定が因となり，施行規則における，利益金への加減算が果となっている，と理解すべきなのである。施行規則において，利益金への加減算の算出の結果を，施行規則が所得金額としているのは，算出自体が，本法の所得金額から展開されるものだからである。施行規則において，利益金への加減算を行う前に，既に，所得金額は定められているのである。施行規則において初めて所得金額が定められるのではない。初めて施行規則において算出されることと，最初に本法で定められることとは，両立可能なのである。誤解を恐れずに敢えて言えば，現行の施行規則の別表四①総額欄において，区分欄の一番下に記載されている，所得金額又は欠損金額を削除し，その代わりに，これを，現行の一番上に記載されている，当期利益又は当期欠損の額の上に，新たに記載し，本法の所得金額から，利益金への加減算が展開されることを示すことにしたら，誤解は生じなかったものと思われる。

第 2 章

法人税法の所得金額と利益積立金額

1 はじめに

　本章では，所得金額及び利益積立金額それぞれについて，法人税法施行規則で規定されている算出過程を，それ以前で規定されている法人税法あるいは法人税法施行令の規定と同一視してよい理由について述べる。

2 所得金額（その1）

　所得金額については，次のように問題が立てられねばならない。所得金額は法人税法の本法によって規定されている。他方，法人税法施行規則によって，ある算出の結果が所得金額とされている。そこで問題は，この算出の結果を，何ゆえに，所得金額としてよいのか，ということになる。つまり，法人税法施行規則に先立って，すでに法人税法の本法によって規定されている所得金額と，後で規定される法人税法施行規則の算出の結果を，何ゆえに，同じものとしてよいのか，ということである。後で規定されるものが，前に規定されているものと同じものであるとするならば，そのことを証明する必要があるのである。法人税法施行規則で，ある算出の結果を所得金額としているが，それは当然に，法人税法の本法で規定されている所得金額に決まっている，というのでは説明

にならないのである。

　それというのも、この二者は、一見する限りでは異なっているからである。両者が同一ならば、わざわざ、法人税法施行規則で規定されている算出の結果を、何ゆえに法人税法の本法で規定されている所得金額としてよいのか、という問題など立てる必要はないのである。異なっているからこそ、施行規則の算出の結果の、本法の所得金額との同一視を問題にするのである。以下、異なっている点を明確にしつつ、同一視してよい理由について述べる。

　法人税法の本法は、所得金額を次のように規定している。

　　所得金額＝益金－損金

　他方、法人税法施行規則の別表四①欄は、次のように、算出の結果を所得金額と規定している。

　　利益金＋（損金不算入＋益金算入）－（損金算入＋益金不算入）＝所得金額

　この法人税法施行規則の算出の仕方は、法人税法の本法の規定とは異なっており、この算出の結果を、本法の所得金額と同一視するためには、説明が必要なのである。

　法人税法の本法は、所得金額を規定している益金と損金を、それぞれ次のように規定している。

　　益金＝収益－益金不算入＋益金算入

　　損金＝原価・費用・損失－損金不算入＋損金算入

　利益金は次のように規定される。

　　利益金＝収益－原価・費用・損失

　そうすると、法人税法の本法の所得金額は、次のようになる。

　　所得金額＝益金－損金

　　　　　　＝利益金＋（損金不算入＋益金算入）－（損金算入＋益金不算入）

　このように、本法の所得金額は第3辺のように変換される。第3辺は、施行規則の算出過程と同じものである。つまり、本法の所得金額が、施行規則の算出過程のように変換されるからこそ、その結果を、本法の所得金額と同一視してよいのである。

3 利益積立金額（その1）

（以下では，法人税・地方税は考慮外に置くことにする）

利益積立金額については，次のように問題が立てられなければならない。利益積立金額は，法人税法と法人税法施行令（以下，両者を併せて法・令という）とによって，規定されている。他方，法人税法施行規則において，ある算出が行われ，その算出と結果が，法・令の利益積立金額と規定されている。そこで問題は，この算出と結果を，法・令による利益積立金額と同一視し得るのか，ということである。施行規則よりも前に，すでに利益積立金額は規定されているのであり，そのすでに規定されているものと，後で施行規則によって規定されている算出と結果とが，何ゆえに同じものであると言えるのか，ということである。利益積立金額は，施行規則において初めて規定されるのではなく，すでに，法・令によって規定されているのである。

このような問題を立てざるを得ないのは，施行規則における算出過程における各項目が，ただ1つの項目を除いて，法・令によって規定されている利益積立金額を規定している項目と，全く異なるからである。仮に，両者における各項目が同一ならば，そのような問題は生じない。異なるがゆえに，後で規定されているものが，前ですでに規定されているものと何ゆえに同一視され得るのか，ということが問題になるのである。以下，この問題に答えることにする。

法・令によって利益積立金額は次のように規定されている。

利益積立金額
＝所得金額－所得金額流出額＋損金算入留保額＋益金不算入留保額

このうち，所得金額は次のように規定されており，また，所得金額流出額はその後のように考えられる。

所得金額＝利益金＋（損金不算入額＋益金算入額）－（損金算入額
　　　　＋益金不算入額）

所得金額流出額＝損金不算入流出額＋利益金流出額＋益金算入流出額

これらを先の式に代入すると、先の式は次のようになる。

利益積立金額＝所得金額－所得金額流出額＋損金算入留保額
　　　　　＋益金不算入留保額
　　　　＝利益金留保額＋（損金不算入留保額＋益金算入留保額）
　　　　　－（損金算入流出額＋益金不算入流出額）

この第3辺は施行規則別表五(一)②欄と③欄である。結局、法・令の第2辺を、同値のものとして第3辺のように展開できるからこそ、施行規則を、法・令と同一視してよいのである。

4　所得金額（その２）

「法人税の課税標準である各事業年度の所得の金額は（21条）、益金から損金を控除することにより、算定される（22条1項）」。「法人税法は、益金および損金という所得計算の出発点として、収益や原価、費用、損失という概念を、自らは定義することなく用いていることが分かる。公正処理基準の定めから、これらは企業会計上の概念を利用しているものと理解される。つまり、法人税法の所得計算は、企業会計における利益計算を基礎として、別段の定めによりこれに修正を加えるという仕組みになっている」（岡村忠生『法人税法講義（第3版）』成文堂、平成19年、34・35頁）。

しかし、実際は、「法人税の課税標準である各事業年度の所得の金額は（21条）、益金から損金を控除することにより、算定」してはいない。実際は、利益金額に損金不算入額と益金算入額とを加算し、それから、損金算入額と益金不算入額とを減算し、その結果を「法人税の課税標準である各事業年度の所得の金額」としている。

そこで問題は、何ゆえに、この結果を「益金から損金を控除すること」と同値としてよいのか、ということである。「所得の金額は（21条）、益金から損金を控除することにより、算定される」ということが、実質的には行われているとしても、実際は行われていない。実際は行われてはいないとしても、実質的

には行われていることを証明する必要があるのである。上記は,「所得の金額は(21条),益金から損金を控除することにより,算定される」ことが実際は行われていないことを明示していないがゆえに,そもそも,その同値性の証明の必要性が認識されていないのである。「法人税の課税標準である各事業年度の所得の金額は(21条),益金から損金を控除することにより,算定される」ことが実際に行われているかのごとき様相を呈しているのである。実際に行われていないことを,実際に行われているかのごとく言うのは,いかがなものかと考える。

5　利益積立金額(その2)

「利益積立金額とは,基本的には,法人が獲得した利益のうち,法人において『留保していない金額を減算した金額』である(令9条1項1号括弧書)。利益積立金額の性質として特に重要なのは,株主段階課税がまだ済んでいない法人の利益をあらわしていることである。逆に言えば,法人において,利益積立金額から支払われる分配(貸方で利益積立金額を,借方で現金等を減少させる取引)は,株主において配当としての課税を受けるべきことになる。

利金積立金額と課税所得との関係には注意が必要である。両者の間には,次の2つの相違がある。第1に,利益積立金額を構成する利益には,非課税のものが含まれる(たとえば令9条1項1号ロ)。第2に,損金不算入項目であっても,留保せずに流出すれば,利益積立金額を減額させる(令9条1項1号括弧書『留保していない金額を減算した金額』)。たとえば,損金に算入できない交際費の支出がこれに当たる。なお,特に規定が設けられている損金不算入項目もある(令9条1項1号ヘ)。過年度の欠損金額(課税所得のマイナス《2条19号》)は,課税所得の計算上は一定の範囲でしか控除できないが(57,80条),利益積立金額の計算では無制限に控除される(令9条1項1号ホ)」(岡村忠生,前掲書,368,369頁)。

上記の「法人が獲得した利益」並びに「法人の利益」は,文字通り,会社計算上の,収益から原価・費用・損失(法22②③)を控除した後の残額の利益では

なく，法人税法施行令第9条第1項第1号で規定されている，「イからホまでに掲げる金額の合計額からヘ及びトに掲げる金額の合計額を減算した金額」を意味している。この最後の「金額」を，「利益」と表現するか否かは，各人の自由であるが，しかし，「利益」という表現が一般的には会社計算上の用語であるので，最後の「金額」の意味で使用するのであれば，そのことを明記すべきである。特に，イが所得の金額で，ヘが欠損金額であるとき，これらに関連して「利益」と表現するのは，会社計算上の利益とは全く異なる内容だけに，誤った理解であると批判されても致し方ないように思われる。

なお，利益積立金額は，実質的には所得金額や欠損金額から算出されるとしても，つまり，上記の「法人が獲得した利益」あるいは「法人の利益」から算出されるとしても，実際はこのような算出は明示的には行われず，会社計算上の利益から算出されるので，実質的な算出と，明示的な算出との同値性を証明する必要がある。

「令9条1項1号ロ」とは，「法第23条（受取配当等の益金不算入）の規定により所得の金額の計算上益金の額に算入されない金額」である。上記は，「利益積立金額を構成する利益には，非課税のもの」，例えば受取配当等「が含まれる」と述べている。しかし，受取配当等が，実質的には「利益積立金額を構成する利益に……含まれる」としても，「利益積立金額の計算では」明示的には現れない。実質的には含まれるとしても，何ゆえに，明示的には現れないか，ということを証明する必要がある。上記はその証明を行っていない限りにおいて，意味がない。

「損金に算入できない交際費の支出」は，実質的には「利益積立金額を減額させる」が，「利益積立金額の計算では」明示的には現れない。実質的には含まれないとしても，何ゆえにそれが明示されないか，ということを証明する必要がある。上記は，その証明を行っていない限りにおいて，意味がない。

「過年度の欠損金額（課税所得のマイナス《2条19号》）は，課税所得の計算上は一定の範囲でしか控除できないが（57, 80条），利益積立金額の計算では無制限に控除される（令9条1項1号ホ）」。しかし，これは，両者の間の相違とは言え

ない。そもそも,「課税所得の計算上は一定の範囲でしか控除できない」という場合の控除と,「利益積立金額の計算では無制限に控除される」という場合の控除とは,全く意味が異なる。前者の控除は,損金算入額を定めるものであり,後者の控除は,法人の設立以来の各事業年度の所得金額の合計額が,プラスか否かを定めるものである。誤解を恐れず敢えて言えば,前者の控除は,利益積立金額に含めることを意味し,後者の控除は利益積立金額に含めないことを意味している。両者は相互に正反対の内容を意味している。事実,施行令第9条第1項第1号では,イ 所得の金額,ロ 受取配当等の益金不算入,ハ 還付金等の益金不算入,ニ 欠損金の損金算入,ホ 法人課税信託の益金損金両不算入,ヘ 欠損金額,ト 法人税・地方税について,イからホまでの合計額から,ヘとトの合計額を控除した残額を,利益積立金額の一部とする,と規定され,ニ 欠損金の損金算入は利益積立金額に含め,ヘ 欠損金額は含めない,と規定されている。上記には,この点についての理解に混乱がある。なお,実質的には,ニ 欠損金の損金算入は利益積立金額に含め,ヘ 欠損金額は含めないが,この両者は,「利益積立金額の計算では」明示されないので,この点についての証明が必要である。

6 おわりに

　法人税法施行規則の別表四の①総額欄のように,利益金に,損金不算入額と益金算入額とを加算し,損金算入額と益金不算入額とを減算する算出を行い,その結果を,法人税法の本法において定義されている所得金額としてよい理由は,後者の所得金額を,前者の算出のように変換できるからである。
　法人税法施行規則の別表五(一)における,利益積立金額を構成するものとして規定されている各項目と,法人税法の本法において,利益積立金額をを構成するものとして規定されている各項目とは,ただ一つの項目を除いて,具体的に言えば,税を除いて,全く異なるにもかかわらず,前者の算出結果を,後者の利益積立金額としてよい理由は,後者の算出を,前者の算出のように変換で

きるからである。

　法人税法施行規則の別表五(一)の②欄と③欄は二つの欄で，いわば一事業年度の利益積立金額つまり税引後の利益積立金額を表している。そして一般的には，この，一事業年度の税引前の利益積立金額は，別表四の②欄で表され，これに税が考慮され，移記されたものが，前者の，別表五(一)の②欄と③欄なのである。しかし，この，別表四の②欄で表されている，一事業年度の税引前の利益積立金額は，直接的には，法・令で規定されている利益積立金額それ自体のようにはなっておらず，法・令で規定されている利益積立金額は，同じく別表四でも③欄で実質的に表されている。ただ，③欄は②欄と同値であり，したがって，別表五(一)の②欄と③欄は，法・令で規定されている利益積立金額を表していることになる。

　別表四の②欄と③欄の同値性は，次の二つの図式で表せる。詳細は，河野惟隆［2001］10頁を参照されたい。

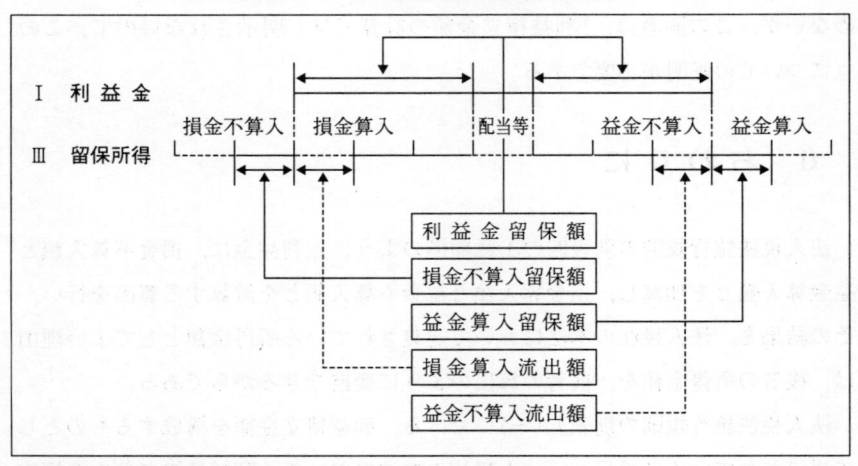

図表 2 － 1　別表四の②欄の図式化

```
Ⅰ  利 益 金
                損金不算入  損金算入   配当等    益金不算入  益金算入
Ⅲ  留保所得

                            利 益 金 留 保 額
                            損金不算入留保額
                            益金算入留保額
                            損金算入流出額
                            益金不算入流出額
```

（注）1　Ⅰ利益金の実線の長さがその大きさを表す。
　　　2　Ⅲ留保所得の実線の長さが留保額を表し，点線は流出額を表す。

第2章　法人税法の所得金額と利益積立金額

図表2－2　別表四の③欄の図式化

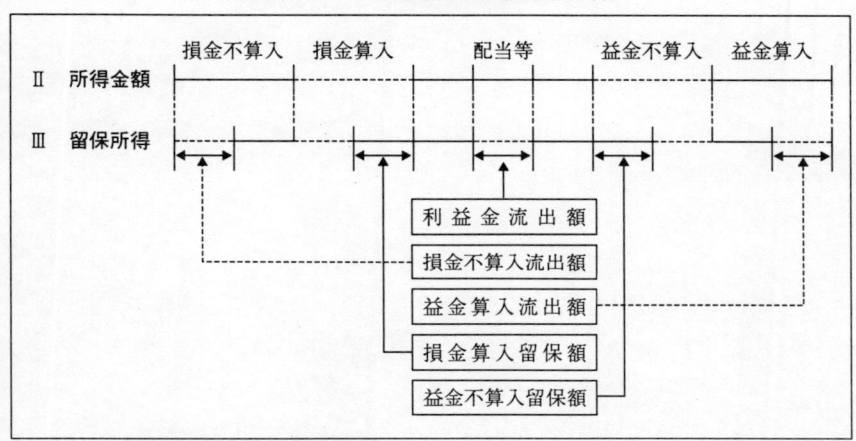

	損金不算入	損金算入	配当等	益金不算入	益金算入
Ⅱ 所得金額					
Ⅲ 留保所得					

- 利益金流出額
- 損金不算入流出額
- 益金算入流出額
- 損金算入留保額
- 益金不算入留保額

(注) 1　Ⅱ所得金額もⅢ留保所得もそれぞれ実線が当該のものを表す。
　　 2　Ⅲ留保所得の点線は流出額を表す。

第 3 章

法人税法減価償却の新規定

1　はじめに

　法人税法において減価償却に関する部分が約40年振りに大幅に改定され，それが，平成19年4月1日から施行された。本章では，このうち，定率法に関する条文を検討することにする。

　本章では以下，2で，減価償却資産をある事業年度の期首から稼働し始める場合（＝期首始働の場合）について，また，3で，ある事業年度の期中から稼働し始める場合(＝期中始働の場合)について，それぞれ検討する。2で扱う場合には，その一部に，3の一部も含ませることにし，その部分は3からは除くことにする。本章では，減価償却資産としては機械設備を念頭に置くこととし，それが定率法を採用していることになる。なお，3の場合では，月中に稼働し始める場合もあるが，この場合は，法人税法施行令において，「一月に満たない端数を生じたときは，これを一月とする」，と規定されており，本章でもこの規定に従うこととし，したがって，日数按分は行わないでも良いことになる。本章では，法人税法は法と，また，法人税法施行令は令と，それぞれ略称することがあるとし，また，本章で法・令の条文を引用する場合に途中の一部を割愛することがあるが，煩瑣を極めるので，そのことを一々断らないことにする。検討の際に引用した条文は括弧「　」で示すことにする。

本章が検討対象とするのは次の条文である。

法人税法

（減価償却資産の償却費の計算及びその償却の方法）

第31条　内国法人の各事業年度終了の時において有する減価償却資産につきその償却費として第22条第3項（各事業年度の損金の額に算入する金額）の規定により当該事業年度の所得の金額の計算上損金の額に算入する金額は，その内国法人が当該事業年度においてその償却費として損金経理をした金額（以下この条において「損金経理額」という。）のうち，その取得をした日及びその種類の区分に応じ政令で定める償却の方法の中からその内国法人が当該資産について選定した償却の方法（償却の方法を選定しなかった場合には，償却の方法のうち政令で定める方法）に基づき政令で定めるところにより計算した金額（次項において「償却限度額」という。）に達するまでの金額とする。

法人税法施行令

第48条の2　平成19年4月1日以後に取得をされた減価償却資産の償却限度額の計算上選定をすることができる法第31条第1項（減価償却資産の償却費の計算及びその償却の方法）に規定する資産の種類に応じた政令で定める償却の方法は，次の各号に掲げる資産の区分に応じ当該各号に定める方法とする。

一　建物　定額法（当該減価償却資産の取得価額にその償却費が毎年同一となるように当該資産の耐用年数に応じた償却率を乗じて計算した金額を各事業年度の償却限度額として償却する方法をいう。）

二　第13条第1号（減価償却資産の範囲）に掲げる建物の附属設備及び同条第2号から第7号までに掲げる減価償却資産　次に掲げる方法

　イ　定額法

　ロ　定率法（当該減価償却資産の取得価額（既にした償却の額で各事業年度

の所得の金額の計算上損金の額に算入された金額がある場合には,当該金額を控除した金額)にその償却費が毎年一定の割合で逓減するように当該資産の耐用年数に応じた償却率を乗じて計算した金額(当該計算した金額が償却保証額に満たない場合には,改定取得価額にその償却費がその後毎年同一となるように当該資産の耐用年数に応じた改定償却率を乗じて計算した金額)を各事業年度の償却限度額として償却する方法をいう。)

5　この条において,次の各号に掲げる用語の意義は,当該各号に定めるところによる。
一　償却保証額　減価償却資産の取得価額に当該資産の耐用年数に応じた保証率を乗じて計算した金額をいう。
二　改定取得価額　次に掲げる場合の区分に応じそれぞれ次に定める金額をいう。
　　イ　減価償却資産の第1項第2号ロに規定する取得価額に同号ロに規定する耐用年数に応じた償却率を乗じて計算した金額（以下この号において「調整前償却額」という。）が償却保証額に満たない場合（当該事業年度の前事業年度における調整前償却額が償却保証額以上である場合に限る。）　当該減価償却資産の当該取得価額

2　期首始働の場合

2−1　保証率の冗漫性

次のように仮定して論を進めることにする。
　1事業年度：1年間。
さしあたり,記号を次のように定めることにする。
A円：減価償却資産を稼働する前に取得のために支払う価額。通常の使用法での取得価額。既知数である。法人税法施行令第48条の2第1項第2号ロでは,「当該減価償却資産の取得価額（既にした償却の額で各事業年度の所

得の金額の計算上損金の額に算入された金額がある場合には，当該金額を控除した金額)」と規定しているが，この取得価額は，未償却残高を意味しているので，もちろん，「各事業年度の所得の金額の計算上」の未償却残高を意味しているので，本章では，この施行令の取得価額は，(「各事業年度の所得の金額の計算上」の) 未償却残高と称することにする。国税庁のホームページでも同じような使用法をしているので，このような使用法も許容されるものと思われる。

N年：法定耐用年数。既知数である。

同じX年によって，順序をつけて，異なる二通りのことを表すことにし，まず最初の意味は次のとおりとする（二通りのことを表すことにしても，混乱することはなく，むしろ，その方が便利であることが自ずから明らかになるものと思われる）。

X年：法定耐用年数N年のうち，つまり，N個の事業年度のうち，ある事業年度以後，最終事業年度までの残存年数。任意の年数である（二番目の意味については，検討の際に，述べることにする）。

仮に，法定耐用年数N年間の，つまりN個の事業年度から成る全期間において，「償却費が毎年一定の割合で逓減するように当該資産の耐用年数に応じた償却率を乗じて計算した金額を各事業年度の償却限度額として償却する」とすると，図表3−1のようになる。

第3章　法人税法減価償却の新規定

図表3−1

事業年度	期首未償却残高	償却限度額	期末未償却残高
1	A	$\dfrac{2.5}{N}A$	$\left(1-\dfrac{2.5}{N}\right)A$
2	$\left(1-\dfrac{2.5}{N}\right)A$	$\dfrac{2.5}{N}\left\{\left(1-\dfrac{2.5}{N}\right)A\right\}$	$\left(1-\dfrac{2.5}{N}\right)^2 A$
3	$\left(1-\dfrac{2.5}{N}\right)^2 A$	$\dfrac{2.5}{N}\left\{\left(1-\dfrac{2.5}{N}\right)^2 A\right\}$	$\left(1-\dfrac{2.5}{N}\right)^3 A$
⋮	⋮	⋮	⋮
(N−X)−1	$\left(1-\dfrac{2.5}{N}\right)^{\{(N-X)-1\}-1}A$	$\dfrac{2.5}{N}\left\{\left(1-\dfrac{2.5}{N}\right)^{(N-X)-2}A\right\}$	$\left(1-\dfrac{2.5}{N}\right)^{(N-X)-1}A$
N−X	$\left(1-\dfrac{2.5}{N}\right)^{(N-X)-1}A$	$\dfrac{2.5}{N}\left\{\left(1-\dfrac{2.5}{N}\right)^{(N-X)-1}A\right\}$	$\left(1-\dfrac{2.5}{N}\right)^{N-X}A$
(N−X)+1	$\left(1-\dfrac{2.5}{N}\right)^{\{(N-X)+1\}-1}A$	$\dfrac{2.5}{N}\left\{\left(1-\dfrac{2.5}{N}\right)^{(N-X)}A\right\}$	$\left(1-\dfrac{2.5}{N}\right)^{(N-X)+1}A$
(N−X)+2	$\left(1-\dfrac{2.5}{N}\right)^{(N-X)+1}A$	$\dfrac{2.5}{N}\left\{\left(1-\dfrac{2.5}{N}\right)^{(N-X)+1}A\right\}$	$\left(1-\dfrac{2.5}{N}\right)^{(N-X)+2}A$
⋮	⋮	⋮	⋮
(N−X)+(X−1) =N−1	$\left(1-\dfrac{2.5}{N}\right)^{(N-X)+(X-2)}A$	$\dfrac{2.5}{N}\left\{\left(1-\dfrac{2.5}{N}\right)^{(N-X)+(X-2)}A\right\}$	$\left(1-\dfrac{2.5}{N}\right)^{(N-X)+(X-1)}A$
(N−X)+X=N	$\left(1-\dfrac{2.5}{N}\right)^{(N-X)+(X-1)}A$	$\dfrac{2.5}{N}\left\{\left(1-\dfrac{2.5}{N}\right)^{(N-X)+(X-1)}A\right\}$	$\left(1-\dfrac{2.5}{N}\right)^{(N-X)+X}A$

（以下，条文の中では，「償却費がその後毎年同一となる」償却率として，「改定償却率」という用語が使われているが，本章の論理の進め方との関連では，厳密にいえば，それは，（1／X）の償却率に置き換えた方が望ましいので，そのように置き換えることにする）

第｛(N−X)+1｝事業年度において初めて，「償却費が毎年一定の割合で逓減するように当該資産の耐用年数に応じた償却率を乗じて計算した金額を各事業年度の償却限度額として償却する方法」を最初の事業年度から仮に，第｛(N−X)+1｝事業年度まで採用した場合の，第｛(N−X)+1｝事業年度の金額を，「償却費がその後毎年同一となるように当該資産の耐用年数に応じた」（1／X）の「償却率を乗じて計算した金額を各事業年度の償却限度額として償却する方法」を採用した場合の，第｛(N−X)+1｝事業年度の金額が超過したと仮定した時，このXは次の不等式⑤を充足する，正の整数である。

（このXは，X年の二番目の意味である。Nは所与で定数であって，Xのみが変数であり，その正の整数を求めることが可能である）

$$\frac{2.5}{N}\left\{\left(1-\frac{2.5}{N}\right)^{N-X}A\right\} < \frac{\left(1-\frac{2.5}{N}\right)^{N-X}A}{X} \quad\cdots\cdots\cdots\cdots\cdots\cdots\cdots\cdots\text{①}$$

$$\frac{2.5}{N} < \frac{1}{X}$$

$$X < \frac{N}{2.5} \quad\cdots\cdots\cdots\cdots\cdots\cdots\cdots\cdots\cdots\cdots\cdots\cdots\cdots\cdots\cdots\cdots\cdots\cdots\cdots\text{②}$$

$$\frac{\left(1-\frac{2.5}{N}\right)^{(N-X)-1}A}{(X+1)} \leqq \frac{2.5}{N}\left\{\left(1-\frac{2.5}{N}\right)^{(N-X)-1}A\right\} \quad\cdots\cdots\text{③}$$

$$\frac{1}{X+1} \leqq \frac{2.5}{N}$$

$$\frac{N}{2.5} \leqq X+1$$

$$\frac{N}{2.5} - 1 \leqq X \quad\cdots\cdots\cdots\cdots\cdots\cdots\cdots\cdots\cdots\cdots\cdots\cdots\cdots\cdots\cdots\text{④}$$

②と④より

$$\frac{N}{2.5} - 1 \leqq X < \frac{N}{2.5} \quad\cdots\cdots\cdots\cdots\cdots\cdots\cdots\cdots\cdots\cdots\cdots\cdots\text{⑤}$$

　これらの不等式について，令第48条の2第5項第2号の条文に則していえば，「減価償却資産の第1項第2号ロに規定する取得価額に同号ロに規定する耐用年数に応じた償却率を乗じて計算した金額（『調整前償却額』）が」，「毎年同一となる」償却費「に満たない場合」というのが，不等式①であり（この不等式①の左辺が「当該事業年度」の第 $\{(N-X)+1\}$ 事業年度の「調整前償却額」である），他方，「当該事業年度の前事業年度における調整前償却額が」，「毎年同一となる」償却費「以上である場合」というのが，不等式③である（この不等式③の右辺が「前事業年度における調整前償却額」である）。「に限る」というのは，「に満たない場合」と「以上である場合」とが，事業年度として隣接する，ということを意味しているのであるが，それというのも，「当該事業年度」の直後の事業年度以後も「に満たない場合」であり，逆に，「前事業年度」のさらに直前の事業年度以前も「以上である場合」だからである。なお，「毎年同一となる」償却

費は,「当該事業年度」は不等式①の右辺であり,「前事業年度」は不等式③の左辺であり,「毎年同一となる」事業年度の開始の事業年度が異なれば異なるのである。

　Nは既知数なので,これを上の不等式⑤のNに代入すると,Xが算出される。Xが確定すると,「償却費が毎年一定の割合で逓減するように当該資産の耐用年数に応じた償却率を乗じて計算した金額を各事業年度の償却限度額として償却する方法」が採用されるのは,先に仮定した「当該事業年度」の第 $\{(N-X)+1\}$ 事業年度までではなく,その「前事業年度」の第 $(N-X)$ 事業年度までである,と確定されることになり,同じことだが,「償却費がその後毎年同一となるように当該資産の耐用年数に応じた」$(1/X)$ の「償却率を乗じて計算した金額を各事業年度の償却限度額として償却する方法」が採用されるのは,第 $\{(N-X)+1\}$ 事業年度以後である,と確定されることになる。

　先の不等式のNに,2から50までの各数値を代入して求められたX,ならびに,それによる計算結果を,耐用年数省令別表第八の一部とともに示したのが,図表3－2である。このうち,$(1/X)$ は小数第4位を切り上げて,小数第3位まで求めた。

　図表3－2から明らかなように,$(1/X)$ の数値は,耐用年数省令別表第八の改定償却率と,法定耐用年数の30と35において異なるだけで,他は全く同一である。ということは,償却限度額の計算は,先の不等式の⑤だけで,ほとんど事足りるということである。つまり,保証率そして償却保証額さらに償却保証額と「調整前償却額」との対比の規定は,全く不要である,ということである。これらの規定は冗漫なのである。削除されるのが望ましい。

図表 3 − 2

耐用年数 N年	事業年度数 一定割合 低　減 (N−X)年	事業年度数 毎年同一 償却費 X年	1/X	改　訂 償却率	保証率
2	—	—	—		
3	2	1	1	1	0.02789
4	3	1	1	1	0.05274
5	4	1	1	1	0.06249
6	4	2	0.5	0.5	0.05776
7	5	2	0.5	0.5	0.05496
8	5	3	0.334	0.334	0.05111
9	6	3	0.334	0.334	0.04731
10	7	3	0.334	0.334	0.04448
11	7	4	0.25	0.25	0.04123
12	8	4	0.25	0.25	0.03870
13	8	5	0.2	0.2	0.03633
14	9	5	0.2	0.2	0.03389
15	10	5	0.2	0.2	0.03217
16	10	6	0.167	0.167	0.03063
17	11	6	0.167	0.167	0.02905
18	11	7	0.143	0.143	0.02757
19	12	7	0.143	0.143	0.02616
20	13	7	0.143	0.143	0.02517
21	13	8	0.125	0.125	0.02408
22	14	8	0.125	0.125	0.02296
23	14	9	0.112	0.112	0.02226
24	15	9	0.112	0.112	0.02157
25	16	9	0.112	0.112	0.02058
26	16	10	0.1	0.1	0.01989
27	17	10	0.1	0.1	0.01902
28	17	11	0.091	0.091	0.01866
29	18	11	0.091	0.091	0.01803
30	19	11	0.091	0.084	0.01766
31	19	12	0.084	0.084	0.01688
32	20	12	0.084	0.084	0.01655
33	20	13	0.077	0.077	0.01585
34	21	13	0.077	0.077	0.01532
35	22	13	0.077	0.072	0.01532
36	22	14	0.072	0.072	0.01494
37	23	14	0.072	0.072	0.01425
38	23	15	0.067	0.067	0.01393
39	24	15	0.067	0.067	0.01370
40	25	15	0.067	0.067	0.01317
41	25	16	0.063	0.063	0.01306
42	26	16	0.063	0.063	0.01261
43	26	17	0.059	0.059	0.01248
44	27	17	0.059	0.059	0.01210
45	28	17	0.059	0.059	0.01175
46	28	18	0.056	0.056	0.01175
47	29	18	0.056	0.056	0.01153
48	29	19	0.053	0.053	0.01126
49	30	19	0.053	0.053	0.01102
50	31	19	0.053	0.053	0.01072

2－2　保証率等の非公開性

法律では，保証率の定義が規定されていない。保証率が算出されている以上，その定義が厳存するはずであるが，それは規定されていない。その点で法律は不備である。何よりもなすべきことは，その定義を規定すること，つまり，公開することである。

法律では，保証率の定義が，厳存するにもかかわらず公開されていない，という理由だけで法律では不明になっている。不明なものによって，減価償却額が算出されているのである。その不明なものが公開されない限り，減価償却額の算出の正当性は保証されない。不明なものを推測することは，臆測の誹りを免れず，無意味である。しかし，ここでは敢えて，無意味なことを試みることにする。

法人税法施行令第48条の2第5項第1号は，「償却保証額　減価償却資産の取得価額に当該資産の耐用年数に応じた保証率を乗じて計算した金額をいう」と規定しているが，これを次のように表しておく。

　　　償却保証額：保証率×A

法人税法施行令第48条の2第1項第2号ロの，「当該減価償却資産の取得価額（既にした償却の額で各事業年度の所得の金額の計算上損金の額に算入された金額がある場合には，当該金額を控除した金額）」とは，不等式①の左辺の，又，不等式③の右辺の，それぞれ第2因子の中括弧である。

この条文の文章に続く，「にその償却費が毎年一定の割合で逓減するように当該資産の耐用年数に応じた償却率を乗じて計算した金額」とは，不等式①では左辺であり，又，不等式③では右辺である。

この条文の文章に続く，「当該計算した金額が償却保証額に満たない場合」とは，次のように，不等式①において，右辺を償却保証額で置き換えた不等式である。

$$\frac{2.5}{N}\left\{\left(1-\frac{2.5}{N}\right)^{N-X}A\right\} < 償却保証額$$

そして，同条第5項第2号イ　「当該事業年度の前事業年度における調整前償

却額が償却保証額以上である場合」とは，不等式③において，次のように，左辺を償却保証額で置き換えた不等式である。

$$償却保証額 \leq \frac{2.5}{N}\left\{\left(1-\frac{2.5}{N}\right)^{(N-X)-1}A\right\}$$

これら置き換えた二つの不等式は，次のように，一つの不等式に結合できる。

$$\frac{2.5}{N}\left\{\left(1-\frac{2.5}{N}\right)^{N-X}A\right\} < 償却保証額 \leq \frac{2.5}{N}\left\{\left(1-\frac{2.5}{N}\right)^{(N-X)-1}A\right\}$$

この不等式は，償却保証額を先の定義のように置き換えると，次のようになる。

$$\frac{2.5}{N}\left\{\left(1-\frac{2.5}{N}\right)^{N-X}A\right\} < 保証率 \times A \leq \frac{2.5}{N}\left\{\left(1-\frac{2.5}{N}\right)^{(N-X)-1}A\right\}$$

各辺をAで除すと，次のようになるが，この不等式を⑥と命名することにする。

$$\frac{2.5}{N}\left\{\left(1-\frac{2.5}{N}\right)^{N-X}\right\} < 保証率 \leq \frac{2.5}{N}\left\{\left(1-\frac{2.5}{N}\right)^{(N-X)-1}\right\} \quad ⑥$$

結局，法人税法の保証率は，この不等式⑥の第1辺と第3辺それぞれの，NとXそれぞれに数値を代入し，その大小関係を充足するような，数値を，保証率として定めたと忖度される。

法定耐用年数Nが3年から12年それぞれの場合に，不等式⑥の第1辺と第3辺それぞれを計算してみると，次のように，法人税法の保証率は，その大小関係を充足しているのである。

第3章　法人税法減価償却の新規定

図表3－3

法定耐用年数	第1辺の数値	保証率	第3辺の数値
3年	0.13888	0.02789	0.02314
4年	0.08789	0.05274	0.03295
5年	0.0625	0.06249	0.03125
6年	0.08270	0.05776	0.04824
7年	0.06099	0.05496	0.03921
8年	0.06981	0.05111	0.04799
9年	0.05458	0.04731	0.03942
10年	0.04449	0.04448	0.03333
11年	0.04838	0.04123	0.03738
12年	0.04060	0.03870	0.03092

つまり，保証率の数値は，Xの数値がわかっている，つまり，自明であることを前提にしている，と推測される。

他方，償却保証額と，「毎年一定の割合で逓減する」償却費のうち特定のものである「調整前償却額」との大小関係によって，「償却費がその後毎年同一となる」事業年度の数のXが定まるようになっている。償却保証額は，自明である取得価額に保証率を乗じることによって定まる。したがって，保証率を自明として，Xが定まるようになっている。

結局，Xを自明として，Xを算出するというようになっている。完全な同義反復になっている。Xを独自に算出することは必要であるが，それを自明とした保証率そして償却保証額によってXを算出することは意味をなさないのである。先に図表3－2において，保証率そして償却保証額とは無関係に独立に算出した（1／X）と，改定償却率とがほとんど一致していたことは，その無意味さを証明しているのである。49の法定耐用年数のうち，二つの年だけ，両者が一致しなかったのは，計算上のミスを除けば，小数点の何位かを切り上げたり，それの連続だったことによる，専ら，計算上の処理に基づくものと推測され，基本的には，一致するはずのものである。保証率そして償却保証額さらに償却保証額と「調整前償却額」との比較の規定は不要であり，それらの規定は冗漫なのである。削除されるのが望ましい。

3 期中始働の場合

3－1 保証率等の冗漫性

この3においても，減価償却資産の取得価額のA円と，法定耐用年数のN年とは，先の2と同様に定義される。しかし，この3においては，最初の事業年度において減価償却資産の稼働月数なるものを新たにいわば追加的に定義する必要があり，また残存年数と最大年数という二通りの意味のX年も，新たに定義し直すことが必要になってくる。

mか月：稼働し始めた事業年度のうち，稼働していた月数。したがって，稼働し始めた月は，稼働し始めた事業年度において，期首から数えて，$\{(12-m)+1\}$か月目である，ということになる。mは既知数である。冒頭の1で述べたようにmが12の場合は除くことにし，12の場合は先の2に含ませることにする。

この場合は，法定耐用年数はN年だが，事業年度の数は，次の式から明らかなように，（N＋1）である。

$$N = \frac{m}{12} + (N-1) + \frac{12-m}{12}$$

m＝12の場合は，先に2で述べたことに含めることにし，ここでは除くことになる。減価償却期間が1年間全部である事業年度の数は（N－1）である。最初の事業年度の減価償却期間は（m／12）年であり，2年目の事業年度からN年目の事業年度までの，つまり，最終事業年度の前事業年度までの，（N－1）個の各事業年度の減価償却期間は1年であり，最終事業年度の減価償却期間は $\{(12-m)／12\}$ 年である。

同じX年によって，順序をつけて，異なる二通りのことを表すことにし，まず最初の意味は次のとおりとする。

X年：減価償却期間が1年間全部である事業年度の（N－1）個の事業年度のうち，ある事業年度以後，最後の事業年度までの残存年数。減価償却期

第3章　法人税法減価償却の新規定

間が $\{(12-m)/12\}$ 年である事業年度を最終事業年度と称することにすれば，ある事業年度以後，最終事業年度の前事業年度までの残存年数。任意の年数である。

仮に，法定耐用年数N年間の全部が経過し終わる，（N＋1）の事業年度の全期間において，「償却費が毎年一定の割合で逓減するように当該資産の耐用年数に応じた償却率を乗じて計算した金額を各事業年度の償却限度額として償却する」とすると，図表3－4のようになる。

図表3－4

事業年度	期首未償却残高	償却限度額	期末未償却残高
1	A	$\frac{m}{12}\left(\frac{2.5}{N}A\right)$	$\left(1-\frac{m}{12}\cdot\frac{2.5}{N}\right)A$
2	$\left(1-\frac{m}{12}\cdot\frac{2.5}{N}\right)A$	$\frac{2.5}{N}\left\{\left(1-\frac{m}{12}\cdot\frac{2.5}{N}\right)A\right\}$	$\left(1-\frac{2.5}{N}\right)\left\{\left(1-\frac{m}{12}\cdot\frac{2.5}{N}\right)A\right\}$
3	$\left(1-\frac{2.5}{N}\right)\left\{\left(1-\frac{m}{12}\cdot\frac{2.5}{N}\right)A\right\}$	$\frac{2.5}{N}\left[\left(1-\frac{2.5}{N}\right)\left\{\left(1-\frac{m}{12}\cdot\frac{2.5}{N}\right)A\right\}\right]$	$\left(1-\frac{2.5}{N}\right)^2\left\{\left(1-\frac{m}{12}\cdot\frac{2.5}{N}\right)A\right\}$
4	$\left(1-\frac{2.5}{N}\right)^2\left\{\left(1-\frac{m}{12}\cdot\frac{2.5}{N}\right)A\right\}$	$\frac{2.5}{N}\left[\left(1-\frac{2.5}{N}\right)^2\left\{\left(1-\frac{m}{12}\cdot\frac{2.5}{N}\right)A\right\}\right]$	$\left(1-\frac{2.5}{N}\right)^3\left\{\left(1-\frac{m}{12}\cdot\frac{2.5}{N}\right)A\right\}$
⋮	⋮	⋮	⋮
$(N-X)-1$	$\left(1-\frac{2.5}{N}\right)^{(N-X)-2}\left\{\left(1-\frac{m}{12}\cdot\frac{2.5}{N}\right)A\right\}$	$\frac{2.5}{N}\left[\left(1-\frac{2.5}{N}\right)^{(N-X)-2}\left\{\left(1-\frac{m}{12}\cdot\frac{2.5}{N}\right)A\right\}\right]$	$\left(1-\frac{2.5}{N}\right)^{(N-X)-1}\left\{\left(1-\frac{m}{12}\cdot\frac{2.5}{N}\right)A\right\}$
$N-X$	$\left(1-\frac{2.5}{N}\right)^{(N-X)-1}\left\{\left(1-\frac{m}{12}\cdot\frac{2.5}{N}\right)A\right\}$	$\frac{2.5}{N}\left[\left(1-\frac{2.5}{N}\right)^{(N-X)-1}\left\{\left(1-\frac{m}{12}\cdot\frac{2.5}{N}\right)A\right\}\right]$	$\left(1-\frac{2.5}{N}\right)^{N-X}\left\{\left(1-\frac{m}{12}\cdot\frac{2.5}{N}\right)A\right\}$
$(N-X)+1$	$\left(1-\frac{2.5}{N}\right)^{(N-X)+1-1}\left\{\left(1-\frac{m}{12}\cdot\frac{2.5}{N}\right)A\right\}$	$\frac{2.5}{N}\left[\left(1-\frac{2.5}{N}\right)^{(N-X)-1}\left\{\left(1-\frac{m}{12}\cdot\frac{2.5}{N}\right)A\right\}\right]$	$\left(1-\frac{2.5}{N}\right)^{N-X}\left\{\left(1-\frac{m}{12}\cdot\frac{2.5}{N}\right)A\right\}$
$(N-X)+2$	$\left(1-\frac{2.5}{N}\right)^{(N-X)+2-1}\left\{\left(1-\frac{m}{12}\cdot\frac{2.5}{N}\right)A\right\}$	$\frac{2.5}{N}\left[\left(1-\frac{2.5}{N}\right)^{N-X}\left\{\left(1-\frac{m}{12}\cdot\frac{2.5}{N}\right)A\right\}\right]$	$\left(1-\frac{2.5}{N}\right)^{(N-X)+1}\left\{\left(1-\frac{m}{12}\cdot\frac{2.5}{N}\right)A\right\}$
⋮	⋮	⋮	⋮
$(N-X)+(X-1)$ $=N-1$	$\left(1-\frac{2.5}{N}\right)^{(N-X)+(X-1)-2}\left\{\left(1-\frac{m}{12}\cdot\frac{2.5}{N}\right)A\right\}$	$\frac{2.5}{N}\left[\left(1-\frac{2.5}{N}\right)^{N-3}\left\{\left(1-\frac{m}{12}\cdot\frac{2.5}{N}\right)A\right\}\right]$	$\left(1-\frac{2.5}{N}\right)^{(N-2)+1}\left\{\left(1-\frac{m}{12}\cdot\frac{2.5}{N}\right)A\right\}$
$(N-X)+X=N$	$\left(1-\frac{2.5}{N}\right)^{(N-X)+X-2}\left\{\left(1-\frac{m}{12}\cdot\frac{2.5}{N}\right)A\right\}$	$\frac{2.5}{N}\left[\left(1-\frac{2.5}{N}\right)^{N-2}\left\{\left(1-\frac{m}{12}\cdot\frac{2.5}{N}\right)A\right\}\right]$	$\left(1-\frac{2.5}{N}\right)^{(N-2)+1}\left\{\left(1-\frac{m}{12}\cdot\frac{2.5}{N}\right)A\right\}$
$N+1$	$\left(1-\frac{2.5}{N}\right)^{N-1}\left\{\left(1-\frac{m}{12}\cdot\frac{2.5}{N}\right)A\right\}$	$\frac{2.5}{N}\left[\left(1-\frac{2.5}{N}\right)^{N-1}\left\{\left(1-\frac{m}{12}\cdot\frac{2.5}{N}\right)A\right\}\right]$	$\left(1-\frac{2.5}{N}\right)^{(N-1)+1}\left\{\left(1-\frac{m}{12}\cdot\frac{2.5}{N}\right)A\right\}$

（先に2で述べたことと同様の趣旨で，以下，条文の中では，「償却費がその後毎年同一となる」償却率として，「改定償却率」という用語が使われているが，本章の論理の進め方との関連では，厳密にいえば，それは，$1/\{X+(12-m)/12\}$ の償却率に置き換えた方が望ましいので，そのように置き換えることにする）

43

第 $\{(N-X)+1\}$ 事業年度において初めて，「償却費が毎年一定の割合で逓減するように当該資産の耐用年数に応じた償却率を乗じて計算した金額を各事業年度の償却限度額として償却する方法」を最初の事業年度から仮に，第 $\{(N-X)+1\}$ 事業年度まで採用した場合の，第 $\{(N-X)+1\}$ 事業年度の金額を，「償却費がその後毎年同一となるように当該資産の耐用年数に応じた」$1/\{X+(12-m)/12\}$ の「償却率を乗じて計算した金額を各事業年度の償却限度額として償却する方法」を採用した場合の，第 $\{(N-X)+1\}$ 事業年度の金額が超過したと仮定したとき，このXは，次の不等式⑤を充足する，正の整数である。

　(このXは，X年の二番目の意味である。$\{X+(12-m)/12\}$ のうち，m，したがって，$(12-m)$，そして $(12-m)/12$ は所与なので定数であり，Xのみが変数であり，その正の整数を求めることが可能である)

$$\frac{2.5}{N}\left[\left(1-\frac{2.5}{N}\right)^{(N-X)-1}\left\{\left(1-\frac{m}{12}\cdot\frac{2.5}{N}\right)A\right\}\right] < \frac{\left(1-\frac{2.5}{N}\right)^{(N-X)-1}\left\{\left(1-\frac{m}{12}\cdot\frac{2.5}{N}\right)A\right\}}{X+\frac{12-m}{12}} \quad \cdots\cdots ①$$

$$\frac{2.5}{N} < \frac{1}{X+\frac{12-m}{12}}$$

$$X+\frac{12-m}{12} < \frac{N}{2.5}$$

$$X < \frac{N}{2.5} - \frac{12-m}{12} \quad \cdots\cdots ②$$

$$\frac{\left(1-\frac{2.5}{N}\right)^{(N-X)-2}\left\{\left(1-\frac{m}{12}\cdot\frac{2.5}{N}\right)A\right\}}{\left(X+\frac{12-m}{12}\right)+1} \leq \frac{2.5}{N}\left[\left(1-\frac{2.5}{N}\right)^{(N-X)-2}\left\{\left(1-\frac{m}{12}\cdot\frac{2.5}{N}\right)A\right\}\right] \quad \cdots\cdots ③$$

$$\frac{1}{\left(X+\frac{12-m}{12}\right)+1} \leq \frac{2.5}{N}$$

$$\left(\frac{2.5}{N} - \frac{12-m}{12}\right) - 1 \leq X \quad \cdots\cdots ④$$

②と④より

$$\left(\frac{N}{2.5} - \frac{12-m}{12}\right) - 1 \leq X < \frac{N}{2.5} - \frac{12-m}{12} \quad \cdots\cdots ⑤$$

Nとmは既知なので，これらの数値を上の不等式のNとmに代入すると，Xが算出される。Xが確定すると，「償却費が毎年一定の割合で逓減するように当該資産の耐用年数に応じた償却率を乗じて計算した金額を各事業年度の償却限度額として償却する方法」が採用されるのは，先に仮定した第 ｛(N−X)＋1｝ 事業年度までではなく，その1年前の第 ［1＋｛(N−1)−X｝］ 事業年度＝第 (N−X) 事業年度までである，と確定されることになり，同じことだが，「償却費がその後毎年同一となるように当該資産の耐用年数に応じた」1／｛X＋(12−m)／12｝ の「償却率を乗じて計算した金額を各事業年度の償却限度額として償却する方法」が採用されるのは，第 ｛(N−X)＋1｝ 事業年度以後である，と確定されることになる。

ただ先の2の場合と異なり，この3の場合は，「償却費がその後毎年同一となるように当該資産の耐用年数に応じた」1／｛X＋(12−m)／12｝ の「償却率を乗じて計算した金額を各事業年度の償却限度額として償却する方法」が採用される事業年度の数が，Xではなく，(X＋1) である。

3−2 「一定の割合」事業年度 vs.「同一」事業年度

法定耐用年数が同じであっても，特に，同じ減価償却資産であっても，最初の事業年度において稼働開始月が異なれば，「償却費が毎年一定の割合で逓減する」事業年度と「償却費がその後毎年同一となる」事業年度との関係が一般には異なる。Nが2.5の整数倍の場合を除けば，異なるのである。

例えば，法定耐用年数が11年，したがって，事業年度数が12年の場合は図表3−5のようになる。初年度の償却月数が11か月から6か月の場合は，「償却費が毎年一定の割合で逓減する」事業年度数は7年であり，したがって，「償却費がその後毎年同一となる」事業年度数は5年であり，これに対して，初年度の償却月数が5か月から1か月の場合は，前者は8年であり，したがって後者は4年である。法定耐用年数が同じであっても，したがって全体としての償却事業年度数が同じであっても，初年度の償却月数が異なると，「一定の割合」の事業年度数が，したがって，「同一となる」事業年度数が異なってくるので

ある。

図表3－5

初 年 度 償却月数 mか月	最終事業年度 償却月数 (12－m)か月	N事業年度うち 最後×年度	N－X	(N＋1)事業年度うち 最後(X＋1)年度
11	1	4	7	5
10	2	4	7	5
9	3	4	7	5
8	4	4	7	5
7	5	4	7	5
6	6	4	7	5
5	7	3	8	4
4	8	3	8	4
3	9	3	8	4
2	10	3	8	4
1	11	3	8	4

3－3　小　　括

　ともあれ，減価償却資産が事業年度の中途から稼働する場合であっても，保証率そして償却保証額さらに償却保証額と「調整前償却額」との対比の規定とは無関係に独立に，「毎年一定の割合で逓減する」償却費が「その後毎年同一となる」償却費に「満たない」初めての事業年度は算出可能なのであり，したがって，その初めての事業年度の前事業年度まで「償却費が毎年一定の割合で逓減する」ことになり「償却費がその後毎年同一となる」ことが確定可能なのである。令第48条の2第5項第2号イに則していえば，「減価償却資産の第1項第2号ロに規定する取得価額に同号ロに規定する耐用年数に応じた償却率を乗じて計算した金額（『調整前償却額』）が」，「その後毎年同一となる」償却費「に満たない場合（当該事業年度の前事業年度における調整前償却額が」，「その後毎年同一となる」償却費「以上である場合に限る。）」，「償却費がその後毎年同一となる」ことが確定可能なのである。保証率等の規定は不要であり冗漫なのである。削除されるのが望ましい。

4　おわりに

　以上，述べてきたことから明らかなように，保証率そして償却保証額さらに償却保証額と「調整前償却額」との対比の規定とは，無関係に独立的に，最初の事業年度から「償却費が毎年一定の割合で逓減する」と仮定した場合のある事業年度の償却費と，「償却費がその後毎年同一となる」と仮定した場合の償却費との大小関係の比較から，前者の償却費と後者の償却費との大小関係が逆転する，隣接する二つの事業年度が確定可能であり，この隣接する二つの事業年度のうち，時間的に後の事業年度を，「当該事業年度」と称し，前を「前事業年度」と称することにすると，このことは，最初の事業年度から「前事業年度」まで「償却費が毎年一定の割合で逓減する」ことになり，「当該事業年度」から「償却費がその後毎年同一となる」ということになる，ということが確定可能になる，ということである。減価償却資産が，ある事業年度の中途から稼働し始める場合でも同様であるが，ただ，この場合には，法定耐用年数が同じであっても，最初の事業年度に稼働し始める月数が小さくなるにつれて，「前事業年度」までの「償却費が毎年一定の割合で逓減する」事業年度の数が，同じことであるが，「当該事業年度」以後「償却費がその後毎年同一となる」事業年度の数が，変化することになる。いずれにしても，保証率等の規定は不要であり冗漫である。削除されるのが望ましい。

第 4 章

適格合併等における欠損金繰越控除

1　はじめに

　本章の課題は，適格合併等において，合併法人等が，被合併法人等の欠損金の繰越控除を行う際に，欠損金はどのように法定されているか，ということを明確にすることである。このような試みをなすのは，管見の限りではあるが，条文の紹介や引用を行う論稿はあっても，期日を明示して明確化した論稿はないように見受けられるからである。本章では，条文を引用しつつ，期日を図において明示して，条文の法解釈を試みたい。

　解釈を試みる条文は，法人税法第57条（青色申告書を提出した事業年度の欠損金の繰越し）第2項と，法人税法施行令第112条（適格合併等による欠損金の引継ぎ等）第3項である。条文を引用する際に，本章の課題と直接，関係のない部分は省略するが，そのことを一々断ることは，煩瑣を極めるので，しないことにする。また，例示の詳細な説明も省略することにする。

　以下，合併法人等7年前事業年度開始日が被合併法人等7年前事業年度開始日の，以前である場合，として2で，法第57条第2項の，後である場合として3で，令第112条第3項の，それぞれ解釈を試みる。また，被合併法人等のみなし事業年度開始の日が合併法人等の合併等事業年度開始の日，前の場合を，2でも3でもそれぞれ1で，以後の場合をそれぞれ2で，考察することにする。

49

これらの点については，それぞれ，該当箇所で理由を説明することにする。

2　合併法人等7年前事業年度開始日が被合併法人等7年前事業年度開始日以前である場合

　この2の表題の末尾の，以前である場合，というのは，この2で解釈を試みる法人税法第57条第2項で明示されてはいない。ただ，次の3において解釈を試みる法人税法施行令第112条第3項においては，後である場合，というのが明示されており，そこでの解釈から，翻ってこの2で解釈を試みる法人税法第57条第2項は，以前である場合，であるということが判明する。かような次第で，この2の表題を，以前である場合，と記した。

　以下，法人税法第57条第2項を三つに分割し，順に，第1分割部分，第2分割部分，第3分割部分と命名し，順に解釈を試みることにする。

2－1　被合併法人等のみなし事業年度開始の日が合併法人等の合併等事業年度開始の日前の場合

　この2－1の表題の末尾の，前，というのは，ここで解釈を試みる法人税法第57条第2項のいわば本文では明示されていない。ただ，この第2項の，後で引用する第3分割部分の括弧の中において，以後，というのが明示されており，そこでの解釈から，翻って，この括弧を除く，第2項の全体は，前，の場合である，ということが判明する。かような次第から，この2－1の表題を，前の場合，と記した。繰り返しになるが，この2－1は，その括弧を除く第2項の全体を解釈の対象とすることになる。次の2－2で，括弧の中の解釈を試みることにする。以下，条文を図表4－1で解釈することにする。

第 4 章　適格合併等における欠損金繰越控除

図表 4 － 1

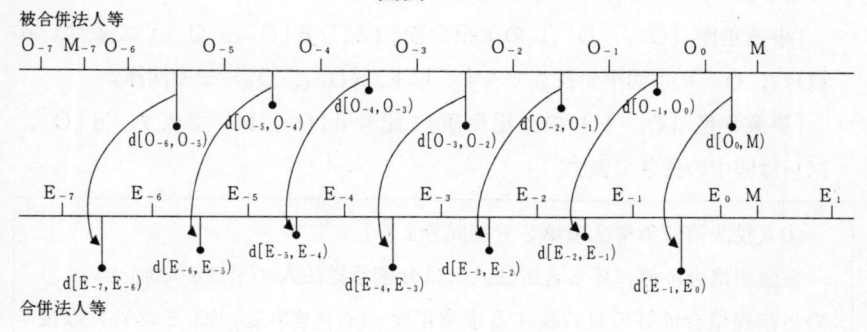

被合併法人等

O_{-7}　M_{-7}　O_{-6}　　　O_{-5}　　　O_{-4}　　　O_{-3}　　　O_{-2}　　　O_{-1}　　　O_0　　M

$d[O_{-6}, O_{-5})$　$d[O_{-5}, O_{-4})$　$d[O_{-4}, O_{-3})$　$d[O_{-3}, O_{-2})$　$d[O_{-2}, O_{-1})$　$d[O_{-1}, O_0)$　$d[O_0, M)$

E_{-7}　E_{-6}　E_{-5}　E_{-4}　E_{-3}　E_{-2}　E_{-1}　E_0　E_1

$d[E_{-7}, E_{-6})$　$d[E_{-6}, E_{-5})$　$d[E_{-5}, E_{-4})$　$d[E_{-4}, E_{-3})$　$d[E_{-3}, E_{-2})$　$d[E_{-2}, E_{-1})$　$d[E_{-1}, E_0)$

合併法人等

（法人税法第57条第 2 項第 1 分割部分より）

　適格合併等が行われた場合において，当該適格合併等に係る被合併法人又は分割法人（「被合併法人等」という。）の当該適格合併等の日前 7 年以内に開始した各事業年度（「前 7 年内事業年度」という。）において生じた欠損金額（「未処理欠損金額」という。）があるときは

・　被合併法人等の当該適格合併等の日：点M。
・　「前 7 年」：点M_{-7}。下つき添字の－ 7 は合併等の日から遡及した 7 年間を表す。
・　「前 7 年以内」：点M_{-7}から点Mまでの長さ。
　　ただし，点M_{-7}は含み，点Mは含まない。
・　「開始した日」：点O_{-6}，点O_{-5}……点O_{-1}，点O_0。下つき添字のうち，O_0の 0 はみなし事業年度を表し，－ 1 …－ 5 ，－ 6 はみなし事業年度から遡及してそれぞれ 1 年前の事業年度……5 年前の事業年度，6 年前の事業年度を表す。
・　「各事業年度」＝「前 7 年内事業年度」：$[O_{-6}, O_{-5})$，$[O_{-5}, O_{-4})$……$[O_{-1}, O_0)$，$[O_0, M)$。ただし，$[,)$において，最初の欄は各事業年度の開始日を表し，その直前の記号 $[$ は含むことを表し，他方， 2 番目の欄は各事業年度の翌事業年度の開始日を表し，その直後の記号 $)$ は含まない

ことを表し，結局，[,) は各事業年度を表す。
- 「事業年度 $[O_{-6}, O_{-5})$ の欠損金額」：記号 $d[O_{-6}, O_{-5})$ で表す。$d[O_{-6}, O_{-5})$ は図中の長さで表す。以下，$[O_{-1}, O_0)$ まで同様。
- 「事業年度 $[O_0, M)$ の欠損金額」：記号 $d[O_0, M)$ で表す。$d[O_0, M)$ は図中の長さで表す。

> (法人税法第57条第2項第2分割部分より)
> 　当該適格合併等に係る合併法人又は分割承継法人（「合併法人等」という。）の当該適格合併等の日の属する事業年度（「合併等事業年度」という。）以後の各事業年度における前項の規定の適用については

- 「合併法人等の合併等事業年度」：$[E_0, E_1)$
- 「以後の各事業年度」：$[E_0, E_1)$，記していないが，$[E_1, E_2)$，$[E_2, E_3)$ ……。
- 「前項の規定の適用」＝「合併等事業年度開始の日前7年以内に開始した事業年度」：$[E_{-7}, E_{-6})$，$[E_{-6}, E_{-5})$ …… $[E_{-1}, E_0)$。

> (法人税法第57条第2項第3分割部分より)
> 　当該前7年内事業年度において生じた未処理欠損金額は，それぞれ当該未処理欠損金額の生じた前7年内事業年度開始の日の属する当該合併法人等の各事業年度（当該合併法人等の合併等事業年度開始の日以後に開始した当該被合併法人等の当該前7年内事業年度において生じた未処理欠損金額にあっては，当該合併等事業年度の前事業年度）において生じた欠損金額とみなす。

- 「当該前7年内事業年度において生じた未処理欠損金額」：$d[O_{-6}, O_{-5})$，$d[O_{-5}, O_{-4})$ …… $d[O_0, M)$。
- 「それぞれ当該未処理欠損金額の生じた前7年内事業年度開始の日」：点 O_{-6}, 点 O_{-5} ……点 O_0。
- 「の属する当該合併法人等の各事業年度」：O_0の属する $[E_{-1}, E_0)$。O_{-1} の属する $[E_{-2}, E_{-1})$ …… O_{-6} の属する $[E_{-7}, E_{-6})$。

第4章 適格合併等における欠損金繰越控除

- 「欠損金額とみなす」：$d[O_0, M]$ は $d[E_{-1}, E_0]$ とみなす。$d[O_{-1}, O_0]$ は $d[E_{-2}, E_{-1}]$ とみなす。……$d[O_{-6}, O_{-5}]$ は $d[E_{-7}, E_{-6}]$ とみなす。

2－2 被合併法人等のみなし事業年度開始の日が合併法人等の合併等事業年度開始の日以後の場合

　この2－2では，さしあたって，第2項の第3分割部分の括弧の部分の解釈を試みることにするが，当然の帰結として，その括弧の部分の観点から，第2項全体を，つまり，順に第1分割部分，第2分割部分，そして第3分割部分を解釈し直すことになる。以下，条文を図表4－2で解釈することにする。

図表4－2

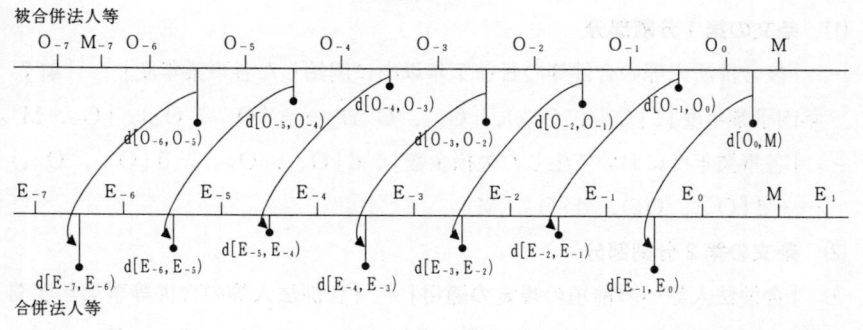

被合併法人等

O_{-7}　M_{-7}　O_{-6}　　O_{-5}　　O_{-4}　　O_{-3}　　O_{-2}　　O_{-1}　　O_0　　M

　　　　　$d[O_{-6}, O_{-5}]$　$d[O_{-5}, O_{-4}]$　$d[O_{-4}, O_{-3}]$　$d[O_{-3}, O_{-2}]$　$d[O_{-2}, O_{-1}]$　$d[O_{-1}, O_0]$　$d[O_0, M]$

E_{-7}　E_{-6}　　E_{-5}　　E_{-4}　　E_{-3}　　E_{-2}　　E_{-1}　　E_0　　M　E_1

$d[E_{-7}, E_{-6}]$　$d[E_{-6}, E_{-5}]$　$d[E_{-5}, E_{-4}]$　$d[E_{-4}, E_{-3}]$　$d[E_{-3}, E_{-2}]$　$d[E_{-2}, E_{-1}]$　$d[E_{-1}, E_0]$

合併法人等

- 「当該合併法人等の合併等事業年度開始の日」：点 E_0。
- 「以後に開始した当該被合併法人等の当該前7年内事業年度」：$[O_0, M)$。みなし事業年度。
- 「未処理欠損金額」：$d[O_0, M]$。
- 「当該合併等事業年度の前事業年度」：$[E_{-1}, E_0)$。
- 「欠損金額とみなす」：$d[O_0, M]$ は $d[E_{-1}, E_0]$ とみなす。

　この場合，つまり，被合併法人等みなし事業年度開始日が，合併法人等合併等事業年度開始日以後の場合は，被合併法人等においても事業年度としては一つしか，したがって欠損金額としても一つしか明示的に法定されておらず，こ

れに対応して、合併法人等においてもそれぞれ一つしか明示的に法定されていない。すなわち、被合併法人等においては、みなし事業年度として、一つの事業年度しか、したがって一つの欠損金額しか、明示的に法定されておらず、これに対応して、合併法人等においても、合併等事業年度の前事業年度として、一つの事業年度しか、したがって、一つのみなし欠損金額しか、明示的に法定されていない。明示的にはこのようであるが、被合併法人等においても、これに対応する合併法人等においても、この一つの事業年度、したがって欠損金額以外の存在を、条文は明示的に否定していない。それらの存在を当然視していると解するのが自然である。この一つの事業年度、そして欠損金額を含めて、改めて、先の条文の第1、第2、第3分割部分それぞれに則して、この場合について明記し、また、一部、条文に加筆して言えば、次のようになる。

(1) 条文の第1分割部分
- 「被合併法人等の合併等の日前7年以内に開始した各事業年度」=「前7年内事業年度」:$[O_{-6}, O_{-5})$, $[O_{-5}, O_{-4})$ …… $[O_{-1}, O_0)$, $[O_0, M)$。
- 「各事業年度において生じた欠損金額」:$d[O_{-6}, O_{-5})$, $d[O_{-5}, O_{-4})$ …… $d[O_{-1}, O_0)$, $d[O_0, M)$。

(2) 条文の第2分割部分
- 「合併法人等への前項の規定の適用」=「合併法人等の合併等事業年度開始の日前7年以内に開始した事業年度」:$[E_{-7}, E_{-6})$, $[E_{-6}, E_{-5})$ …… $[E_{-2}, E_{-1})$, $[E_{-1}, E_0)$。

(3) 条文の第3分割部分
- 「当該前7年内事業年度において生じた未処理欠損金額」:$d[O_{-6}, O_{-5})$, $d[O_{-5}, O_{-4})$ …… $d[O_0, M)$。
- 「それぞれ当該未処理欠損金額の生じた前7年内事業年度開始の日」:点O_{-6}, 点O_{-5}……点O_0。

ここで次に傍点の部分を条文に補足する。
- 「の属する当該合併法人等の各事業年度の前事業年度」:O_0の属する$[E_0, E_1)$の前事業年度$[E_{-1}, E_0)$。O_{-1}の属する$[E_{-1}, E_0)$の前事業年度

第4章　適格合併等における欠損金繰越控除

$[E_{-2}, E_{-1}) \cdots\cdots O_{-6}$の属する$[E_{-6}, E_{-5})$の前事業年度$[E_{-7}, E_{-6})$。このように補足すると，次のようになる。

・「欠損金額とみなす」：$d[O_0, M)$は$d[E_{-1}, E_0)$とみなす。$d[O_{-1}, O_0)$は$d[E_{-2}, E_{-1})$とみなす。$\cdots\cdots d[O_{-6}, O_{-5})$は$d[E_{-7}, E_{-6})$とみなす。

　被合併法人の前7年内事業年度のうち，みなし事業年度を除く，残りの6事業年度について，如何に解すれば，法解釈の整合性がとれるか，ということが問題になる。法人税法が，みなし事業年度の欠損金額を，その事業年度の開始の日が属する，合併法人の合併等事業年度の前事業年度の欠損金額とみなす，と規定していることから，残りの事業年度の欠損金額についても同様に規定している，と解すると整合性がとれる。つまり，被合併法人の各事業年度の欠損金額は，その各事業年度の開始の日が属する合併法人の事業年度の前事業年度の，合併法人の欠損金額とみなす，と解するのである。そうすると，さらに，法人が繰越控除できるのは7事業年度分である，という規定とも整合的になる。仮に，被合併法人の，みなし事業年度と，その前事業年度との，二つの欠損金額を，合併法人の，合併等事業年度の前事業年度の欠損金額とみなすと，法人が繰越控除できるのは7年度分ではなく6年度分となり，7年度分を繰越控除できると規定している税法と矛盾し，また，みなし事業年度の欠損金額を合併等事業年度の前事業年度の欠損金額とみなす，という規定とも整合性がとれなくなるのである。

3　合併法人等7年前事業年度開始日が被合併法人等7年前事業年度開始日後である場合

　以下，法人税法施行令第112条第3項を順に3分割し，第1分割部分，第2分割部分そして第3分割部分の順で解釈してゆくことにする。

3−1 被合併法人等のみなし事業年度開始の日が合併法人等の合併等事業年度開始の日前の場合

この3−1の表題の末尾の,前の場合,というのは,ここで解釈を試みる法人税法施行令第112条第3項において,明示されているのではなく,内容から判断して,そのように記した。なお,この第3項は,前の場合,を定めているだけであり,次の3−2の,以後の場合は定めておらず,したがって,この3−1は第3項の直接的な解釈であり,次の3−2は類推でしかない,ということを予めお断りしておく。以下,条文を図表4−3で解釈することにする。

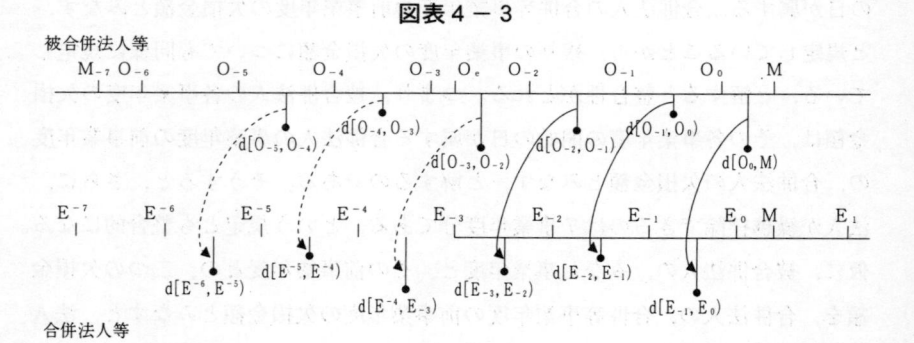

図表4−3

被合併法人等

M_{-7} O_{-6} O_{-5} O_{-4} O_{-3} O_e O_{-2} O_{-1} O_0 M

$d[O_{-5}, O_{-4}]$　$d[O_{-4}, O_{-3}]$　$d[O_{-3}, O_{-2}]$　$d[O_{-2}, O_{-1}]$　$d[O_{-1}, O_0]$　$d[O_0, M]$

E_{-7} E_{-6} E_{-5} E_{-4} E_{-3} E_{-2} E_{-1} E_0 M E_1

$d[E_{-6}, E_{-5}]$　$d[E_{-5}, E_{-4}]$　$d[E_{-4}, E_{-3}]$　$d[E_{-3}, E_{-2}]$　$d[E_{-2}, E_{-1}]$　$d[E_{-1}, E_0]$

合併法人等

（法人税法施行令第112条第3項第1分割部分より）

　法第57条第2項の適格合併等に係る同項に規定する合併法人等（「合併法人等」という。）の同条第2項に規定する合併等事業年度開始の日前7年以内に開始した各事業年度のうち最も古い事業年度開始の日（「合併法人等7年前事業年度開始日」という。）が

- 「合併法人等の合併等事業年度開始の日前7年以内」：点E_{-7}から点E_0までの長さ。ただし,点E_{-7}は含み,点E_0は含まない。
- 「合併法人等7年前事業年度開始日」：点E_{-3}。

第4章 適格合併等における欠損金繰越控除

> （法人税法施行令第112条第3項第2分割部分より）
> 　当該適格合併等に係る被合併法人等の同条第2項に規定する前7年内事業年度（「被合併法人等前7年内事業年度」という。）で同条第2項に規定する未処理欠損金額が生じた事業年度のうち最も古い事業年度開始の日（「被合併法人等7年前事業年度開始日」という。）後である場合には，

- 「被合併法人等前7年内事業年度」：点M_{-7}から点Mまでの期間（ただし，点M_{-7}は含み，点Mは含まない）のうち，$[O_{-6},\ O_{-5})$，$[O_{-5},\ O_{-4})$……$[O_0,\ M)$。
- 「被合併法人等7年前事業年度開始日」：点O_{-5}。
- 「未処理欠損金額が生じた事業年度のうち最も古い事業年度開始の日後である場合」：(合併法人等のE_{-3}と同じ日を，被合併法人等についてはO_eで表すことにすれば，この)O_eがO_{-5}よりも後にあること。

　結局，条文のうちの上記において明らかなことは，この施行令第112条第3項は，被合併法人等7年前事業年度の数が，合併法人等7年前事業年度の数を，超過している場合を定めている，ということである。そこで，前者の数のうち後者を超過する数だけ，合併法人等について，遡及して事業年度を仮設する，ということを，上の条文の第2分割部分のうち最後の部分は示しているのである。

> （法人税法施行令第112条第3項第3分割部分より）
> 　当該被合併法人等7年前事業年度開始日から当該合併法人等7年前事業年度開始日の前日までの期間を当該期間に対応する当該被合併法人等7年前事業年度開始日に係る被合併法人等の被合併法人等前7年内事業年度ごとに区分したそれぞれの期間（当該前日の属する期間にあっては，当該被合併法人等の当該前日の属する事業年度開始の日から当該合併法人等7年前事業年度開始日の前日までの期間）は，当該合併法人等のそれぞれの事業年度とみなして，同条の規定を適用する。

- 「当該被合併法人等7年前事業年度開始日から当該合併法人等7年前事業年度開始日の前日までの期間」：点O_{-5}から点O_eまでの長さ。ただし，点O_{-5}は含み，点O_eは含まない。
- 「当該期間に対応する当該被合併法人等7年前事業年度開始日に係る被合併法人等の被合併法人等前7年内事業年度ごとに区分したそれぞれの期間」：$[O_{-5}, O_{-4})$，$[O_{-4}, O_{-3})$，$[O_{-3}, O_e)$。
- 「当該被合併法人等の当該前日の属する事業年度開始の日から当該合併法人等7年前事業年度開始日の前日までの期間」：$[O_{-3}, O_e)$。
- 「当該合併法人等のそれぞれの事業年度とみなし」：$[O_{-5}, O_{-4})$は$[E^{-6}, E^{-5})$とみなし，したがってd$[O_{-5}, O_{-4})$はd$[E^{-6}, E^{-5})$とみなす。$[O_{-4}, O_{-3})$は$[E^{-5}, E^{-4})$とみなし，したがってd$[O_{-4}, O_{-3})$はd$[E^{-5}, E^{-4})$とみなす。$[O_{-3}, O_e)$は$[E^{-4}, E^{-3})$とみなし，したがってd$[O_{-3}, O_e)$はd$[E^{-4}, E^{-3})$とみなす。

しかし，上記の条文は不明確である。と言うのは，被合併法人等の$[O_{-3}, O_{-2})$の事業年度のうちの，$[O_e, O_{-2})$の部分について，合併法人等において，対応する部分が存在しないことになっているからである。しかも，そもそも，被合併法人等の$[O_{-3}, O_{-2})$の事業年度の欠損金額は，$[O_{-3}, O_e)$と$[O_e, O_{-2})$とに2分割されるものではない。かくして，条文の$[O_{-3}, O_e)$の期間は，$[O_{-3}, O_{-2})$と改定するのが望ましい。上記の条文は，以下の傍点を付した部分のように改定するのが望ましい。改定に従って変更される図表4－3との対応を含め，以下，記すことにする。

- 「当該被合併法人等7年前事業年度開始日から当該合併法人等7年前事業年度開始日の属する当該被合併法人等事業年度終了日までの期間」：点O_{-5}から点O_{-2}までの長さ。ただし，点O_{-5}は含み，点O_{-2}は含まない。
- 「当該期間に対応する当該被合併法人等7年前事業年度開始日に係る被合併法人等の被合併法人等前7年内事業年度ごとに区分したそれぞれの期間」：$[O_{-5}, O_{-4})$，$[O_{-4}, O_{-3})$，$[O_{-3}, O_{-2})$。
- 「当該被合併法人等の当該合併法人等7年前事業年度開始日の属する事業

第4章 適格合併等における欠損金繰越控除

年度開始の日から終了する日までの期間」：$[O_{-3}, O_{-2})$。

- 「当該合併法人等のそれぞれの事業年度とみなし」：$[O_{-5}, O_{-4})$は$[E^{-6}, E^{-5})$とみなし，したがってd$[O_{-5}, O_{-4})$はd$[E^{-6}, E^{-5})$とみなす。$[O_{-4}, O_{-3})$は$[E^{-5}, E^{-4})$とみなし，したがってd$[O_{-4}, O_{-3})$はd$[E^{-5}, E^{-4})$とみなす。$[O_{-3}, O_{-2})$は$[E^{-4}, E^{-3})$とみなし，したがってd$[O_{-3}, O_{-2})$はd$[E^{-4}, E^{-3})$とみなす。

3－2　被合併法人等のみなし事業年度開始の日が合併法人等の合併等事業年度開始の日以後の場合

この3－2の表題の末尾の，以後の場合，というのは，先に3－1の冒頭で述べたように，ここで解釈を試みる法人税法施行令第112条第3項においては，明示的には定められていない。しかし，先に，2の冒頭で述べたように，法人税法第57条第2項の括弧の中において明示されており，この，以後の場合，というのは，前の場合，に対して，例外をなすのではなく，同じく一般的である。ならば，この，以後の場合，についても，前の場合，について定めている，この第3項と同様のものを，いわば第3項から類推して定めておく必要がある。以下，図表4－4を使いながら，この点について簡単に述べることにする。

図表4－4

被合併法人等

M_{-7}　O_{-6}　　O_{-5}　　O_{-4}　O_e O_{-3}　O_e O_{-2}　　O_{-1}　　　O_0　M

d$[O_{-5}, O_{-4})$　d$[O_{-4}, O_{-3})$　d$[O_{-3}, O_{-2})$　d$[O_{-2}, O_{-1})$　d$[O_{-1}, O_0)$　d$[O_0, M)$

E^{-7}　E^{-6}　　E^{-5}　　E^{-4}　　E_{-3}　　E_{-2}　　E_{-1}　　E_0　M　E_1

d$[E^{-6}, E^{-5})$　d$[E^{-5}, E^{-4})$　d$[E^{-4}, E^{-3})$　d$[E^{-3}, E_{-2})$　d$[E_{-2}, E_{-1})$　d$[E_{-1}, E_0)$

合併法人等

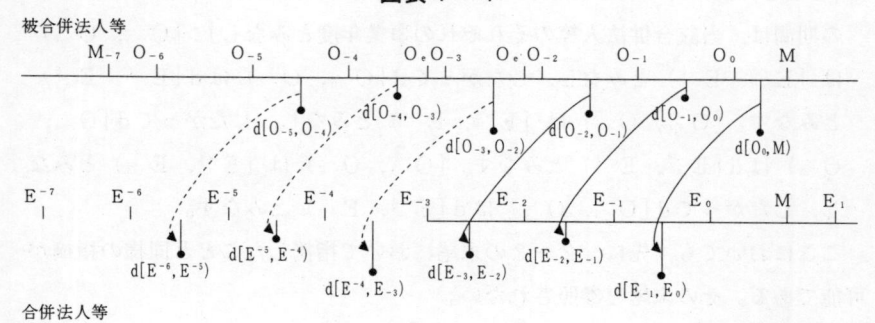

図表4－4は，以後の場合，を示している。法人税法第57条第2項の括弧の中を，「当該合併法人等の合併等事業年度開始の日」点E_0，「以後」点O_0，「に開

始した当該被合併法人等の当該前7年内事業年度」として，示している。
　仮に，この，以後の場合について，条文を直接，適用すると，次のように不具合が生ずる。さしあたり，条文を，図表4－4に対応させると，次のようになる。

- 「当該被合併法人等7年前事業年度開始日から当該合併法人等7年前事業年度開始日の前日までの期間」：点O_{-5}から点E_{-3}つまりO_eまでの長さ。ただし，点O_{-5}は含み，点E_{-3}そしてO_eは含まない。
- 「当該期間に対応する当該被合併法人等7年前事業年度開始日に係る被合併法人等の被合併法人等前7年内事業年度ごとに区分したそれぞれの期間」：事業年度 [O_{-5}, O_{-4}) と [O_{-4}, O_{-3})。

　ここに見られるように，事業年度 [O_{-3}, O_{-2}) が含まれないことになり，不具合が生ずる。この不具合を解消するためには，次のように，条文に，傍点の語句を追加すればよい。

- 「当該被合併法人等7年前事業年度開始日から当該合併法人等7年前事業年度開始日の1年後の日の前日までの期間」：点O_{-5}から点E_{-2}つまりO_eまでの長さ。ただし，点O_{-5}は含み，点E_{-2}そしてO_eは含まない。

　結局，次のようになる。

- 「被合併法人等の被合併法人等前7年内事業年度ごとに区分したそれぞれの期間は，当該合併法人等のそれぞれの事業年度とみなし」：[O_{-5}, O_{-4}) は [E_{-6}, E_{-5}) とみなし，したがってd[O_{-5}, O_{-4}) はd[E^{-6}, E^{-5}) とみなす。[O_{-4}, O_{-3}) は [E^{-5}, E^{-4}) とみなし，したがってd[O_{-4}, O_{-3}) はd[E^{-5}, E^{-4}) とみなす。[O_{-3}, O_{-2}) は [E^{-4}, E_{-3}) とみなし，したがってd[O_{-3}, O_{-2}) はd[E^{-4}, E_{-3}) とみなす。

　ここにおいても，先に，2－2の末尾において指摘したことと同様の指摘が可能である。その末尾を参照されたい。

第4章　適格合併等における欠損金繰越控除

4　おわりに

　以上では，合併法人等7年前事業年度開始日が被合併法人等7年前事業年度開始日の，以前である場合として2で法人税法第57条第2項の，後である場合として3で法人税法施行令第112条第3項の，それぞれ解釈を行った。しかし，以前である場合が一般的で，後である場合が例外的ということはなく，後者も一般的である。ならば，後者の，後である場合も，施行令においてではなく，法人税法のいわば本法で定められるのが望ましいように思われる。煩瑣を極めることなく，両者の場合を包含して一般的に定めることも可能なように思われる。

　また，被合併法人等のみなし事業年度開始の日が合併法人等の合併等事業年度開始の日，前の場合は，法人税法第57条第2項の，括弧を除く，いわば本文と，法人税法施行令第112条第3項とで定められているが，以後の場合は，前者の第2項の括弧の中で，しかも，部分的に定められているだけで，後者の第3項では全く定められていない。しかし，前の場合が一般的で以後の場合が例外的ということはなく，以後の場合も一般的である。両者の場合が一般的に定められるのが望ましいように思われる。

第 5 章

適格合併等の欠損金繰越控除の制限と緩和

1 はじめに

　本章の課題は，適格合併等において，欠損金繰越控除が制限される場合とこの制限が緩和される場合とについて，それを規定している条文を，いわば逐語的に図表によって明確化することである。以下，2においては特定資本関係が存在する場合について，3においてはこれに加えて純資産超過額が考慮される場合について，それぞれ図表によって明確化する。また，2においても，3においても，合併法人の前7年内事業年度だけでなく，それ自身は欠損金繰越控除ではない，合併法人の適用期間における損金算入・不算入も検討する。それと言うのも，後者にも欠損金繰越控除と同様の側面があるからである。なお，本章では，合併法人等の合併等事業年度前と，それに関連する適用年度については触れないことにする。

　一般に法律は，事象の継起する時間的順序に従って規定されており，それに関する叙述も時間的順序に従うのが普通である。本章でも，3においてはそのようにするが，しかし，2においては逆にする。それと言うのも，2で扱うものについては，時間的に後の方の条文を理解しないと，前の方が理解できないように法律が規定されているからである。

　本章において条文を引用する際に，本章の課題と関連しない部分は省略する

が，煩瑣を極めるので，いちいち省略する旨は明示しないことにする。また，同じ理由から，作図の詳細については説明しないで論を進めることにする。

2 特定資本関係だけの場合

2−1 適用期間内事業年度−合併法人等−

法 人 税 法
（特定資産に係る譲渡等損失額の損金不算入）
第62条の7 内国法人と特定資本関係法人（当該内国法人との間に特定資本関係（第57条第3項（青色申告書を提出した事業年度の欠損金の繰越し）に規定する特定資本関係をいう。以下この条において同じ。）がある法人をいう。）との間で当該内国法人を合併法人，分割承継法人又は被現物出資法人とする特定適格合併等（適格合併，適格分割又は適格現物出資のうち，第57条第5項に規定する共同で事業を営むための適格合併等として政令で定めるものに該当しないものをいう。以下この条において同じ。）が行われた場合において，当該特定資本関係が当該内国法人の当該特定適格合併等の日の属する事業年度（以下この項において「特定適格合併等事業年度」という。）開始の日の5年前の日以後に生じているときは，当該内国法人の適用期間（当該特定適格合併等事業年度開始の日から同日以後3年を経過する日（その経過する日が当該特定資本関係が生じた日以後5年を経過する日後となる場合にあっては，その5年を経過する日）までの期間をいう。）において生ずる特定資産譲渡等損失額は，当該内国法人の各事業年度の所得の金額の計算上，損金の額に算入しない。

2 前項に規定する特定資産譲渡等損失額とは，次に掲げる金額の合計額をいう。
　一　前項の内国法人が同項の特定資本関係法人から特定適格合併等により移転を受けた資産で当該特定資本関係法人が当該特定資本関係が生

第5章　適格合併等の欠損金繰越控除の制限と緩和

> じた日（次号において「特定資本関係発生日」という。）前から有していたもの（以下この号において「特定引継資産」という。）の譲渡，評価換え，貸倒れ，除却その他これらに類する事由による損失の額の合計額から特定引継資産の譲渡又は評価換えによる利益の額の合計額を控除した金額
>
> 二　前項の内国法人が特定資本関係発生日前から有していた資産（以下この号において「特定保有資産」という。）の譲渡，評価換え，貸倒れ，除却その他これらに類する事由による損失の額の合計額から特定保有資産の譲渡又は評価換えによる利益の額の合計額を控除した金額

説明する前に，上の条文のうち，次の部分についてあらかじめ言及しておく。

- 「3年を経過する日」
- 「その経過する日が当該特定資本関係が生じた日以後5年を経過する日以後となる場合にあっては，その5年を経過する日」

　前者と後者とではまったく異なるものである。前者の場合は図表5－1によって，また，後者の場合は図表5－2によって，それぞれ説明する。特に図表に言及しない時は，両者に共通する点を説明しているものとする。

- 「当該内国法人の当該特定適格合併等の日」：Mで示すことにする。
- 「属する事業年度」＝「特定適格合併等事業年度」：$[E_0, E_1)$。最初の記号 $[$ は以後を表し，E_0 のうち下付き添字の0は合併等事業年度を表し E_0 はその開始日を表し，E_1 のうち下付き添字の1は翌事業年度を表し E_1 はその開始日を表し，最後の記号の $)$ は以前ではなく前を表し，$E_1)$ は E_1 を含まないことを表し，結局 $[E_0, E_1)$ は，E_0 の日から E_1 の前日までの期間を表す。以下，同様。
- 「開始の日」：E_0。
- 「5年前の日」：E_{-5}。
- 「以後」：$[E_{-5}, E_0)$。
- 「生じているとき」：

図表 5 − 1 においては $[E_{-2}, E_{-1})$ における R。ただし，この場合は，後述する理由から，$[E_{-2}, E_0)$ のうちのいずれかになる。

図表 5 − 2 においては $[E_{-4}, E_{-3})$ における R。ただし，この場合は，後述する理由から，$[E_{-5}, E_{-2})$ のうちのいずれかになる。

図表 5 − 1

特定資本関係法人
（被合併法人等）

O_{-7} M_{-7} O_{-6}　O_{-5}　O_{-4}　O_{-3}　O_{-2} R O_{-1}　O_0 M

$d[O_{-6}, O_{-5}]$　$d[O_{-5}, O_{-4}]$　$d[O_{-4}, O_{-3}]$　$d[O_{-3}, O_{-2}]$

$eS[O_{-2}, O_{-1})$
$d[O_{-2}, O_{-1})$
$eS[O_{-1}, O_0)$
$d[O_{-1}, O_0)$
$eS[O_0, M)$
$d[O_0, M)$

E_{-7}　E_{-6}　E_{-5}　E_{-4}　E_{-3}　E_{-2} R E_{-1}　E_0 M　E_1　E_2　E_3　R_5

内国法人
（合併法人等）

$eS[E_0, E_1)$
$d[E_0, E_1)$
$eS[E_1, E_2)$
$d[E_1, E_2)$
$eS[E_2, E_3)$
$d[E_2, E_3)$

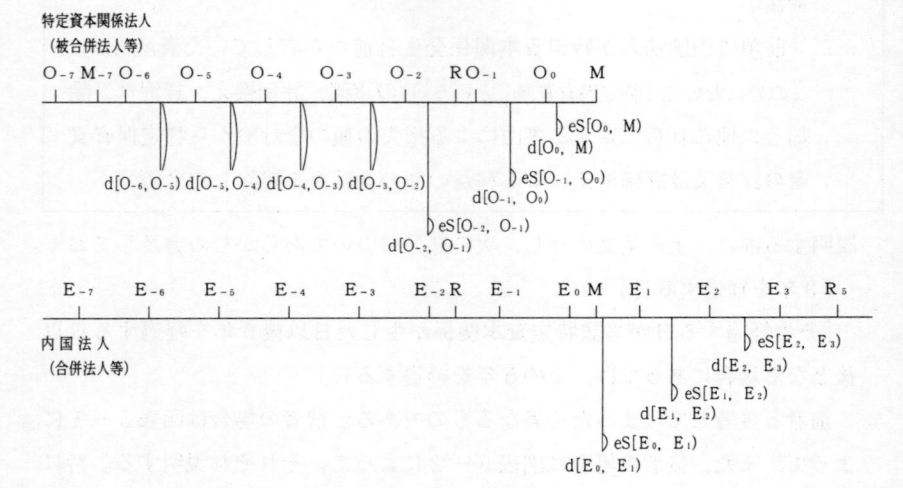

図表 5 − 2

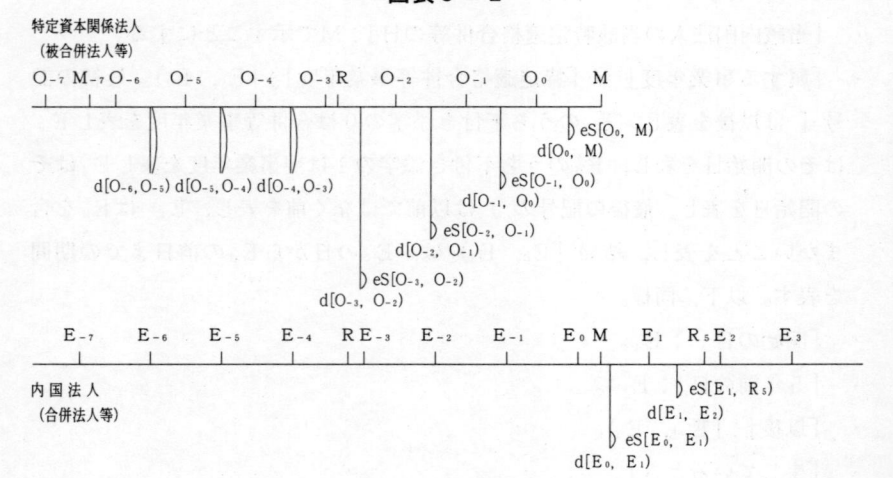

特定資本関係法人
（被合併法人等）

O_{-7} M_{-7} O_{-6}　O_{-5}　O_{-4}　O_{-3} R　O_{-2}　O_{-1}　O_0 M

$d[O_{-6}, O_{-5}]$　$d[O_{-5}, O_{-4}]$　$d[O_{-4}, O_{-3}]$

$eS[O_{-3}, O_{-2})$
$d[O_{-3}, O_{-2})$
$eS[O_{-2}, O_{-1})$
$d[O_{-2}, O_{-1})$
$eS[O_{-1}, O_0)$
$d[O_{-1}, O_0)$
$eS[O_0, M)$
$d[O_0, M)$

E_{-7}　E_{-6}　E_{-5}　E_{-4} R E_{-3}　E_{-2}　E_{-1}　E_0 M　E_1 R $_5$ E_2　E_3

内国法人
（合併法人等）

$eS[E_0, E_1)$
$d[E_0, E_1)$
$eS[E_1, E_2)$
$d[E_1, E_2)$
$eS[E_1, R_5)$

第 5 章　適格合併等の欠損金繰越控除の制限と緩和

- 「適用期間」：結論から先に述べることになる。
  図表 5 − 1 においては $[E_0, E_3)$。
  図表 5 − 2 においては $[E_0, R_5)$。
- 「3 年を経過する日」：図表 5 − 1 において E_3。
- 「その経過する日が当該特定資本関係が生じた日以後 5 年を経過する日後となる場合にあっては，その 5 年を経過する日」
  以下，図表 5 − 2 において述べることになる。
- 「その経過する日」：E_3。
- 「生じた日」：$[E_{-4}, E_{-3})$ における R。
- 「5 年を経過する日」：$[E_1, E_2)$ における R_5。
- 「後となる」：E_3 が R_5 の後となる。
- 「5 年を経過する日」：$[E_1, E_2)$ における R_5。

　この最後の点から，すぐ上の場合，つまり，3 年を経過する，図表 5 − 1 の場合において，特定資本関係発生日が，特定適格合併等事業年度開始の日前 2 年以降の日として制約されていたことになる。法には明示されていないが，実質的にこのようになる。

- 「特定資産譲渡等損失額」：
  図表 5 − 1 においては $eS[E_0, E_1), eS[E_1, E_2), eS[E_2, E_3)$。
  図表 5 − 2 においては $eS[E_0, E_1), eS[E_1, R_5)$。

2 − 2　前 7 年内事業年度 − 被合併法人等 −

> **法 人 税 法**
> **（青色申告書を提出した事業年度の欠損金の繰越し）**
> **第57条**
> 3　適格合併等に係る被合併法人等と合併法人等との間に特定資本関係
> 　　（いずれか一方の法人が他方の法人の発行済株式又は出資の総数の100分の50を超える数の株式又は出資を直接又は間接に保有する関係その他の政令で定める関

係をいう。以下この項において同じ。）があり，かつ，当該特定資本関係が当該合併法人等の当該適格合併等に係る合併等事業年度開始の日の5年前の日以後に生じている場合において，当該適格合併等が共同で事業を営むための適格合併等として政令で定めるものに該当しないときは，前項に規定する未処理欠損金額には，当該被合併等法人等の次に掲げる欠損金額を含まないものとする。

一　当該被合併法人等の特定資本関係事業年度（当該被合併法人等と当該合併法人等との間に当該特定資本関係が生じた日の属する事業年度をいう。次号において同じ。）前の各事業年度で前7年内事業年度に該当する事業年度において生じた欠損金額

二　当該被合併法人等の特定資本関係事業年度以後の各事業年度で前7年内事業年度に該当する事業年度において生じた欠損金額のうち第62条の7第2項（特定資産に係る譲渡等損失額の損金不算入）に規定する特定資産譲渡等損失額に相当する金額から成る部分の金額として政令で定める金額

以下，前掲の図表5-1によって説明する。
・「当該合併法人等の当該適格合併等に係る合併等事業年度」：$[E_0, E_1)$。
・「開始の日」：E_0。
・「5年前の日」：E_{-5}。
・「以後」：$[E_{-5}, M)$。
・当該特定資本関係が「生じている」日：R。
・「前項に規定する未処理欠損金額」：繰越控除されるもの。
・「当該被合併法人等の次に掲げる欠損金額を含まないものとする」：繰越控除されない。

以下，第1号について説明する。
・「当該被合併法人等の特定資本関係事業年度」：結論を先に述べることになる。$[O_{-2}, O_{-1})$。

第5章　適格合併等の欠損金繰越控除の制限と緩和

　　ここで最初の記号 [は含むことを意味し，O_{-2}の－2は被合併法人等のみなし事業年度から遡及して2年前の事業年度を表し，点O_{-2}はその事業年度の開始日を表す。O_{-1}は1年前の事業年度の開始日を表し，最後の記号) は含まないことを表す。そして，$[O_{-2}, O_{-1})$は2年前の事業年度の期間を表す。

- 「当該特定資本関係が生じた日」：R。
- 「属する事業年度」：$[O_{-2}, O_{-1})$。
- 「前の各事業年度で前7年内事業年度に該当する事業年度」：$[O_{-6}, O_{-5})$，$[O_{-5}, O_{-4})$，$[O_{-4}, O_{-3})$，$[O_{-3}, O_{-2})$。
- 「欠損金額」：$d[O_{-6}, O_{-5})$，$d[O_{-5}, O_{-4})$，$d[O_{-4}, O_{-3})$，$d[O_{-3}, O_{-2})$。

　以下，第2号について説明する。

- 「以後の各事業年度で前7年内事業年度に該当する事業年度」：$[O_{-2}, O_{-1})$，$[O_{-1}, O_0)$，$[O_0, M)$。
- 「欠損金額のうち」：$d[O_{-2}, O_{-1})$のうち，$d[O_{-1}, O_0)$のうち，$d[O_0, M)$のうち。
- 「第62条の7第2項（特定資産に係る譲渡等損失額の損金不算入）に規定する特定資産譲渡損失額に相当する金額から成る部分の金額」：結論から先に述べることになる。$eS[O_{-2}, O_{-1})$，$eS[O_{-1}, O_0)$，$eS[O_0, M)$。
- 「政令で定める金額」：令112条第8項で定める金額。

法人税法施行令

（適格合併等による欠損金の引継ぎ等）

第112条

8　法第57条第3項第2号に規定する政令で定める金額は，同項の適格合併等に係る被合併法人等の同号の特定資本関係事業年度以後の各事業年度で同号の前7年内事業年度（第2号において「前7年内事業年度」という。）に該当する事業年度（法第62条の7第1項（特定資産に係る譲渡等損失額の損

> 金不算入）の規定の適用を受ける場合の同項に規定する適用期間内の日の属する事業年度に該当する期間を除く。以下この項において「対象事業年度」という。）ごとに，第1号に掲げる金額から第2号に掲げる金額を控除した金額とする。
> 一　当該対象事業年度に生じた欠損金額（法第57条第1項の規定の適用があるものに限るものとし，同条第2項の規定により当該被合併法人等の欠損金額とみなされたものを含む。次号において同じ。）のうち，当該対象事業年度を法第62条の7第1項の規定が適用される事業年度として当該被合併法人等が法第57条第3項第1号に規定する特定資本関係が生じた日において有する資産につき法第62条の7第1項の規定を適用した場合に同項に規定する特定資産譲渡等損失額となる金額に達するまでの金額
> 二　当該対象事業年度に生じた欠損金額のうち，当該被合併法人等において法第57条第1項の規定により当該前7年内事業年度の所得の金額の計算上損金の額に算入されたもの及び法第80条（欠損金の繰戻しによる還付）の規定により還付を受けるべき金額の計算の基礎となつたもの並びに法第57条第5項又は第9項の規定によりないものとされたもの

以下，前掲の図表5-1によって説明する。
- 「被合併法人等の同号の特定資本関係事業年度」：$[O_{-2}, O_{-1})$。
- 「以後の各事業年度で同号の前7年内事業年度に該当する事業年度」：$[O_{-2}, O_{-1})$，$[O_{-1}, O_0)$，$[O_0, M)$。
- 「法第62条の7第1項（特定資産に係る譲渡等損失額の損金不算入）の規定の適用を受ける場合の同項に規定する適用期間」：$[E_0, E_3)$。
- 「内の日の属する事業年度」：$[O_0, M)$。
- 「該当する期間」：$[E_0, E_1)$のうち$[E_0, M)$。
- 「除く」：$[E_0, E_1)$から$[E_0, M)$を除くので，$[E_0, E_1)$は実際は$[M, E_1)$となる。

第5章 適格合併等の欠損金繰越控除の制限と緩和

- 「『対象事業年度』ごとに」：$[O_{-2}, O_{-1})$，$[O_{-1}, O_0)$，$[O_0, M)$ それぞれにおいて。
- 「第1号に掲げる金額から第2号に掲げる金額を控除した金額とする」：以下では，便宜上，第2号に掲げる金額は存在しない場合を考察することにする。

上の条文のうち，解釈に困惑するのは，次の部分である。

「被合併法人等の…特定資本関係事業年度以後の…前7年内事業年度に該当する事業年度（法第62条の7第1項…の規定の適用を受ける場合…の…適用期間…内の日の属する事業年度に該当する期間を除く。」

この条文中の，最後の「除く」は，何から何を「除く」と解釈すべきか，困惑せざるをえない。内容から判断して，被合併法人等の前7年内事業年度の最後のみなし事業年度 $[O_0, M)$ と，合併法人等の適用期間の最初の合併等事業年度 $[E_0, E_1)$ との間に重なる期間があり，つまり，$[E_0, M)$ が重なり，これをいずれから「除く」のが合理的かということになり，結局，$[E_0, M)$ は，$[O_0, M)$ ではなく，$[E_0, E_1)$ から「除く」のが合理的ということになる。ただ，上記の条文が，かような内容を表すものとして，日本語としてふさわしいかという点については疑念が残る。

以下，第1号について説明する。

- 「当該対象事業年度に生じた欠損金額」：$d[O_{-2}, O_{-1})$，$d[O_{-1}, O_0)$，$d[O_0, M)$。
- 「法第57条第1項の規定の適用があるもの」：各事業年度開始の日前7年以内に開始した事業年度において生じた欠損金額。
- 「同条第2項の規定により当該被合併法人等の欠損金額とみなされたもの」：適格合併等の日前7年以内に開始した各事業年度において生じた欠損金額。
- 「当該対象事業年度を法第62条の7第1項の規定が適用される事業年度として」：「として」というように仮定しなければならない理由は，法第62条の7第1項の規定が適用される事業年度が，合併法人が引き継ぐ被合併法人

の資産に関しては,内国法人の当該特定適格合併等の日以後の事業年度であるのに対して,当該対象事業年度が,その日の前日以前の事業年度で,しかも被合併法人の事業年度だからである。
- 「法第57条第3項第1号に規定する特定資本関係が生じた日」:R。
- 「当該被合併法人等が……有する資産につき法第62条の7第1項の規定を適用した場合」:「した場合」というように,仮定しなければならない理由は,法第62条の7第1項の規定は,合併法人が引き継ぐ「当該被合併法人等が……有する資産」に関しては,特定適格合併等の日以後の期間についての規定であり,このように,以後に関する規定を,「当該被合併法人等が……有する資産」の,特定適格合併等の日の前日以前の期間である,「対象事業年度」に対して,つまり,以前に対していわば準用するからである。
- 「同項に規定する特定資産譲渡等損失額となる金額に達するまでの金額」: $eS[O_{-2}, O_{-1}]$, $eS[O_{-1}, O_0]$, $eS[O_0, M]$。

第2号については説明しない。

3　純資産超過額も加味される場合

3-1　前7年内事業年度-被合併法人等-

> **法人税法施行令**
> **(引継対象外未処理欠損金額の計算に係る特例)**
> **第113条**　法第57条第2項(青色申告書を提出した事業年度の欠損金の繰越し)に規定する適格合併等(以下この項及び次項において「適格合併等」という。)に係る同条第2項に規定する合併法人等である内国法人は,次の各号に掲げる場合に該当する場合には,当該適格合併等に係る同項に規定する被合併法人等(以下この項において「被合併法人等」という。)の同条第3項各号に掲げる欠損金額は,次の各号に掲げる場合の区分に応じ当該各号に定めるところによることができる。

第5章　適格合併等の欠損金繰越控除の制限と緩和

・「第2項に規定する合併法人等である内国法人は，次の各号に掲げる場合に該当する場合には…同項に規定する被合併法人等の同条第3項各号に掲げる欠損金額は…よることができる」：最後の「できる」とは次のような意味である。第2項では，合併法人等は，被合併法人等の欠損金額は，繰越控除が可能と規定しているが，第3項では特定の条件の下で不可能と規定している。しかし，第3項の特定の条件の下でも，次の各号に掲げる場合に該当する場合には繰越控除が可能である，というのが「できる」の意味である。

> 一　当該被合併法人等の法第57条第3項第1号に規定する特定資本関係事業年度（以下この項において「特定資本関係事業年度」という。）の前事業年度終了の時における時価純資産価額（その有する資産の価額の合計額からその有する負債の価額の合計額を減算した金額をいう。以下この項及び次項において同じ。）が簿価純資産価額（その有する資産の帳簿価額の合計額からその有する負債の帳簿価額の合計額を減算した金額をいう。以下この項において同じ。）以上である場合において，当該時価純資産価額から当該簿価純資産価額を減算した金額（次号において「時価純資産超過額」という。）が当該被合併法人等の特定資本関係前未処理欠損金額（当該特定資本関係事業年度開始の日前7年以内に開始した各事業年度において生じた欠損金額（同条第1項の規定の適用があるものに限るものとし，当該特定資本関係事業年度開始の時までに同条第2項の規定により当該被合併法人等の欠損金額とみなされたものを含み，同条第1項の規定により当該特定資本関係事業年度前の各事業年度の所得の金額の計算上損金の額に算入されたもの及び法第80条（欠損金の繰戻しによる還付）の規定により還付を受けるべき金額の計算の基礎となったものを除く。）をいう。以下この項において同じ。）の合計額以上であるとき又は当該被合併法人等の特定資本関係前未処理欠損金額がないとき。法第57条第3項各号に掲げる欠損金額は，ないものとする。

以下，図表5－3によって説明する。

・「特定資本関係事業年度」：$[O_{-2}, O_{-1})$。

図表 5 − 3

被合併法人等

O_{-7}　M_{-7}　O_{-6}　　O_{-5}　　O_{-4}　　O_{-3}　　O_{-2}　RO_{-1}　　O_0　　　M

　　　　　　　$d[O_{-6}, O_{-5}]$　$d[O_{-5}, O_{-4}]$　$d[O_{-4}, O_{-3}]$　$d[O_{-3}, O_{-2}]$

B C

eC

$eS[O_0, M]$
$d[O_0, M]$
$eS[O_{-1}, O_0]$
$d[O_{-1}, O_0]$
$eS[O_{-2}, O_{-1}]$
$d[O_{-2}, O_{-1}]$

E_{-7}　E_{-6}　E_{-5}　E_{-4}　E_{-3}　E_{-2}　RE_{-1}　E_0　M　E_1　E_2　E_3　R_5

合併法人等

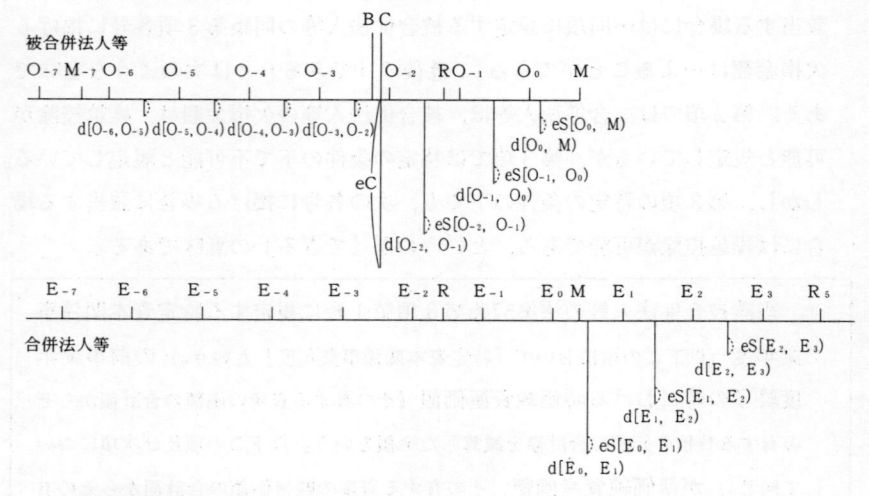

$eS[E_2, E_3]$
$d[E_2, E_3]$
$eS[E_1, E_2]$
$d[E_1, E_2]$
$eS[E_0, E_1]$
$d[E_0, E_1]$

- 「前事業年度」：$[O_{-3}, O_{-2})$。
- 「終了の時」：O_{-2}の前日。
- 「時価純資産価額」：Cの長さ。
- 「簿価純資産価額」：Bの長さ。
- 「以上である」：$C \geq B$。
- 「時価純資産超過額」：$C - B = eC$。
- 「被合併法人等の特定資本関係前未処理欠損金額の合計額」：$d[O_{-6}, O_{-5}] + d[O_{-5}, O_{-4}] + d[O_{-4}, O_{-3}] + d[O_{-3}, O_{-2}]$。
- 「以上である」：$eC \geq d[O_{-6}, O_{-5}] + d[O_{-5}, O_{-4}] + d[O_{-4}, O_{-3}] + d[O_{-3}, O_{-2}]$。
- 「法第57条第3項各号に掲げる欠損金額は，ないものとする。」
　「ないものとする」：法第57条第3項の前文は，合併法人等が繰越控除する「未処理欠損金額には，被合併法人等の次に掲げる欠損金額を含まないものとする」と定めており，したがって，「ないものとする」とは，「含まないものとする」ということは，「ないものとする」，つまり，繰越控除してよい，ということを意味する。具体的には次のようになる。

第5章　適格合併等の欠損金繰越控除の制限と緩和

「一　被合併法人等の特定資本関係事業年度前の欠損金額」である $d[O_{-6}, O_{-5})$, $d[O_{-5}, O_{-4})$, $d[O_{-4}, O_{-3})$, $d[O_{-3}, O_{-2})$ は繰越控除してよい。

「二　被合併法人等の特定資本関係事業年度以後の欠損金額のうち特定資産譲渡等損失額に相当する金額から成る部分の金額」である $eS[O_{-2}, O_{-1})$, $eS[O_{-1}, O_0)$, $eS[O_0, M)$ は繰越控除してよい。

> 二　当該被合併法人等の特定資本関係事業年度の前事業年度終了の時における時価純資産超過額が当該被合併法人等の特定資本関係前未処理欠損金額の合計額に満たない場合　法第57条第3項第1号に掲げる欠損金額は当該合計額から当該時価純資産超過額を控除した金額（以下この号において「制限対象金額」という。）が当該特定資本関係前未処理欠損金額の最も古いものから成るものとした場合に制限対象金額に係る特定資本関係前未処理欠損金額があることとなる事業年度(当該被合併法人等の同項第1号の前7年内事業年度（次号において「被合併法人等前7年内事業年度」という。)に該当する事業年度に限る。）ごとにイに掲げる金額からロに掲げる金額を控除した金額とし，同項第2号に掲げる欠損金額はないものとする。
> 　イ　当該事業年度の制限対象金額に係る特定資本関係前未処理欠損金額
> 　ロ　当該事業年度の特定資本関係前未処理欠損金額のうち，法第57条第1項の規定により当該特定資本関係事業年度から当該適格合併等の日の前日の属する事業年度までの各事業年度の所得の金額の計算上損金の額に算入された金額及び当該各事業年度において同条第5項又は第9項の規定によりないものとされたもの

以下，図表5−4によって説明する。

・「満たない」：$(C-B) < d[O_{-6}, O_{-5}) + d[O_{-5}, O_{-4}) + d[O_{-4}, O_{-3}) + d[O_{-3}, O_{-2})$。

・「当該合計額から当該時価純資産超過額を控除した金額が当該特定資本関係前未処理欠損金額の最も古いものから成る」：まず，$d[O_{-3}, O_{-2})$ と等

図表 5 − 4

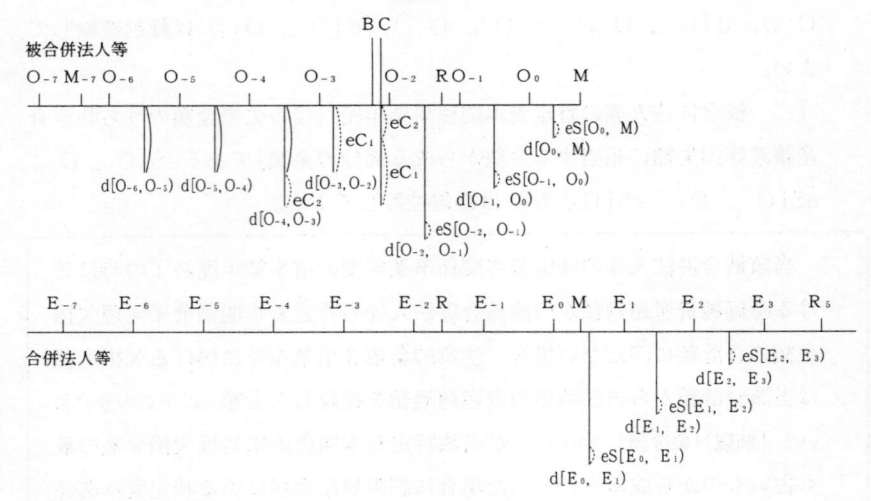

被合併法人等

O_{-7} M_{-7} O_{-6} O_{-5} O_{-4} O_{-3} O_{-2} R O_{-1} O_0 M （B C）

eC_1, eC_2

$d[O_{-6}, O_{-5}]$ $d[O_{-5}, O_{-4}]$ $d[O_{-4}, O_{-3}]$ $d[O_{-3}, O_{-2}]$ $d[O_{-2}, O_{-1}]$ $d[O_{-1}, O_0]$ $d[O_0, M]$

$eS[O_{-2}, O_{-1}]$, $eS[O_{-1}, O_0]$, $eS[O_0, M]$

合併法人等

E_{-7} E_{-6} E_{-5} E_{-4} E_{-3} E_{-2} R E_{-1} E_0 M E_1 E_2 E_3 R_5

$d[E_0, E_1]$, $d[E_1, E_2]$, $d[E_2, E_3]$

$eS[E_0, E_1]$, $eS[E_1, E_2]$, $eS[E_2, E_3]$

しい eC_1 を，$d[O_{-3}, O_{-2}]$ から差し引き，次に，残りの eC_2 を $d[O_{-4}, O_{-3}]$ から差し引くと，「特定資本関係前未処理欠損金額の最も古いもの」は $d[O_{-6}, O_{-5}]$ であり，次に古いものは $d[O_{-5}, O_{-4}]$ であり，三番目に古いのは，$d[O_{-4}, O_{-3}]$ から eC_2 を差し引いた後の残額である。

- 「イに掲げる金額からロに掲げる金額を控除した金額」＝「法第57条第3項第1号に掲げる欠損金額」＝（簡単化のために，ロはないものとすると）「イ 当該事業年度の制限対象金額に係る特定資本関係前未処理欠損金額」：$d[O_{-6}, O_{-5}]$ と $d[O_{-5}, O_{-4}]$ と $d[O_{-4}, O_{-3}]$ から eC_2 を差し引いた後の残額。これらを合併法人等は繰越控除できないが，他方 eC_1 に等しい $d[O_{-3}, O_{-2}]$ と $d[O_{-4}, O_{-3}]$ のうち eC_2 に等しい部分とは，繰越控除できることになる。

- 「同項第2号に掲げる欠損金額はないものとする」：「二 被合併法人等の特定資本関係事業年度以後の欠損金額のうち特定資産譲渡等損失額に相当する金額から成る部分の金額」である $eS[O_{-2}, O_{-1}]$，$eS[O_{-1}, O_0]$，$eS[O_0, M]$ は繰越控除してよい。

第5章 適格合併等の欠損金繰越控除の制限と緩和

> 三 当該被合併法人等の特定資本関係事業年度の前事業年度終了の時における時価純資産価額が簿価純資産価額に満たない場合で,かつ,当該満たない金額(以下この号において「簿価純資産超過額」という。)が被合併法人等前7年内事業年度のうち当該特定資本関係事業年度以後の各事業年度(前条第8項に規定する対象事業年度に限る。)において生じた同項第1号に規定する欠損金額に係る同号に掲げる金額(以下この号において「特定資産譲渡等損失相当額」という。)の合計額に満たないとき。法第57条第3項第1号及び第2号に掲げる欠損金額は,それぞれイ及びロに掲げる金額とする。
> 　イ 法第57条第3項第1号に掲げる欠損金額
> 　ロ 当該簿価純資産超過額に相当する金額が当該事業年度における特定資産譲渡等損失相当額のうち最も古いものから成るものとした場合に当該各事業年度の当該簿価純資産超過額に相当する金額に係る特定資産譲渡等損失相当額となる金額を,当該各事業年度ごとに,それぞれ前条第8項第1号に掲げる金額とみなして同項の規定を適用した場合に同項の規定により計算される法第57条第3項第2号に規定する政令で定める金額に相当する金額

以下,図表5-5によって説明する。
・「満たない」:$C<B$。
・「簿価純資産超過額」:$B-C$。
・「被合併法人等前7年内事業年度のうち特定資本関係事業年度以後の各事業年度において生じた特定資産譲渡等損失相当額の合計額」:$eS[O_{-2}, O_{-1}]+eS[O_{-1}, O_0]+eS[O_0, M)$。
・「満たない」:$(B-C)<eS[O_{-2}, O_{-1}]+eS[O_{-1}, O_0]+eS[O_0, M)$。
・「イ 法第57条第3項第1号に掲げる欠損金額」=「被合併法人等の特定資本関係事業年度前の各事業年度において生じた欠損金額」:$d[O_{-6}, O_{-5})$, $d[O_{-5}, O_{-4})$, $d[O_{-4}, O_{-3})$, $d[O_{-3}, O_{-2})$。

図表 5－5

[図：被合併法人等と合併法人等の数直線図]

被合併法人等

$O_{-7}\ M_{-7}\ O_{-6}\ O_{-5}\ O_{-4}\ O_{-3}\ \ O_{-2}\ \ \ \ \ R\ O_{-1}\ \ \ \ \ \ O_0\ \ M$

B C

$d[O_{-6}, O_{-5}]$　$d[O_{-4}, O_{-3}]$　eB_2　　　　　　　　　　$eS[O_0, M]$
$d[O_{-5}, O_{-4}]$　　　　　eB_1　　　　　　　　　　$d[O_0, M]$
　　　　　　　　　　　　　eB_1　$eS[O_{-2}, O_{-1}]$　$eS[O_{-1}, O_0]$
　　　　　　　　　　　　　　　　　　　　　　　eB_2
　　　　　　　　　　　　　$d[O_{-3}, O_{-2}]$　$d[O_{-2}, O_{-1}]$　$d[O_{-1}, O_0]$

$E_{-7}\ E_{-6}\ E_{-5}\ E_{-4}\ E_{-3}\ \ E_{-2}\ \ \ \ \ R\ E_{-1}\ \ \ \ \ E_0\ M\ E_1\ \ \ E_2\ \ \ E_3\ R_5$

合併法人等

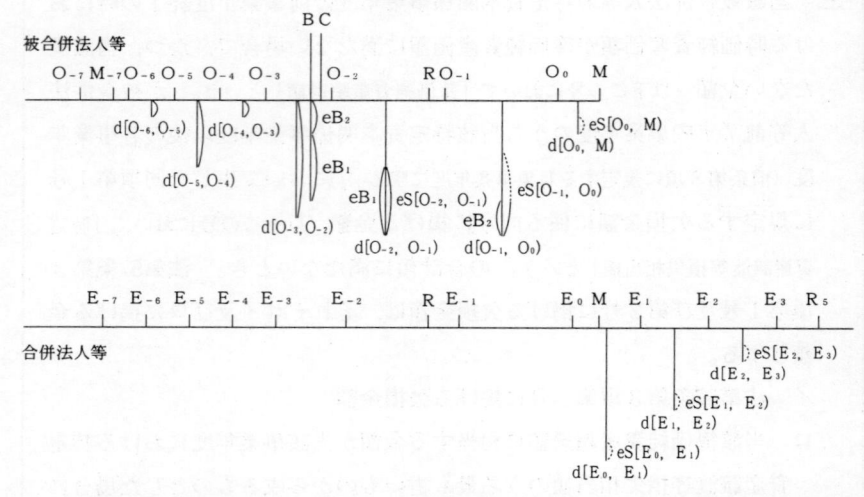

$eS[E_2, E_3]$
$d[E_2, E_3]$
$eS[E_1, E_2]$
$d[E_1, E_2]$
$eS[E_0, E_1]$
$d[E_0, E_1]$

- 「簿価純資産超過額に相当する金額が各事業年度における特定資産譲渡等損失相当額のうち最も古いものから成るものとした場合」：($B-C$) が，まず，最も古い$eS[O_{-2}, O_{-1}]$ の相等額eB_1から成り，次に，eB_2が次に古い$eS[O_{-1}, O_0]$の一部から成る，とした場合。

- 「各事業年度の簿価純資産超過額に相当する金額に係る特定資産譲渡等損失相当額となる金額」：eB_1の相等額の$eS[O_{-2}, O_{-1}]$。$eS[O_{-1}, O_0]$のうちeB_2の相等額。

- 「各事業年度ごとに，それぞれ前条第 8 項第 1 号に掲げる金額とみなし」：$eS[O_{-2}, O_{-1}]$のうちeB_1の相等額を事業年度［O_{-2}, O_{-1}］の，また，$eS[O_{-1}, O_0]$のうちeB_2の相等額を事業年度［O_{-1}, O_0］の，それぞれ特定資産譲渡等損失額とみなす。

- 「同項の規定を適用した場合に同項の規定により計算される法第57条第 3 項第 2 号に規定する金額に相当する金額」：すぐ上のものと同じである。$eS[O_{-2}, O_{-1}]$のうちeB_1の相等額の，また，$eS[O_{-1}, O_0]$のうちeB_2の相等額の，それぞれ特定資産譲渡等損失額。これによって，$eS[O_{-1}, O_0]$のうちeB_2を差し引いた残額，ならびに$eS[O_0, M]$は合併法人等が繰越控除

第5章 適格合併等の欠損金繰越控除の制限と緩和

してもよいことを意味する。なお，$d[O_{-2}, O_{-1})$ のうち $eS[O_{-2}, O_{-1})$ を，$d[O_{-1}, O_0)$ のうち $eS[O_{-1}, O_0)$ を，$d[O_0, M)$ のうち $eS[O_0, M)$ を，それぞれ差し引いた後の残額は，もともと，繰越控除してもよいものである。

3-2 適用期間内事業年度－合併法人等－

法人税法施行令
（特定資産に係る譲渡等損失額の計算の特例）
第123条の9 法第62条の7第1項（特定資産に係る譲渡等損失額の損金不算入）に規定する特定適格合併等（以下この条において「特定適格合併等」という。）に係る合併法人，分割承継法人又は被現物出資法人である内国法人は，法第62条の7第1項に規定する特定適格合併等事業年度（以下この条において「特定適格合併等事業年度」という。）以後の各事業年度（同項に規定する適用期間（以下この条において「適用期間」という。）内の日の属する事業年度に限る。）における当該適用期間内の特定引継資産に係る法第62条の7第2項に規定する特定資産譲渡等損失額（以下この条において「特定資産譲渡等損失額」という。）は，次の各号に掲げる場合の区分に応じ当該各号に定めるところによることができる。

以下，前掲の図表5-3，5-4，5-5と後掲の5-6とにおいて説明するが，いずれにおいても同じ内容である。

・「特定適格合併等事業年度」：$[E_0, E_1)$。
・「以後の各事業年度における当該適用期間内」：$[E_0, E_1), [E_1, E_2), [E_2, E_3)$。
・「法第62条の7第2項に規定する特定資産譲渡等損失額は,次の各号に掲げる場合の区分に応じ当該各号に定めるところによることができる」：この最後の「できる」とは，内国法人は，しなくてもよいが，したければしてもよいという意味であり，具体的には，この第2項に規定する特定資産譲渡等損

失額は，同第１項で規定されている，各事業年度の所得の金額の計算上，損金の額に算入しないものであるが，ここでの令第123条の９第１項では，損金算入できるということになる。もちろん，次の各号に掲げる場合の区分に応じ当該各号に定めるところによる，という条件付きである。

一　法第62条の７第１項に規定する特定資本関係法人（以下この項において「特定資本関係法人」という。）の特定資本関係事業年度（当該特定資本関係法人と当該内国法人との間に同条第１項に規定する特定資本関係が生じた日の属する事業年度をいう。次号において同じ。）の前事業年度終了の時における時価純資産価額（その有する資産の価額の合計額からその有する負債の価額の合計額を減算した金額をいう。次号及び次次において同じ。）が簿価純資産価額（その有する資産の帳簿価額の合計額からその有する負債の帳簿価額の合計額を減算した金額をいう。次号において同じ。）以上である場合　当該適用期間内の当該特定引継資産に係る特定資産譲渡等損失額は，ないものとする。

以下，前掲の図表５－３と図表５－４において説明するが，いずれに対しても同じ内容である。

・「特定資本関係法人の特定資本関係事業年度」：$[O_{-2}, O_{-1})$。
・「前事業年度」：$[O_{-3}, O_{-2})$。
・「終了の時」：O_{-2}の前日。
・「時価純資産価額」：Cの長さ。
・「簿価純資産価額」：Bの長さ。
・「以上である」：$C \geqq B$。
・「当該適用期間内」：$[E_0, E_1), [E_1, E_2), [E_2, E_3)$。
・「当該特定引継資産に係る特定資産譲渡等損失額」：$eS[E_0, E_1), eS[E_1, E_2), eS[E_2, E_3)$。
・「ないものとする。」：すぐ上の，当該特定引継資産に係る特定資産譲渡等損失額は，法第62条の７第２項に規定されている。その第１項において，当該内国法人の各事業年度の所得の金額の計算上，損金の額に算入しない，と規

第5章 適格合併等の欠損金繰越控除の制限と緩和

定されている。したがって,「ないものとする」というのは,損金の額に算入しないものを,ないものとする,という意味であって,結局,損金算入してよいという意味である。図表5－3と図表5－4それぞれにおいて,特定資産譲渡等損失額を示すために実線ではなく点線を使用したのは,損金算入できることを表したためである。

> 二 当該特定資本関係法人の特定資本関係事業年度の前事業年度終了の時における時価純資産価額が簿価純資産価額に満たない場合 適用期間内の日の属する事業年度における当該事業年度の適用期間の特定引継資産に係る特定資産譲渡等損失額は,当該特定資産譲渡等損失額のうち,その満たない部分の金額(以下この号において「簿価純資産超過額」という。)からイ及びロに掲げる金額の合計額を控除した金額に達するまでの金額とする。
> イ 当該内国法人が当該特定資本関係法人に係る法第57条第3項各号(青色申告書を提出した事業年度の欠損金の繰越し)に掲げる欠損金額につき第113条第1項(引継対象外未処理欠損金額の計算に係る特例)の規定の適用を受けた場合に同項第3号ロの規定において第112条第8項第1号(特定資産譲渡等損失相当額から成る欠損金額の算定)に掲げる金額とみなした金額の合計額
> ロ 当該事業年度前の適用期間内の日の属する事業年度の特定引継資産に係る特定資産譲渡等損失額で当該簿価純資産超過額に達するまでの金額とされた金額

以下,図表5－6によって説明する。
- 「当該特定資本関係法人の特定資本関係事業年度」：$[O_{-2}, O_{-1})$。
- 「前事業年度」：$[O_{-3}, O_{-2})$。
- 「終了の時」：O_{-2}の前日。
- 「時価純資産価額」：Cの長さ。
- 「簿価純資産価額」：Bの長さ。

図表 5 − 6

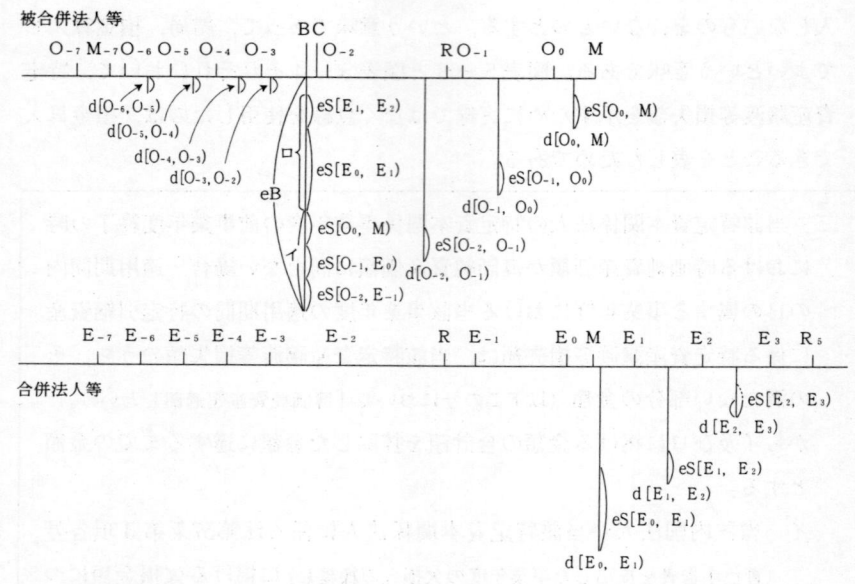

被合併法人等
O_{-7} M_{-7} O_{-6} O_{-5} O_{-4} O_{-3} $\quad$ B C $\quad$ O_{-2} $\qquad$ R O_{-1} $\qquad$ O_0 $\quad$ M

d$[O_{-6}, O_{-5}]$
d$[O_{-5}, O_{-4}]$
d$[O_{-4}, O_{-3}]$
d$[O_{-3}, O_{-2}]$

eS$[E_1, E_2]$
eS$[E_0, E_1]$
eS$[O_0, M]$
eS$[O_{-1}, E_0]$
eS$[O_{-2}, E_{-1}]$

ロ
eB
イ

eS$[O_{-1}, O_0]$
d$[O_{-1}, O_0]$
eS$[O_{-2}, O_{-1}]$
d$[O_{-2}, O_{-1}]$

eS$[O_0, M]$
d$[O_0, M]$

合併法人等
E_{-7} E_{-6} E_{-5} E_{-4} E_{-3} $\quad$ E_{-2} $\qquad$ R E_{-1} $\qquad$ E_0 M E_1 $\qquad$ E_2 $\qquad$ E_3 R_5

eS$[E_2, E_3]$
d$[E_2, E_3]$
eS$[E_1, E_2]$
d$[E_1, E_2]$
eS$[E_0, E_1]$
d$[E_0, E_1]$

- 「満たない」：C＜B。eB＞0。
- 「適用期間内の日の属する事業年度」：[E_0, E_1)，[E_1, E_2)，[E_2, E_3)。
- 「当該事業年度の適用期間の特定引継資産に係る特定資産譲渡等損失額」：結論から先に言うことになる。

  [E_0, E_1) においてはeS[E_0, E_1] の相等額。

  [E_1, E_2) においてはeS[E_1, E_2] の相等額。

  [E_2, E_3) においてはeS[E_2, E_3] のうち実線で示した部分。点線部分は損金に算入することができる。

- 「当該特定資産譲渡等損失額のうち」：

  [E_0, E_1) においてはeS[E_0, E_1] のうち。

  [E_1, E_2) においてはeS[E_1, E_2] のうち。

  [E_2, E_3) においてはeS[E_2, E_3] のうち。

- 「満たない部分の金額」＝「簿価純資産超過額」：C－B＝eB。
- 「イ及びロに掲げる金額の合計額を控除した金額」：

第 5 章　適格合併等の欠損金繰越控除の制限と緩和

$eS[E_0, E_1)$ に対しては $\{eB-(eS[O_{-2}, O_{-1})+eS[O_{-1}, O_0)+eS[O_0, M))\}$。

$eS[E_1, E_2)$ に対しては $\{eB-(eS[O_{-2}, O_{-1})+eS[O_{-1}, O_0)+eS[O_0, M))-eS[E_0, E_1)\}$。

$eS[E_2, E_3)$ に対しては $\{eB-(eS[O_{-2}, O_{-1})+eS[O_{-1}, O_0)+eS[O_0, M))-eS[E_0, E_1)-eS[E_1, E_2)\}$。

- 「達するまでの金額」：$eS[E_0, E_1)$ の全部。$eS[E_1, E_2)$ の全部。$eS[E_2, E_3)$ のうち実線部分。
- 「当該特定資本関係法人に係る法第57条第3項各号（青色申告書を提出した事業年度の欠損金の繰越し）に掲げる欠損金額」：
  一号　$d[O_{-6}, O_{-5})$, $d[O_{-5}, O_{-4})$, $d[O_{-4}, O_{-3})$, $d[O_{-3}, O_{-2})$。
  二号　$eS[O_{-2}, O_{-1})$, $eS[O_{-1}, O_0)$, $eS[O_0, M)$。
- 「第113条第1項（引継対象外未処理欠損金額の計算に係る特例）の規定の適用を受けた場合に同項第3号」：$C<B$。$eB>0$。
- 「ロの規定」：次の規定と前後が逆になっている。次の規定が自明になった後に，この規定が存在するからである。
  eB がまず，$eS[O_{-2}, O_{-1})$ から成り，次に，$eS[O_{-1}, O_0)$ から成り，三番目に $eS[O_0, M)$ から成る。
- 「第112条第8項第1号（特定資産譲渡等損失相当額から成る欠損金額の算定）に掲げる金額とみなした金額の合計額」：
  $eS[O_{-2}, O_{-1})+eS[O_{-1}, O_0)+eS[O_0, M)$。
- 「当該事業年度」：$[E_0, E_1)$ あるいは $[E_1, E_2)$ あるいは $[E_2, E_3)$ のそれぞれ。
- 「前の適用期間内の日の属する事業年度」：
  $[E_0, E_1)$ については存在しない。
  $[E_1, E_2)$ については $[E_0, E_1)$。
  $[E_2, E_3)$ については，$[E_0, E_1)$ と $[E_1, E_2)$。
- 「特定引継資産に係る特定資産譲渡等損失額で当該簿価純資産超過額に達

するまでの金額とされた金額」:

$eS[E_0, E_1)$ についてはロは存在しない。

$eS[E_1, E_2)$ についてはロは$eS[E_0, E_1)$。

$eS[E_2, E_3)$ についてはロは，$eS[E_0, E_1)$ と$eS[E_1, E_2)$ との合計額。

　上記の条文の第2号は，合併法人等に対する規定であるが，それは実質的には，被合併法人等についても，次のように規定していることになっている。まず，被合併法人等について，この第2号は，先の令第113条第1項第3号と同じく，簿価純資産超過額が存在する場合について規定しており，この点で，時価純資産超過額が存在する場合について規定している同項第1号ならびに第2号と，逆になっている。次に，被合併法人等前7年内事業年度のうち特定資本関係事業年度以後の各事業年度において生じた特定資産譲渡等損失相当額の合計額に対して，簿価純資産超過額が，同項第3号では「満たない」となっているが，上記の第2号では「以上」となっているのである。結局，この第2号は，先の令第113条第1項に，第4号と呼ぶべきものを設けるとしたら，第4号に納まるようなものを規定していることになっているのである。

　逆に，この第2号では，先の令第113条第1項第3号の場合の，合併法人等の適用期間における特定資産譲渡等損失額について規定されていないのである。前掲の図表5－5において，$eS[E_0, E_1)$，$eS[E_1, E_2)$，$eS[E_2, E_3)$ は損金算入される，と規定されるのが望ましい。

4　おわりに

1　被合併法人の特定資本関係事業年度以後における特定資産譲渡等損失額については，合併法人の適用期間における規定を援用するのではなく，それ自身において規定されるのが望ましい。

2　合併法人の適用期間を規定する際に，終了日を，合併等事業年度開始の日

第5章　適格合併等の欠損金繰越控除の制限と緩和

から同日以後3年を経過する日として規定するのではなく，特定資本関係発生日から5年を経過する日として規定し，そのうえで，3年を経過する日を限度とする，という限定を付すのが望ましい。

3　被合併法人等について，簿価純資産超過額が特定資産譲渡等損失相当額の合計額に満たないときしか規定されていないが，合計額以上のときも規定されるのが望ましい。

4　3の場合で，簿価純資産超過額が特定資産譲渡等損失相当額の合計額に満たないとき，他方の合併法人等について規定されていないが，その適用期間において特定資産譲渡等損失相当額が損金算入される，と規定されるのが望ましい。

第 6 章

適格合併における利益積立金額の引継ぎ

1 はじめに

　本章の課題は，適格合併における，被合併法人の利益積立金額の，合併法人への引継ぎを明らかにすることである。これによって初めて，利益積立金額の引継ぎを，被合併法人の資産の引継ぎと一体化したものとして，明らかにできるのである。

　そのために，以下，2で，合併法人の利益積立金額を，まずは，被合併法人の利益積立金額が加算される，つまり引継がれる前の段階で明らかにし，その後で，その加算つまり引継ぎを述べ，利益積立金額の引継ぎを明らかにする。そのためには，根本的には，合併法人の税引前当該事業年度利益積立金額を明らかにする必要があり，これを3で扱うことにする。かような本章によって初めて，減価償却資産を例にして言えば，その資産の引継ぎと，利益積立金額の引継ぎとの，一体的関係を明らかにできるのである。

　本章では条文を引用する際に本章の論点と無関係な部分については省略するが，煩瑣を極めるので，そのことをいちいち断らないことにする。

2 合併法人の利益積立金額と被合併法人の利益積立金額

2－1 過去事業年度の利益積立金額と当該事業年度の利益積立金額

法人税法

（定義）

第2条 この法律において，次の各号に掲げる用語の意義は，当該各号に定めるところによる。

　十八　利益積立金額　法人の所得の金額で留保している金額として政令で定める金額をいう。

法人税法施行令

（利益積立金額）

第9条 法第2条第18号（定義）に規定する政令で定める金額は，同号に規定する法人の当該事業年度前の各事業年度（以下この項において「過去事業年度」という。）の第1号から第6号までに掲げる金額の合計額から当該法人の過去事業年度の第7号から第11号までに掲げる金額の合計額を減算した金額に，当該法人の当該事業年度開始の日以後の第1号から第6号までに掲げる金額を加算し，これから当該法人の同日以後の第7号から第11号までに掲げる金額を減算した金額とする。

　一　イからトまでに掲げる金額の合計額からチ及びリに掲げる金額の合計額を減算した金額（当該金額のうちに当該法人が留保していない金額がある場合には当該留保していない金額を減算した金額）

　　イ　所得の金額

　　ロ　法第23条（受取配当等の益金不算入）の規定により所得の金額の計算上益金の額に算入されない金額

第6章 適格合併における利益積立金額の引継ぎ

ハ　法第23条の2（外国子会社から受ける配当等の益金不算入）の規定により所得の金額の計算上益金の額に算入されない金額

ニ　法第26条第1項（還付金等の益金不算入）に規定する還付を受け又は充当される金額（同項第1号に掲げる金額にあっては，法第38条第1項（法人税額等の損金不算入）の規定により所得の金額の計算上損金の額に算入されない法人税の額並びに当該法人税の額に係る地方税法（昭和25年法律第226号）の規定による道府県民税及び市町村民税（都民税及びこれらの税に係る均等割を含む。）の額に係る部分の金額を除く。），法第26条第2項に規定する減額された金額，同条第3項に規定する減額された部分として政令で定める金額，同条第4項に規定する附帯税の負担額又は同条第5項に規定する附帯税の負担額の減少額を受け取る場合のその受け取る金額及び同条第6項に規定する還付を受ける金額

ホ　法第57条（青色申告書を提出した事業年度の欠損金の繰越し），第58条（青色申告書を提出しなかった事業年度の災害による損失金の繰越し）又は第59条（会社更生等による債務免除等があった場合の欠損金の損金算入）の規定により所得の金額の計算上損金の額に算入された金額

ヘ　法第64条の3第3項（法人課税信託に係る所得の金額の計算）に規定する収益の額から同項に規定する損失の額を減算した金額

ト　法第136条の4第1項（医療法人の設立に係る資産の受贈益等）に規定する金銭の額又は金銭以外の資産の価額及び同条第2項に規定する利益の額

チ　欠損金額

リ　法人税として納付することとなる金額並びに地方税法の規定により当該法人税に係る道府県民税及び市町村民税として納付することとなる金額

二　当該法人を合併法人とする適格合併に係る被合併法人の当該適格合併の日の前日の属する事業年度終了の時の利益積立金額

> 七　剰余金の配当（株式又は出資に係るものに限る。）若しくは利益の配当若しくは剰余金の分配（出資に係るものに限る。）又は資産の流動化に関する法律（平成10年法律第105号）第115条第1項（中間配当）に規定する金銭の分配の額として株主等に交付する金銭の額及び金銭以外の資産の価額の合計額

「当該事業年度前の各事業年度」つまり「過去事業年度」とは，「当該事業年度前」の前という接尾語と，「各事業年度」の各という接頭語から明らかなように，設立時から当該事業年度の期首の前日までの期間を表す。したがって，「過去事業年度の第1号から第6号までに掲げる金額」と，「過去事業年度の第7号から第11号までに掲げる金額」は，当該事業年度の期首現在の，累積された金額である。つまり，期首現在という一時点での残高である。

他方，改めて言うまでもなく，「当該事業年度開始の日以後の第1号から第6号までに掲げる金額」と，「同日以後の第7号から第11号までに掲げる金額」は，当該事業年度の金額である。つまり，当該事業年度という一期間の金額である。

そして，「法第2条第18号（定義）に規定する政令で定める金額は」つまり利益積立金額は，「過去事業年度の…金額…から…過去事業年度の…金額…を減算した金額に…当該事業年度開始の日以後の…金額を加算し，これから…同日以後の…金額を減算した金額とする」。この最後の金額は，当該事業年度から見て，翌期首現在での残高である。これを利益積立金額とするのである。

しかし，当該事業年度の期首現在の残高は，当該事業年度の一期前の事業年度から見れば，翌期首現在の残高であり，これも，当然のこととして，一期前の事業年度のものではあるが，利益積立金額である。そして，「当該事業年度開始の日以後の第1号から第6号までに掲げる金額」と，「同日以後の第7号から第11号までに掲げる金額」は，期首現在の利益積立金額に加減算され，結果として，翌期首現在の利益積立金額になるのであるから，当該事業年度の利益積立金額ということになる。

第6章　適格合併における利益積立金額の引継ぎ

　結局，当該事業年度の期首現在の利益積立金額に，当該事業年度の利益積立金額を加減算し，結果として，当該事業年度の翌期首現在の利益積立金額になる。

　なお，上の令第9条第1項第1号の「イ　所得の金額」と「チ　欠損金額」は，過去事業年度においては，ある事業年度には前者が発生し，他の事業年度には後者が発生する可能性があり，併存しうるが，当該事業年度ではいずれか一方しか発生しえないので，併存することはありえない。つまり，過去事業年度には，「イからトまでに掲げる金額の合計額からチ及びリに掲げる金額の合計額を減算」することはありうるが，当該事業年度においては「イ…からチ…を減算」することはありえない。

　法人税法において，利益積立金額が，過去事業年度と当該事業年度とに明示的に区別されるようになったのは，その施行令においてではあるが，平成18年度からである。平成17年度以前においては，利益積立金額は，法人税法第2条第1項第18号において規定されていたが，そこでは，両者は明示的には区別されていなかった。しかし，平成17年度以前の法人税法において，過去事業年度の利益積立金額は当該事業年度の期首の累積残高と解され，当該事業年度の利益積立金額は一事業年度の利益積立金額と解され，両者は明示的に区別されるものと解される，と，私はつとに次のように述べた。

　「法人税法の第2条第18号においては，イの各項も，ロも，いずれも，単年度ではなく，各事業年度について，その合計額として定められている。租税特別措置法も，いずれも，イの(1)に包含されるので，同様である。

　そこで，ある一つの事業年度を固定して考えれば，その当該事業年度の期首には，法人の発足以後のすべての過年度の金額の合計額がいわば累積残高として計上され，この累積残高を出発点として当該事業年度の一定期間に新たな金額が発生し，この金額が期首の累積残高に増減され，期末に，その当該事業年度を含む過年度のすべての金額の合計額が，累積残高として計上されていることになる。以下では，期首と期末は除き，一定期間としての一事業年度について考えることにする。

イの(1)の所得の金額は，いわゆる所得金額と，租税特別措置法に規定されている金額とから成る。前者の所得金額は，所得金額が非負ならばそのまま所得金額であるが，それが負ならば，一事業年度について考える場合は，ロの欠損金額となる。一事業年度の場合は，イに掲げる金額がロに掲げる金額をこえる場合，ということはありえないのであり，所得金額が非負か負かのいずれか一方だけである。

後者の租税特別措置法に規定されている金額は，いずれも損金算入額であり，留保額か否かを考えれば留保額である。

イの(2)はいずれも益金不算入額であり，留保額か否かを考えれば留保額である。

イの(3)は，租税特別措置法と同様に，損金算入額，そして留保額である。

かくして，法人税法の本則の定める，留保している金額は次のようなものである。

留保している金額＝｛(所得金額＋損金算入留保額＋益金不算入留保額)
　　　　　　　　－流出額｝－法人税・地方税

ここで，右辺の中括弧の中の第2項の流出額は所得金額に係わるものと考えれば次のようなものから成ることになる。

流出額＝損金不算入流出額＋利益金流出額＋益金算入流出額

これを，先の式の右辺の該当の項目に代入して，整理することにするが，それと同時に左辺を次のようにすることにする。左辺の，留保している金額とは，利益積立金額のことであるが，ここでは期間としての一事業年度について考察しているので，それは結局，一事業年度の利益積立金額である，ということになる。そこで左辺をこのように変更して，右辺を整理すると，先の式は次のようになる。

一事業年度の利益積立金額
　＝［所得金額－｛(利益金流出額＋損金不算入流出額＋益金算入流出額)
　　　　－(損金算入留保額＋益金不算入留保額)｝］－法人税・地方税

結局，先の別表五(一)も，すぐ上の本則も，いずれも同じく，一事業年度

第6章 適格合併における利益積立金額の引継ぎ

の利益積立金額を定めている。しかし，それぞれの最後の一項の法人税・地方税を除けば，それぞれに計上されている項目は全く異なっている。にもかかわらず，理由は後述するが，結論から先に言えば，両者は同値となっている。したがって，別表五(一)は，本則の具現化となっている，ということになる。」(河野惟隆 [2001] 94-95頁)。

2-2 被合併法人の利益積立金額の分離による利益積立金額の第一段階の定義

上の条文の令第9条第1項は，利益積立金額を定義しようとしているが，その際に，一見すると，既に利益積立金額が定義されていることを前提にしているように見える。というのは，第1項第2号において，被合併法人について利益積立金額が定義されているからである。新たに定義しようとする際に，既に定義されていることを前提とするのは矛盾である。循環論法であり定義されていないことになる。もちろん，かような矛盾や循環論法は「一見」でしかない。

結局，上の条文は次のように解するのが整合的である。まず第一段階では，第2号の被合併法人の利益積立金額は分離して，合併法人の利益積立金額を定義する。これは同時に被合併法人の利益積立金額を，それにも存在するかもしれない被合併法人に合併される他の被合併法人の利益積立金額を分離して，定義することも意味し，これは有限でどこかで終わるまで行う。次に第二段階では，第2号の被合併法人の利益積立金額を考慮に入れ，第一段階の利益積立金額に加算されるものとして定義する。いわば二段構えで順序づけて定義されている，と解すると，整合的になる。次のように言い換えてもよい。被合併法人の利益積立金額を加算する前に，合併法人の利益積立金額を定義し，それと同時に，加算される前の被合併法人の利益積立金額を定義し，その後で，前者の合併法人の利益積立金額への，後者の被合併法人の利益積立金額の加算を定義し，これによって，利益積立金額の定義を完成させる，と言い換えてもよい。

イメージを明確にするために，結論から先に，別表五(一)を便宜的に拡大解釈して図表6-1で言えば，次のようになる。第一段階では，被合併法人の利益

図表 6－1

利益積立金額及び資本金等の額の計算に関する明細書

事業年度 : :
法人名

別表五(一)

I 利益積立金額の計算に関する明細書

区　　分	期首現在利益積立金額 ①	当期の増減 減 ②	当期の増減 増 ③	差引翌期首現在利益積立金額 ①－②＋③ ④	引継現在利益積立金額 ⑤	合併日以後の増減 減 ⑥	合併日以後の増減 増 ⑦	差引翌期首現在利益積立金額 ⑤－⑥＋⑦ ⑧	差引翌期首現在利益積立金額 ④＋⑧ ⑨
	円	円	円	円	円	円	円	円	円
利 益 準 備 金 1									
積　立　金 2									
3									
4									
5									
6									
7									
8									
〜 24									
25									
繰越損益金 (損は赤) 26									
納 税 充 当 金 27									
未（退職年金等積立金に対するものを除く。）納法人税等	未納法人税 (附帯税を除く。) 28	△		中間 △ 確定 △		△		中間 △ 確定 △	△
	未納道府県民税 (利子割額及び(均等割額を含む。) 29	△		中間 △ 確定 △		△		中間 △ 確定 △	△
	未納市町村民税 (均等割額を含む。) 30	△		中間 △ 確定 △		△		中間 △ 確定 △	△
差 引 合 計 額 31									

積立金額を分離して，①欄から④欄までで合併法人自体の利益積立金額を算出する。次に，新たに⑤欄を設け，そこに，被合併法人のみなし事業年度の期末現在したがって引継現在の利益積立金額の各項目の金額を記載し，さらに新たに⑥欄と⑦欄を設け，項目ごとに，合併法人の合併等事業年度のうち合併日以後に発生した金額の増減を記載し，新たに⑧欄を設け，ここに，⑤欄から⑥欄を減じ，それに⑦欄を加えたものを記載し，そして新たに⑨欄を設け，ここに，④欄に⑧欄を加えたものを記載する，これが第二段階での利益積立金額となる。

かような解釈は，以下の2−3，2−4，2−5の考察から正当である。

2−3　当該事業年度利益積立金額と留保金額との同一性

利益積立金額は，法人税法施行規則別表五(一)Ⅰ利益積立金額の計算に関する明細書(既に前出済みであるが改めて，以下，別表五(一)と称することにする)によって，全面的に算出される。この別表五(一)の枠外に次のような注意書きがある。

この表は，通常の場合には次の算式により検算ができます。

御注意

期首現在利益積立金額合計「31」①
　＋別表四留保総計「30」
　−中間分，確定分法人税県市民税の合計額
　＝差引翌期首現在利益積立金額合計「31」④

この算式における，別表四留保総計「30」は，別表四②欄の最下行の「38」と同じなので，後者で表すことにし，式を変形すると，次のようになる。

別表四②欄「38」＝（差引翌期首現在利益積立金額合計「31」④
　　　　　　　　　−期首現在利益積立金額合計「31」①）
　　　　　　　＋中間分，確定分法人税県市民税の合計額
　　　　　　　＝（別表五(一)③欄合計−別表五(一)②欄合計）
　　　　　　　＋法人税県市民税

結局，別表五(一)②・③欄は，別表四②欄をそのまま移記し，それに，マイ

ナスの法人税県市民税の合計額を付け加えたものになっている。逆に言えば，別表四②欄は，マイナスの法人税県市民税を除けば，別表五(一)②・③欄である，ということになる。別表五(一)②・③欄は，先に見た当該事業年度の利益積立金額を表しているので，別表四②欄は，マイナスの法人税県市民税を除けば，当該事業年度の利益積立金額を表している，ということになる。つまり税引前当該事業年度利益積立金額を表している，ということになる。

別表五(一)②・③欄は，過去事業年度ではなく，当該事業年度の利益積立金額を表しているということを，一事業年度の利益積立金額を表しているという表現で，私はつとに，次のように述べた。

「別表五(一)は次のようになっている。これはあくまで一事業年度に関するものであって，それ自体としては，複数の事業年度に関するものではない。法人の発足以後のすべての累積を表すものがあるので，その限りでは，複数の事業年度を包含しているが，しかし，それ自体としては，一事業年度に関するものである。

全部で五つの欄から成る。①欄は一事業年度の期首に関するものであり，②欄・③欄・④欄はこれら三つが一体となって一事業年度の期間に関するものであり，⑤欄は翌期首に関するものではあるが一事業年度の期末に関するものであると言ってよい。さらに言えば，①欄と⑤欄は一時点における量，つまりストック量であり，②欄・③欄・④欄は一定期間における量，つまりフロー量である。そして①欄の期首における量を与件とし，②欄・③欄・④欄の一定期間において新たな量が生じ，このいわば変量が，①欄の期首における与件としての量に対して，増減され，結果的に⑤欄の期末における量が確定する。

事業年度という概念は，時点概念ではなく，期間概念である。そこで②欄・③欄・④欄の一定期間における変量を，一事業年度の利益積立金額と言うことにする。①欄と⑤欄がそれぞれ，一時点ではあるが，共に利益積立金額を表していることに対応して，そうすることにする。この一事業年度の利益積立金額は次のようになっている。

一事業年度の利益積立金額＝別表四②留保欄の総計－法人税・地方税

　つまり，別表五(一)の②欄・③欄・④欄は，別表四の②留保欄から移記されたものと，新たに計上された法人税・地方税との，両者から構成されているのである。もちろん前者がほとんどである。両者を具体的に表して書けば，次のようになる。

一事業年度の利益積立金額
　＝［利益金留保額＋｛(損金不算入留保額＋益金算入留保額)
　　－(損金算入流出額＋益金不算入流出額)｝］－法人税・地方税

以上が別表五㈠の大まかな内容である。」（河野惟隆［2001］90, 92頁）。

　別表四②欄「38」は，別表三(一)において，留保所得金額（以下，留保所得と称することにする）と表されている。そして，別表三(一)において，留保所得から，法人税額・住民税額が差し引かれ，その残額が，当期留保金額（以下，留保金額と称することにする）と定義されている。以下，改めて留保所得そして留保金額について見ていくことにする。

法　人　税　法
（特定同族会社の特別税率）
第67条

3　第1項に規定する留保金額とは，次に掲げる金額の合計額（第5項において「所得等の金額」という。）のうち留保した金額から，当該事業年度の所得の金額につき前条第1項又は第2項の規定により計算した法人税の額並びに当該法人税の額に係る地方税法の規定による道府県民税及び市町村民税の額として政令で定めるところにより計算した金額の合計額を控除した金額をいう。

一　当該事業年度の所得の金額

二　第23条（受取配当等の益金不算入）の規定により当該事業年度の所得の金額の計算上益金の額に算入されなかった金額

三　法第23条の2（外国子会社から受ける配当等の益金不算入）の規定により

> 　　当該事業年度の所得の金額の計算上益金の額に算入されなかった金額
> 　四　第26条第1項（還付金等の益金不算入）に規定する還付を受け又は充当される金額，同条第2項に規定する減額された金額，同条第3項に規定する減額された部分として政令で定める金額，その受け取る附帯税の負担額及び附帯税の負担額の減少並びに同条第6項に規定する還付を受ける金額
> 　五　第57条（青色申告書を提出した事業年度の欠損金の繰越し），第58条（青色申告書を提出しなかった事業年度の災害による損失金の繰越し）又は第59条（会社更生等による債務免除等があった場合の欠損金の損金算入）の規定により当該事業年度の所得の金額の計算上損金の額に算入された金額

　まず最初に確認しておくべきことは，この第3項は過去事業年度ではなく，当該事業年度についてだけ規定されているということである。

　第1号の所得の金額は所得金額と称することにする。これは法第22条第1項において次のように定義されている。

　　　所得金額＝益金－損金

この益金は同条第2項，損金は同条第3項において，それぞれ次のように定義されている。

　　　益金＝収益－益金不算入＋益金算入
　　　損金＝原価・費用・損失－損金不算入＋損金算入

利益金は次のように定義される。

　　　利益金＝収益－原価・費用・損失

そうすると所得金額は次のようになる。

　　　所得金額＝利益金＋（損金不算入＋益金算入）－（損金算入＋益金不算入）

　この式の右辺の各項を，留保と流出に分割し，両辺から，第1項の利益金流出と第2項の小括弧の中の各項の流出を差し引き，両辺へ第3項の小括弧の中の各項の留保を加えると，次のようになる。

　　　所得金額－利益金流出－（損金不算入流出＋益金算入流出）

第6章　適格合併における利益積立金額の引継ぎ

　　　＋（損金算入留保＋益金不算入留保）
　　＝利益金留保＋（損金不算入留保＋益金算入留保）
　　　－（損金算入流出＋益金不算入流出）

　結局，第1号は，左辺のように表されるが，これは右辺のように変換され，左辺は右辺と同値である，ということになる。

　次に第2号・第3号・第4号は一般的に益金不算入に，そして，その留保に含められる。第5号は一般的に損金算入に，そして，その留保に含められる。前者の益金不算入留保も，後者の損金算入留保も，いずれも，上式の左辺に入っている。結局，上式の左辺は，第1号から第5号までの合計額を表している。

　上式の両辺から，法人税県市民税を差し引くと，その左辺が，条文のいう留保金額になる。

　　留保金額＝｛所得金額－利益金流出－（損金不算入流出＋益金算入流出）
　　　　　　＋（損金算入留保＋益金不算入留保）｝－法人税県市民税
　　　　　＝｛利益金留保＋（損金不算入留保＋益金算入留保）
　　　　　　－（損金算入流出＋益金不算入流出）｝－法人税県市民税

　上式の第2辺が，条文が明示的に規定している留保金額であるが，これは第3辺と等しいので，この第3辺も留保金額を同値的に表している，ということになる。

2－4　当該事業年度利益積立金額への被合併法人利益積立金額の非包含

　法人税法施行規則別表三（一）は次のことを示している。

　　留保所得金額（別表四「38の②」）－法人税額－住民税額＝当期留保金額

　したがって先の上式の第3辺の第1項の中括弧は，留保所得金額（既に前出済みであるが，改めて，以下，留保所得と称することにする）を示していることになる。つまり，別表四②欄を示していることになる。もちろん，これは当該事業年度の留保所得である。

　そして先に見たように，別表五（一）の②・③欄は，法人税県市民税を除けば，

99

別表四②欄をそのまま移記したものであるので、この別表四②欄は、法人税県市民税を除いて、当該事業年度の利益積立金額を表していることになる。つまり税引前当該事業年度利益積立金額を表している、ということになる。

このことは、上式の第2辺も、税引前の当該事業年度の利益積立金額を表しているということになる。しかし、この第2辺には、適格合併における被合併法人の利益積立金額は記載されていない。つまり、留保金額を規定している法第67条第3項において、適格合併における被合併法人の利益積立金額は列挙されていないのである。

このことは、当該事業年度の利益積立金額は、適格合併における被合併法人の利益積立金額を包含していないということである。利益積立金額を規定している令第9条第1項が、その利益積立金額を列挙して、これを利益積立金額に包含させているにもかかわらず、である。これは取りも直さず、適格合併における被合併法人の利益積立金額を分離して、まず第一段階として、利益積立金額が定義されているということである。もちろん、合併法人の利益積立金額について規定されているのである。ただ、先にも述べたように、これは、被合併法人の利益積立金額についても、それに合併される被合併法人の利益積立金額を分離して定義されていることも意味する。

なお、上式の第2辺の益金不算入留保に、適格合併における被合併法人の利益積立金額が含まれている可能性が考えられる。しかし、それは現実にはありえない。というのは、利益積立金額を規定している令第9条第1項が、適格合併における被合併法人の利益積立金額を列挙している以上、留保金額を規定している法第67条第3項において、もし、これに含まれるのであれば、列挙するのが当然であるが、そうはしていないからである。

2-5 被合併法人利益積立金額の加算

これまで主として言及してきた当該事業年度の利益積立金額は、被合併法人から受け入れた資産負債を除く資産負債に関係するものであった。次に、被合併法人から受け入れた資産負債に関係する利益積立金額についても言及しつつ

第6章 適格合併における利益積立金額の引継ぎ

述べることにする。イメージを明確にするために，便宜的に，図表6－1のように，現行の別表五(一)に対して，⑤・⑥・⑦・⑧欄，そして⑨欄を付け加えて，考察することにする。現行の別表五(一)で一括して処理できる（この点については後述する）が，便宜上，このように付け加えることにする。

　合併法人が引き継ぐ被合併法人の利益積立金額は，それを構成する項目別にその金額を⑤欄に記載する。⑥欄と⑦欄の期間とは，合併法人の合併事業年度のうち，合併日から，期末までの期間のことである。そして⑤欄に⑥欄と⑦欄を増減した結果が⑧欄である。この⑧欄を，④欄に加算したもの，つまり⑨欄が，第二段階の利益積立金額である。

　しかし，⑨欄には，令第9条第1項で列挙される項目は，ただ一つ，法人税県市民税を除いて，明示的には現れない。遡って，④欄や⑧欄にも，さらに，②・③欄や⑥・⑦欄にも，そして，①欄や⑤欄にも同様である。総じて別表五(一)には，列挙されるものはただ一つを除いて現れないのである。この点を，先の式の第2辺と第3辺を再記して，述べることにする。この式は，当該事業年度についてのものであるが，説明は省略するが，期首現在，引継現在，翌期首現在についても妥当しうるものである。

　　｜所得金額－利益金流出－（損金不算入流出＋益金算入流出）
　　　＋（損金算入留保＋益金不算入留保）｜－法人税県市民税
　＝｜利益金留保＋（損金不算入留保＋益金算入留保）
　　　－（損金算入流出＋益金不算入流出）｜－法人税県市民税

　この式は，受け入れた被合併法人の資産負債を除く資産負債に関係する合併法人の利益積立金額を表していることにする。上式の左辺には，令第9条第1項において利益積立金額を規定する際に列挙されている項目が，明示されている。しかし，この左辺のようには明示的には利益積立金額は算出されない。右辺のように，別表五(一)において明示的には算出される。ただ，右辺が左辺と同値なので，右辺の別表五(一)が，左辺の令第9条第1項を現実化している，ということが担保されているのである。

　次に，合併法人が引き継いだ被合併法人の利益積立金額について，上式と同

様のものを述べることにするが、上式の各項目と区別するために、すべての項目について括弧「　」を付すことにすると、次のようになる。

　　｛「所得金額」−「利益金流出」−（「損金不算入流出」+「益金算入流出」）

　　　+（「損金算入留保」+「益金不算入留保」）｝−「法人税県市民税」

　　=｛「利益金留保」+（「損金不算入留保」+「益金不算入留保」）

　　　−（「損金算入流出」+「益金不算入流出」）｝−「法人税県市民税」

先の式と上の式とで、左辺は左辺に、右辺は右辺にそれぞれ加えることが、令第9条第1項にいう、被合併法人の利益積立金額を、合併法人の利益積立金額の一部とする、という意味なのである。整理して書き記せば、次のようになる。

　　［（所得金額+「所得金額」）−（利益金流出+「利益金流出」）

　　　−｛（損金不算入流出+「損金不算入流出」）

　　　+（益金算入流出+「益金算入流出」）｝

　　　+｛（損金算入留保+「損金算入留保」）

　　　+（益金不算入留保+「益金不算入留保」）｝］

　　　−（法人税県市民税+「法人税県市民税」）

　　=［（利益金留保+「利益金留保」）+｛（損金不算入留保+「損金不算入留保」）

　　　+（益金不算入留保+「益金不算入留保」）｝

　　　−｛（損金算入流出+「損金算入流出」）

　　　+（益金不算入流出+「益金不算入流出」）｝］

　　　−（法人税県市民税+「法人税県市民税」）

上式の左辺から明らかなように、合併法人の利益積立金額の中に、被合併法人の利益積立金額が明示的に現れるのではなく、それを構成する各項目が現れるのである。しかも、これらの各項目についても、明示的に現れるのではなく、右辺のような項目が現れることによって現実に現れる、ということになる。

先に、説明の便宜上、被合併法人の利益積立金額の合併法人の利益積立金額への加算を、現行の別表五(一)に対して、⑤欄から⑨欄を追加的に設けることによって述べた。改めて、現行の別表五(一)によって補足しつつ述べることに

第6章　適格合併における利益積立金額の引継ぎ

する。

別表五㈠の左端に，被合併法人の利益積立金額を構成する各項目を記載する。この各項目は，先の式の，左辺ではなく右辺に現れるものである。①欄については，最初の行の期首現在の後に，「又は引継現在」という字句を加える。加えないのならば，期首現在は引継現在も含意していることにする。②・③欄の「当期中の増減」の，当期中については，期首現在からだけでなく，引継現在からの意味もあるものと解する。④欄の差引翌期首現在利益積立金額については，期首現在からのものだけでなく，引継現在からのものも（ありうるのではなく）ある。かような解釈によって初めて，被合併法人の利益積立金額の，合併法人の利益積立金額への加算，つまり引継ぎが明確になるのである。

3　合併法人の税引前当該事業年度利益積立金額

3-1　税引前当該事業年度利益積立金額と留保所得の同一性

法人税法施行規則別表四の①，②，③はそれぞれタテの列で，加えたり，減じたりして計算するものである。「タテの列で計算するものである」という意味で，それぞれ，①欄，②欄，③欄と，称することにする。タテの列で計算されるものを，それぞれ欄を付して称するということである。

損金不算入項目，益金算入項目，損金算入項目そして益金不算入項目のいずれか一つにグルーピングされる，各項目にはアラビア数字，1，2，3……が付されている。そこで，金額が記入される，あるいは，金額が記入されないことを表す斜線が引かれる，各々の枠囲みの部分を，例えば，①欄1とか，③欄2とか，表すことにしている。

最初の行の，「総額」，「留保」そして「社外流出」はいずれも，当期利益又は当期欠損の額（以下，これは利益金と称することにする）に関する事柄である。総額とは利益金の総額を，留保とは利益金のうち留保された部分を，そして，社外流出とは利益金のうち他方の社外流出した部分を，それぞれ表している。

したがって，①欄を総額欄，②欄を留保欄そして③欄を社外流出欄と，それ

ぞれ命名するのは本質的には望ましくない，ということになる。特に②欄の留保については留保したものを算出するかのような誤解を与え，他方，③欄の社外流出については社外流出したものを算出するかのような誤解を与えかねないからである。事実，そのような誤解を惹起している。つまり，②欄を留保欄と命名することによって②欄には流出額も存することの説明が不可能となっており，他方，③欄を社外流出欄と命名することによって③欄には留保額も存することの説明が不可能となっているからである。

したがって，実態を明確にするために，図表6－2のように明記して各欄を理解するのが望ましい。現行の別表四の①，②，③それぞれのすぐ上に明記されている，総額，留保，社外流出の，それぞれのすぐ前に利益金という言葉を付して，それらを，①，②，③の下に降ろしてそれぞれ，①欄1を利益金総額，②欄1を利益金留保，③欄1を利益金社外流出と明記して各欄を理解するのが実態を明確に理解することになる。

結論から先に言えば，①欄は所得金額又は欠損金額を算出するものであり，②欄と③欄はいわば別々に留保所得を算出し，そのうち前者の②欄は利益金留保に対応して，また，後者の③欄は所得金額に対応して，それぞれ留保所得を算出するものであり，図表6－2は実態を明確に表していることになる。後述するが，留保所得は被合併法人の利益積立金額を除く税引前当該事業年度利益積立金額と同じものなので，②欄と③欄はそれぞれ別々にこれを表すことになっている。

先に述べたように，法第22条第1項は，所得金額を次のように規定している。

　　　所得金額＝利益金＋（損金不算入＋益金算入）－（損金算入＋益金不算入）

これを，別表四①欄は表しているのである。図表6－2において①のすぐ上に，所得金額又は欠損金額と記して算出する対象を掲げることにする。

次に，上式の右辺の各項目をそれぞれ留保と流出とに分割し，整理すると，次のようになる。

　　所得金額－［｛利益金流出＋（損金不算入流出＋益金算入流出）｝
　　　　－（損金算入留保＋益金不算入留保）］

第6章 適格合併における利益積立金額の引継ぎ

図表6－2

				所得金額又は欠損金額	税引前当該事業年度利益積立金額		
					対利益金留保	対所得金額	
				①	②	③	
				利益金総額 円	利益金留保 円	削減	利益金社外流出 円
項目S {	項目S_1	損金不算入	留保	S_{11} ⋮ S_{1e}	…円	付加 …円		
	項目S_2		流出	S_{21} ⋮ S_{2f}	加算 …円		削減	…円
	項目S_1	益金算入	留保	$S_{1,e+1}$ ⋮ S_{1g}	…円	付加 …円		
	項目S_2		流出	$S_{2,f+1}$ ⋮ S_{2h}	…円		削減	…円
項目T {	項目T_1	損金算入	流出	T_{11} ⋮ T_{1i}	…円	削減 …円		
	項目T_2		留保	T_{21} ⋮ T_{2j}	減算 …円		付加	…円
	項目T_1	益金不算入	流出	$T_{1,i+1}$ ⋮ T_{1k}	…円	削減 …円		
	項目T_2		留保	$T_{2,j+1}$ ⋮ T_{2l}	…円		付加	…円
				所得金額又は欠損金額計 円	税引前当該事業年度利益積立金額計 円	付加計 削減計	円 円

＝利益金留保＋(損金不算入留保＋益金算入留保)
　　－(損金算入流出＋益金不算入流出)

　上式の左辺は，法第67条第3項で規定されている留保金額の，税引前のもの，つまり，留保所得を表している。また，同じく上式の左辺は，令第9条第1項で規定されている，被合併法人の利益積立金額を除いた場合の，税引前当該事業年度利益積立金額を表している。結局，留保所得と，被合併法人の利益積立金額を除く税引前当該事業年度利益積立金額は同じものなのであるが，これを，上式の左辺は表しているのである。

　この左辺に対して，右辺は等しく，左辺に等しい限りにおいて，右辺も，税法で規定されている留保所得＝被合併法人の利益積立金額を除く税引前当該事業年度利益積立金額を表していることになる。税法で明示されているものを表しているのは左辺であるが，同値のものとして，右辺も表しているのである。この右辺を，別表四②欄は表しているのである。別表四②欄は，税法で明示されているものを表しているのではないが，同値のものを表しているのである。上式の右辺が，そして②欄が利益金留保に対して算出されている，ということを明らかにするために，図表6－2において，②のすぐ上に対利益金留保という語を記しておくことにする。

　これに対して，上式の左辺の第2項の大括弧は，別表四③欄を示している。第1項の所得金額は，①欄の一番下のものである。別表四③欄は，所得金額から減じられ，それに加えられるものを表している。この限りで，③欄は，税法で明示されている留保所得＝被合併法人の利益積立金額を除く税引前当該事業年度利益積立金額を表している，と言ってよい。上式の左辺が，そして③欄が所得金額に対して算出されている，ということを明らかにするために，図表6－2において，③のすぐ上に対所得金額という語を記しておくことにする。

　②欄と③欄が算出する対象は，被合併法人の利益積立金額を除く，税引前当該事業年度利益積立金額である，ということを強調するために，②欄と③欄の一番上の行に，留保所得ではなく，これを掲げることにする。被合併法人の利益積立金額を除く，という形容節は，別表四においては当然のことなので，掲

示しない。以下，この形容節は省くことにする。

3－2　税引前当該事業年度利益積立金額の算出と所得金額の算出

　法人税法施行規則別表四の①欄も，②・③両欄も，いずれも加えたり減じたりして算出する，という点では同じである。しかし，①欄と②・③両欄とでは算出の目的が異なっている。前者の①欄は所得金額の算出を目的とし，後者の②・③両欄は税引前当該事業年度利益積立金額＝留保所得の算出を目的とし，その際，②欄はその算出を直接的に，他方，③欄は間接的に，それぞれ行っている。そして，何に加え，何から減じるか，という対象が，①欄と②・③両欄とでは異なっている。このように異なるものを，加えたり減じたりする点では同じと考え，現行の別表四のように，いずれも加算，そして減算とするのでは，認識を誤ることになる。特に，①欄において加えるものは，③欄においては減ずるものとなっており，他方，①欄において減ずるものは③欄においては加える，というように正反対になっているだけに，①欄も③欄もいずれも加算，あるいは，減算とするのでは，相当のコメントをつけない限り，それ自体を誤解するのは必至である。

　結局，現行の別表四は，図表6－2のように理解するのが望ましい。まず，①欄は，利益金総額に加えたり，それから減じたりして，所得金額を算出する欄であり，この場合は，従来どおり，加えるのは加算と称し，減ずるのは減算と称する。ただ，従来は，多数の項目をグルーピングする用語としての加算と減算は，項目の前つまり左端に記され，①欄の枠外に記されていたが，この加算と減算という用語は①欄にのみ関する用語であるという意味で，図表6－2のように，①欄の枠内に組み込んで記して理解するのが望ましい。

　次に，②欄と③欄はいずれも税引前当該事業年度利益積立金額＝留保所得を算出するものであり，したがって，所得金額を算出する時の加算と減算という用語は使用せず，代わりに，それらとは異なる用語を使って理解するのが望ましく，加えるのは付加，減ずるのは削減とそれぞれ称することにする。そして，これら付加と削減は，グルーピングするための用語でもあり，その限りで，こ

れらは、②欄と③欄のいずれにおいてもその枠内に組み込んで記して理解するのが望ましい。

見られるように、①欄において加算される項目は③欄においては削減される項目となり、他方、減算される項目は付加される項目となる、というように、①欄と③欄とでは正反対になっている。正反対になっているからと言って、矛盾するものでも何でもないのである。もともと、加えられ減じられる対象が異なっているからである。

3-3　税引前当該事業年度利益積立金額の算出の別表四②・③両欄の同値性

しかし、①欄の加算項目の全部が②欄において付加項目になるのでもなければ、減算項目の全部が②欄において削減項目になるのでもない。また、①欄の加算項目の全部が③欄において削減項目になるのでもなければ、減算項目の全部が③欄において付加項目になるのでもない。そして、①欄の加算項目はそれぞれ、②欄の付加項目か③欄の削減項目かのいずれか一つに二者択一的になり、いわば①欄の加算項目は互いに排他的に2分割される。また、減算項目についても同様に、それぞれ②欄の削減項目か③欄の付加項目かのいずれか一つに二者択一的になり、いわば①欄の減算項目は互いに排他的に2分割されるのである。具体的には図表6-2のようになっている。

あらかじめ、表記法についてお断りしておく。上記では、①欄で加算項目と減算項目と表記しつつ、②欄並びに③欄と関係させた。そうしたのは、あくまで便宜であった。①欄の加算・減算と、②並びに③欄の付加・削減とを峻別するために、以下では、①欄の加算項目は項目S、減算項目は項目Tと、それぞれ表し、これらは、グルーピングしたものを表すことにする。また、項目Sは項目S_1と項目S_2に、項目Tは項目T_1と項目T_2とに、それぞれ小グループに2分割されるものとする。S_{11}からS_{1e}まで、S_{21}からS_{2f}まで、……、$T_{2,j+1}$からT_{2l}まではいずれも、個別の項目を表すことにする。

まず②欄においては次のようになっている。項目Sは、利益金を算出する際

第6章 適格合併における利益積立金額の引継ぎ

に，除外したものである。この除外したもののうち，留保したものは金額を明示して付加し，残りの流出させたものは計算不要なので，具体的には斜線を引いて，金額は明示しない。前者を項目S_1と記し，後者は項目S_2と記している。項目Tは，利益金を算出する際に，それに包含させたものである。この包含させたもののうち，流出させたものは金額を明示して削減し，残りの留保したものは計算不要なので，具体的には斜線を引いて，金額は明示しない。前者を項目T_1と記し，後者はT_2と記している。なお，同じく計算不要であっても，項目S_2は除外したもののうち流出させたものであり，他方，項目T_2は包含させたもののうち留保したものであり，正反対になっている。

次に③欄においては次のようになっている。項目Sは，所得金額を算出する際に，それに包含させたものである。この包含させたもののうち，流出させたものは金額を明示して削減し，残りの留保したものは計算不要なので，具体的には斜線を引いて，金額は明示しない。前者は項目S_2であり，後者は項目S_1である。利益金社外流出も，所得金額に包含させ，流出させたものなので，金額を明示し，削減するものとなる。

項目Tは，所得金額を算出する際に，それから除外したものである。この除外したもののうち，留保したものは金額を明示して付加し，残りの流出させるものは計算不要なので，具体的には斜線を引いて，金額は明示しない。前者は項目T_2であり，後者は項目T_1である。

同じく付加と削減と言っても，②欄と③欄とでは対象が異なる。付加，あるいは，削減の対象は，②欄では利益金留保であり，③欄では所得金額なのである。

上述は結局，次のようになる。利益金を算出する際に，除外したもののうち一部については付加する。具体的には損金不算入留保と益金算入留保とを付加する。これは，所得金額を算出する際に包含させたもののうち一部については削減すること，具体的には，損金不算入流出と益金算入流出とを削減することと，同値である。要するに，利益金に関する除外・付加と，所得金額に関する包含・削減とは表裏一体なのである。同値なのである。

他方，利益金を算出する際に，包含させたもののうち一部については削減する。具体的には損金算入流出と益金不算入流出とを削減する。これは，所得金額を算出する際に除外したもののうち一部については付加すること，具体的には，損金算入留保と益金不算入留保とを付加することと，同値である。要するに，利益金に関する包含・削減と，所得金額に関する除外・付加とは表裏一体なのである。同値なのである。

　結局，別表四において，②欄と③欄とは同値なのである。税引前当該事業年度利益積立金額＝留保所得を算出するものとして同値なのである。

4　おわりに

　適格合併における，被合併法人の利益積立金額の合併法人への引継ぎと，被合併法人の資産の引継ぎとの一体的関係を明らかにするためには，何よりも，被合併法人の利益積立金額が加算される前の，合併法人の税引前当該事業年度利益積立金額が明らかにされねばならない。これを構成する各項目が，法人税法と法人税法施行規則とで全く異なっており，この同値性が明らかにされる必要がある。これによって初めて，例えば，被合併法人の，法定簿価に満たない，合併前日の簿価の引継ぎと，償却限度額残高を構成項目とする利益積立金額の引継ぎとの，一体的関係が明確になるのである。それと言うのも，利益積立金額の構成項目として，法人税法では明示されていない償却限度額超過額が，法人税法施行規則では明示されているからである。

　法律では，つまり，法人税法と法人税法施行規則では利益積立金額が正確に規定されている。にもかかわらず，正確な解釈が行われていない。むしろ，誤った解釈が広く行われている。何よりも，法人税法と法人税法施行規則とで，ただ一つの税を除いて利益積立金額を構成する項目が異なるものとして規定されていること，しかし両者は同値であることが，正確に解釈される必要がある。それによって初めて，資産の引継ぎと利益積立金額の引継ぎとの一体的関係が明確になるのである。

第 7 章

適格合併における未処理欠損金額の引継ぎ
―― 利益積立金額の明示的算出との関連で ――

1 はじめに

　本章の課題は，適格合併において，利益積立金額の引継ぎとの関連で，未処理欠損金額の引継ぎを明らかにすることである。その際に，利益積立金額をプラスの形で構成する欠損金繰越控除累計額と，それをマイナスの形で構成する欠損金額累計額との関係を明らかにしつつ，その課題を果たすことにする。

　かような課題を設定する理由は，利益積立金額を規定する際には，欠損金繰越控除累計額も規定されているが，利益積立金額の算出の際には，欠損金繰越控除累計額は明示されていないからである。他方，未処理欠損金額は引き継がれるものとして規定されているが，算出においては，引き継がれるものとしては明示されていないからである。

2 未処理欠損金額の引継ぎの意味

合併日
引継ぎ実現・縮小化
　被合併法人の合併日の前日の終了時点で，被合併法人の利益積立金額は，プラスであると仮定して論を進めることにする。被合併法人に未処理欠損金額が

実在している場合は、実在しない場合と比べて、未処理欠損金額と同額ではないが、それに対応して、この利益積立金額は縮小されている。適格合併によって、縮小される形で利益積立金額が合併法人に引き継がれるが、この過程が、未処理欠損金額の引継ぎ実現を内包しているのである。利益積立金額の縮小が、未処理欠損金額の引継ぎ実現を内包しているのである。被合併法人の利益積立金額の合併法人の利益積立金額への付加によって、適格合併後の合併法人の利益積立金額は増大するが、その付加される被合併法人の利益積立金額は、未処理欠損金額の実在によって、実在しない場合と比べて、縮小しているのである。

　この未処理欠損金額には、合併法人が合併事業年度以後の各事業年度において損金算入して良い、被合併法人の合併日前日から7年以内の事業年度の未処理欠損金額だけでなく、その前の未処理欠損金額も含まれる。

潜在的引継ぎ

　被合併法人の未処理欠損金額のうち、合併日前日から数えて7年内の事業年度における未処理欠損金額は、適格合併によって、合併法人の未処理欠損金額とみなされる。みなされる、ということの意味は、直接的には、合併事業年度以後の各事業年度において、合併法人がこの未処理欠損金額を損金算入しても良い、ということである。この未処理欠損金額の損金算入は、7年間の欠損金繰越控除の規定に従うから、合併事業年度以後の各事業年度は、合併事業年度を第1事業年度とすれば、第7事業年度までの各事業年度である。

　未処理欠損金額の損金算入が実現するとは限らない。実現しないで、永久に未処理欠損金額として確定されるという場合もありうる。各事業年度において、未処理欠損金額を損金算入する直前の金額が負あるいはゼロの場合、つまり、非正の場合には、未処理欠損金額の損金算入は実現されない。その金額が正であっても、この金額を未処理欠損金額（の絶対値）が超過する場合は、その超過分についての損金算入は実現されない。これらの場合は、被合併法人の未処理欠損金額が合併法人の未処理欠損金額とみなされる、としても、その、みなされる、ことには、結果的にではあるが、全く意味がなかったことになる。みな

第7章　適格合併における未処理欠損金額の引継ぎ

される，ことが，結果的ではあるが，全く機能しなかったことになる。

他方，未処理欠損金額（の絶対値）を，上の金額が上回れば，未処理欠損金額の全額の損金算入が実現されうる。又，上で述べたことと同じであるが，未処理欠損金額（の絶対値）を，上の正の金額が下回れば，未処理欠損金額（の絶対値）のうち，この正の金額の相等額だけの損金算入が実現されうる。これらの場合は，合併日に，被合併法人の未処理欠損金額が合併法人の未処理欠損金額とみなされるが，単に，みなされるだけでなく，合併日の後の時点において，未処理欠損金額の損金算入が実現されうる。みなされる，ことが機能しているのである。

合併日において，被合併法人の未処理欠損金額が合併法人の未処理欠損金額とみなされることを，被合併法人の未処理欠損金額の合併法人による引継ぎと称することにする。この引継ぎは，合併日の後の各期において，未処理欠損金額の損金算入が実現されないと全く意味がない。しかし，実現されない可能性も内包している。その限りで，この引継ぎは，潜在的引継ぎと称されるのが相応しい。

合併事業年度以後の各事業年度の
期末引継ぎ実現・拡大化

合併法人において，引き継がれた未処理欠損金額の損金算入が実現されると，そうでない場合に比して，合併法人の利益積立金額が拡大する。しかし，拡大する，と言っても，合併日に，被合併法人の利益積立金額が縮小される形で引き継がれる未処理欠損金額が相殺されるだけのことである。つまり，拡大する，と言っても，被合併法人において生じている未処理欠損金額が，合併事業年度以後の事業年度における損金算入によって，合併法人において相殺される，ということでしかない。

引継ぎ非実現・非影響

合併法人において，引き継がれた未処理欠損金額の損金算入が実現されなけ

れば，合併法人の利益積立金額はそれによって全く影響を受けず変動しない。影響を受けず変動しないということは，合併日に，被合併法人の利益積立金額が縮小される形で引き継がれる未処理欠損金額が，永久に相殺されることなく，確定されるということである。つまり，被合併法人において生じていた未処理欠損金額が，合併法人において永久に相殺されることなく，未処理欠損金額として確定する，ということなのである。

3　未処理欠損金額の引継ぎの例示

適格合併において，合併法人が引き継げる被合併法人の未処理欠損金額は，合併日から過去に起算して7年前の日以後の各事業年度の未処理欠損金額である。この各事業年度を法人税法は7年内事業年度と規定している。以下，便宜上，被合併法人の事業年度は，7年内事業年度のみと仮定して論を進めることにする。以下，未処理欠損金額の引継ぎを，利益積立金額の引継ぎの中で考察することにする。利益積立金額が正の場合と，負の場合の二つの場合に分けて，例示しながら，論を進めることにする。前者の場合は，図表7-1において，後者の場合は図表7-2において，それぞれ考察することにする。図においていわば横軸よりも上方をプラス，下方をマイナスとする。

以下，記号等について説明する。

M：合併日。

0：合併日の前日を含む事業年度である，いわゆるみなし事業年度の期首の日。その事業年度を第0事業年度と表すことにする。

-1：みなし事業年度の直前の事業年度の期首の日。その事業年度を第-1事業年度と表すことにする。

以下，同様にする。

-6：7年内事業年度のうち最も古い事業年度の期首の日。その事業年度を第-6事業年度と表すことにする。

X_{-6}：第-6事業年度の所得の金額。

X_{-2}：第-2事業年度の所得の金額。

第 7 章　適格合併における未処理欠損金額の引継ぎ

$\triangle X_{-3}$：第－3事業年度の所得の金額算出直前の金額。
$\triangle X_{-2}$：第－2事業年度の所得の金額算出直前の金額の一部（**図表7－1**の場合。全体は$\triangle X_{-2}+X_{-2}$）あるいは全部（**図表7－2**の場合）。
$-X_{-4}$：第－4事業年度の欠損金額。
$-X_{-1}$：第－1事業年度の欠損金額。
$\overline{X}_{-4,-3}$：第－4事業年度の欠損金額のうち第－3事業年度で繰越控除される金額。
$\overline{X}_{-4,-2}$：第－4事業年度の欠損金額のうち第－2事業年度で繰越控除される金額。

　利益積立金額は，法人税法施行令第9条第1項において規定されている。そこでは事業年度の全体が，過去事業年度と当該事業年度とに分割されているが，ここでは一括することにし，したがって，利益積立金額は，みなし事業年度つまり第0事業年度の期末において考えることにする。そうすると，利益積立金額を構成する個々の項目は，それぞれ累計額で考えることになる。利益積立金額を構成する項目としては，所得の金額，欠損金繰越控除額，欠損金額のみを以下では考察することになる。他の項目は存在しないと仮定するのではなく，これらの項目を，いわば総体としての利益積立金額から除外した後の金額が，以下でいう利益積立金額である，ということなのである。

　令第9条第1項は利益積立金額を次のように規定している。

　　利益積立金額＝（所得の金額累計額＋欠損金繰越控除累計額）
　　　　　　　　－欠損金額累計額

　上式において明らかなように，施行令は，欠損金額累計額が減算される対象としては，所得の金額累計額だけであるとはしておらず，それに，欠損金繰越控除累計額も加えたものとしている。つまり，施行令は，次のようなものとしては利益積立金額を規定していないのである。

　　所得の金額累計額－欠損金額累計額

　この点については直ぐ後で更に敷衍することにして，その前に，次の点を明確にしておく。欠損金額累計額は，所得の金額累計額からも減算されるが，この減算を控除と称することにすると，この控除の対象は，累計額とは言え，所得の金額である。これに対して，欠損金繰越控除の対象は，所得の金額ではなく，所得の金額の算出の直前の金額であり，控除の後の金額が所得の金額なの

図表7−1

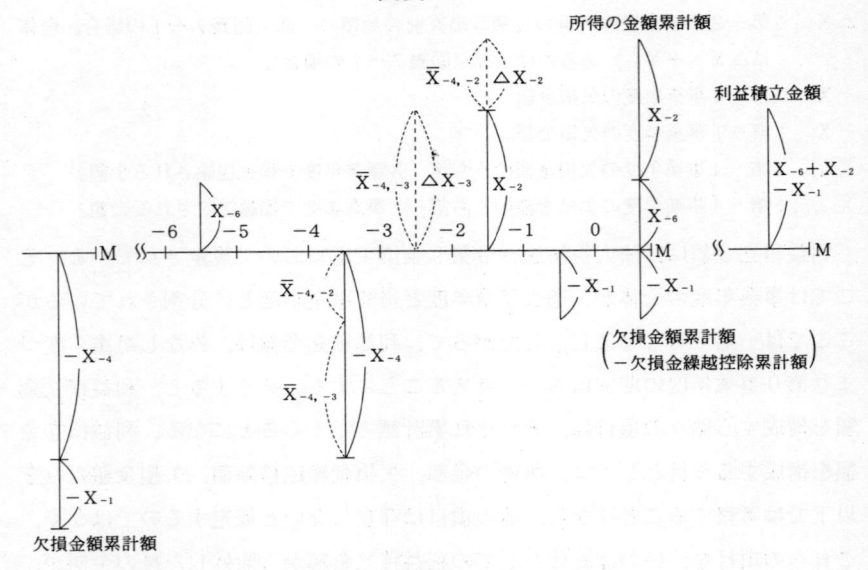

[図: 数直線上に $-6, -5, -4, -3, -2, -1, 0$ の点、$\overline{X}_{-4,-2}$, $\triangle X_{-2}$, $\overline{X}_{-4,-3}$, $\triangle X_{-3}$, X_{-2}, X_{-6} などの記号が配置されている]

所得の金額累計額: X_{-2}, X_{-6}

利益積立金額: $X_{-6}+X_{-2}-X_{-1}$

$-X_{-1}$, $-X_{-1}$

$\begin{pmatrix}\text{欠損金額累計額}\\-\text{欠損金繰越控除累計額}\end{pmatrix}$

$-X_{-4}$

$\overline{X}_{-4,-2}$

$-X_{-4}$

$\overline{X}_{-4,-3}$

$-X_{-1}$

欠損金額累計額

図表7−2

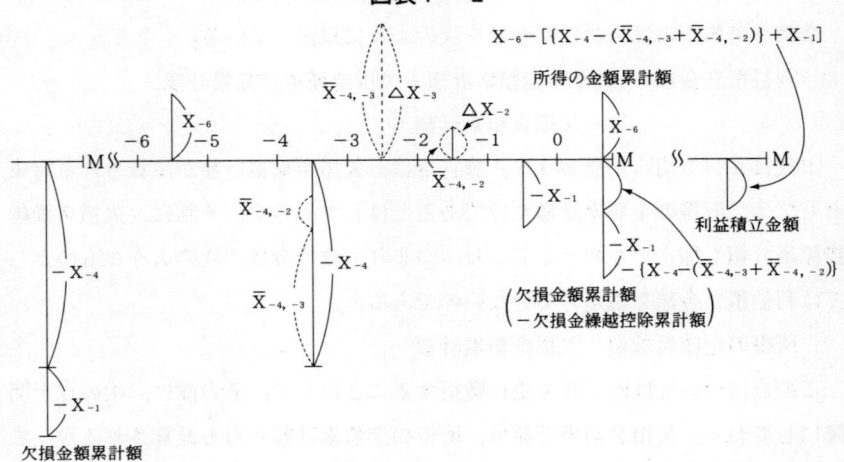

$X_{-6}-[\{X_{-4}-(\overline{X}_{-4,-3}+\overline{X}_{-4,-2})\}+X_{-1}]$

所得の金額累計額: X_{-6}

[数直線図]

$\overline{X}_{-4,-3}$, $\triangle X_{-3}$, $\triangle X_{-2}$, $\overline{X}_{-4,-2}$

$-X_{-1}$

$-X_{-1}$

$-\{X_{-4}-(\overline{X}_{-4,-3}+\overline{X}_{-4,-2})\}$

利益積立金額

$\begin{pmatrix}\text{欠損金額累計額}\\-\text{欠損金繰越控除累計額}\end{pmatrix}$

$-X_{-4}$

$\overline{X}_{-4,-2}$

$-X_{-4}$

$\overline{X}_{-4,-3}$

$-X_{-1}$

欠損金額累計額

である。同じく控除と言っても，控除の対象は異なるのである。この点を図表7−1と図表7−2において述べると次のようになる。

第7章 適格合併における未処理欠損金額の引継ぎ

　図表7-1において，第-4事業年度の欠損金額-X_{-4}のうち，-$\overline{X}_{-4,-3}$は第-3事業年度の所得の金額算出直前の金額△X_{-3}から繰越控除され，第-3事業年度の所得の金額はゼロになる。残りの$\overline{X}_{-4,-2}$は，第-2事業年度の所得の金額算出直前の金額（△X_{-2}+X_{-2}）から繰越控除され，第-2事業年度の所得の金額はX_{-2}となる。

　図表7-2が図表7-1と異なるのは，第-2事業年度だけである。$\overline{X}_{-4,-2}$が，第-2事業年度の所得の金額の算出直前の金額△X_{-2}から繰越控除され，第-2事業年度の所得の金額はゼロとなる。そして，第-4事業年度の欠損金額-X_{-4}のうち，-$\{X_{-4}-(\overline{X}_{-4,-3}+\overline{X}_{-4,-2})\}$は繰越控除されないことになる。

　このように，欠損金額累計額が所得の金額累計額からも控除される場合と，欠損金繰越控除が行われる場合とで，同じく控除と言っても，その意味は全く異なるのである。

　利益積立金額の議論に戻ることにする。上述から，繰越控除される欠損金額は，同義反復だが，繰越控除された欠損金額を含んでおり，したがって，この欠損金額と，所得の金額累計額からも減算される累計額の欠損金額とは，相互に無関係な独立のものではなく，相互に関係あるものなのである。先の利益積立金額の規定の式の第2辺は次の第3辺のように変換されることになる。

利益積立金額
　＝(所得の金額累計額＋欠損金繰越控除累計額)－欠損金額累計額
　＝所得の金額累計額－(欠損金額累計額－欠損金繰越控除累計額)

　この第3辺の第2項は未処理欠損金額である。

　図表7-1と図表7-2それぞれにおける利益積立金額はそれぞれ次のようになる。

図表7-1
$$\begin{aligned}
\text{利益積立金額} &= \{(X_{-6}+X_{-2})+(\overline{X}_{-4,-3}+\overline{X}_{-4,-2})\}-(X_{-4}+X_{-1})\\
&=(X_{-6}+X_{-2})-\{(X_{-4}+X_{-1})-(\overline{X}_{-4,-3}+\overline{X}_{-4,-2})\}\\
&=(X_{-6}+X_{-2})-X_{-1}
\end{aligned}$$

この場合は，未処理欠損金額は上式の第4辺の第2項のX_{-1}であるが，この分だけ，利益積立金額は縮小されている。縮小された大きさで利益積立金額は引き継がれる。

図表7－2
$$利益積立金額 = \{X_{-6} + (\overline{X}_{-4,-3} + \overline{X}_{-4,-2})\} - (X_{-4} + X_{-1})$$
$$= X_{-6} - \{(X_{-4} + X_{-1}) - (\overline{X}_{-4,-3} + \overline{X}_{-4,-2})\}$$
$$= X_{-6} - [\{X_{-4} - (\overline{X}_{-4,-3} + \overline{X}_{-4,-2})\} + X_{-1}]$$

この場合は，未処理欠損金額は上式の第4辺の第2項であるが，この分だけ，利益積立金額は縮小されている。縮小された大きさで利益積立金額は引き継がれる。

このように，法人税法施行令第9条第1項において，利益積立金額が引き継がれる際に，未処理欠損金額だけ縮小される形で引き継がれる，と規定されているが，しかし利益積立金額の引継ぎは明示化されるとしても，未処理欠損金額の引継ぎは明示化されない。利益積立金額の引継ぎとの関連で，未処理欠損金額の引継ぎが明示化されることはない。

なるほど，引き継がれる未処理欠損金額自体は，法人税法施行規則別表七(一)付表一において明記される。しかし，それは，利益積立金額の引継ぎと連関させられてはない。単に，引き継がれる未処理欠損金額が計上されているだけのことである。

そもそも，令第9条第1項においては，各項目の加減算の結果として利益積立金額が算出される，と規定されている。しかし，利益積立金額の算出の際に，ただ1項目の第1項第1号トの法人税額・地方税額を除いて，すべての項目が明示されない。利益積立金額の算出の際に，所得の金額累計額・欠損金繰越控除累計額・欠損金額累計額が明示されることはないのである。明示されることなく，利益積立金額は算出されるのである。利益積立金額が明示的に算出されるのは，法人税法施行規則別表五(一)においてであるが，その際に，各項目の加減算の結果として利益積立金額が算出されているが，これらの各項目は，ただ1項目の法人税額・地方税額を除いて，令第9条第1項の各項目と，全く異

なっている。そこで，別表五(一)の明示的な算出と，令第9条第1項の規定とが，同値であることを証明する必要がある。それが証明できれば，利益積立金額の明示的な算出の過程に，未処理欠損金額は明示されていないが，未処理欠損金額の大きさだけ，利益積立金額は縮小されている，ということが明確になるからである。

4 利益積立金額の明示的な算出と未処理欠損金額の引継ぎ（その1）

先ず，法人税法施行規則別表四①欄から始める。それは次のようになっている。

　　利益金＋(損金不算入額＋益金算入額)－(損金算入額＋益金不算入額)
　　＝所得金額又は欠損金額

左辺の各項目は留保額と流出額とに分割されるので，分割することにする。

　　利益金留保額＋利益金流出額＋(損金不算入留保額＋損金不算入流出額＋益金算入留保額＋益金算入流出額)－(損金算入留保額＋損金算入流出額＋益金不算入留保額＋益金不算入流出額)＝所得金額又は欠損金額

これを整理すると，次のようになる。

　　利益金留保額＋(損金不算入留保額＋益金算入留保額)－(損金算入流出額＋益金不算入流出額)
　　＝所得金額又は欠損金額－(利益金流出額＋損金不算入流出額＋益金算入流出額)
　　　＋(損金算入留保額＋益金不算入留保額)

上式の左辺は，別表四の②欄であり，右辺は，第1項の所得金額又は欠損金額を除いて，③欄である。

上式の両辺から法人税額・地方税額を差し引く。その上で，上式の各項目を累計額とする。そうすると，所得金額又は欠損金額の「又は」は，マイナス記号「－」となる。上式は次のようになる。

　　利益金留保累計額＋(損金不算入留保累計額＋益金算入留保累計額)
　　－(損金算入流出累計額＋益金不算入流出累計額)－法人税額・地方税額累計額

＝所得金額累計額－欠損金額累計額－(利益金流出累計額＋損金不算入流出累計額＋益金算入流出累計額)＋(損金算入留保累計額＋益金不算入留保累計額)－法人税額・地方税額累計額……(1)

　結論から先に言えば，上の(1)式の右辺は，法人税法施行令第９条第１項の利益積立金額の規定を理論化体系化したものになっている。この規定は列挙追加型になっており，これを，(1)式の右辺は内包するようなものになっている。以下，具体的に，この規定に沿って述べる。

　第１号の柱書の中の「当該金額のうちに当該法人が留保していない金額」というのは，(1)式の右辺の第３項の，利益金流出累計額，損金不算入流出累計額，益金算入流出累計額に内包される。

　第１号イ「所得の金額」は右辺の第１項の所得金額累計額である。

　ロ，ハ，ニは益金不算入の留保額であり，これらは，右辺の第４項のうち，第２項に内包され，他方，ホは損金算入の留保額であり，これは，同じ第４項のうち，第１項に内包される。

　チは，右辺の第２項の，欠損金額累計額である。

　リは，右辺の第５項である。

　残りの規定のうち，第７号以外は，組織再編成等に関わるもので，これらは上述ならびに第７号に準ずることになる。第７号は，右辺の第３項のうち，第１項に内包される。

　このように，令第９条第１項において，利益積立金額を構成するものとして列挙されているものは，(1)式の右辺に内包されることになる。この列挙されているものに，追加されるものがある。例えば，租税特別措置法施行令第35条第３項，第36条第８項，第37条第８項，第39条の３第７項，第39条の４第４項，第39条の５第34項,第39条の６第４項などにおいて，「規定の適用を受けた法人の利益積立金額の計算については」特別控除として「規定により損金の額に算入される金額は，法人税法施行令第９条第１項第１号イに規定する所得の金額に含まれるものとする」と，追加されることを規定している。

　しかし，仮に，追加することを是とするとしても，これらの特別控除を，「第

第7章 適格合併における未処理欠損金額の引継ぎ

1号イに規定する所得の金額に含まれるものとする」というのは，不適切である。と言うのは，これらの特別控除は損金算入額であり，これは所得の金額の算出の直前の金額から控除されるものであり，その限りで，これらは「所得の金額に含まれ」ない「ものとする」ものであるからである。「含まれ」ない「ものとする」のを，「含まれるものとする」のは不適切だからである。概念は明確にすべきである，という観点から見て，計算の便宜上という理由は許容される範囲を逸脱しているように思われる。結局，仮に，追加することを是とするのであれば，これらの特別控除は損金算入留保累計額として，同じく第1号でも，イではなく，ホに追加して「含まれるものとする」というのが望ましい。

ともあれ，令第9条第1項による利益積立金額の規定は，列挙追加型になっている。しかし，法律としては，列挙追加型ではなく，(1)式の右辺のように，理論化体系化されるのが望ましい。次に述べる観点からも，理論化体系化がむしろ，必要不可欠と思われる。

列挙追加型ではあれ，利益積立金額は，令第9条第1項において，規定されている。しかし，この規定に基づく算出は，明示的には行われていない。規定が存在するにもかかわらず，この規定に基づく算出は，明示的には行われていないのである。

利益積立金額の明示的な算出は，法人税法施行規則別表五㈠において行われている。ヨリ厳密に言えば，別表五(一)における算出結果が令第9条第1項で規定されている利益積立金額と同一視されている。

しかし，別表五(一)において利益積立金額を構成するものとされている項目と，令第9条第1項で列挙追加された項目とは，ただ一つの法人税額・地方税額とを除いて全く異なっている。別表五(一)で明示されている項目は，令第9条第1項には明示されていないし，逆は逆，である。

そうであるならば，別表五(一)の明示的な算出結果を，令第9条第1項で規定されている利益積立金額と同一視できる理由を，証明する必要がある。しかし，法人税法は，その証明を行っていない。同一視は，証明抜きの独断になっている。その限りで，法人税法の利益積立金額の規定には不備がある，という

ことになる。

　ところで，(1)式の左辺は，別表五(一)において列挙追加されるものを，内包するようなものになっている。例えば，利益準備金は，利益金留保累計額に内包される。減価償却限度超過額は損金不算入留保累計額に内包され，商品計上洩れは益金算入留保累計額に内包される。過年度の減価償却限度超過額の当期認容額は損金算入流出累計額に内包される。このように，別表五(一)において列挙追加されるものを，(1)式の左辺が内包している限りにおいて，(1)式の左辺は，別表五㈠を理論化体系化したものになっている。

　結局，(1)式の右辺は，令第9条第1項を，他方，左辺は，施行規則別表五(一)を，それぞれ理論化体系化したものであり，両辺が等しいということから，別表五(一)は，令第9条第1項と同一視して良い，ということになる。ただ一つの法人税・地方税を除いて，両者それぞれにおいて明示的に列挙追加される項目は異なるにもかかわらず，両者は同値である，ということになる。

　本章で取り上げている欠損金額累計額は，具体的には未処理欠損金額累計額は，令第9条第1項において欠損金額累計額から欠損金繰越控除累計額を差し引いた後の残額として明示的に規定されているにもかかわらず，利益積立金額が算出される別表五(一)においては，明示されない。それが，マイナスの形ではあれ，利益積立金額を構成することが明白であるにもかかわらず，算出の際には明示されないのである。利益積立金額の引継ぎは明示的には別表五(一)において行われ，したがって，未処理欠損金額累計額の引継ぎは明示化されない。利益積立金額の引継ぎとの関連における未処理欠損金額累計額の引継ぎは，同額だけ縮小される利益積立金額が引き継がれる，ということになる。

　未処理欠損金額累計額は，利益積立金額の引継ぎとは無関係に，法人税法施行規則別表七(一)付表一に計上される。合併日以後に繰越控除される可能性があるものとして，計上される。未処理欠損金額累計額の引継ぎは，合併日以後に繰越控除される可能性があるものとして，計上される，という形をとるものなのである。

5 利益積立金額の明示的な算出と未処理欠損金額の引継ぎ（その2）

> 配当を支払った法人は，利益積立金額を配当の額だけ減額する（令9条1項5号）。利益積立金額とは，基本的には，法人が獲得した利益のうち，法人において「留保していない金額を減算した金額」である（令9条1項1号括弧書）。利益積立金額の性質として特に重要なのは，株主段階課税がまだ済んでいない法人の利益をあらわしていることである。逆に言えば，法人において，利益積立金額から支払われる分配（貸方で利益積立金額を，借方で現金等を減少させる取引）は，株主において配当としての課税を受けるべきことになる。
>
> 利益積立金額と課税所得との関係には注意が必要である。両者の間には，次の2つの相違がある。第1に，利益積立金額を構成する利益には，非課税のものが含まれる（たとえば令9条1項1号ロ）。第2に，損金不算入項目であっても，留保せずに流出すれば，利益積立金額を減額させる（令9条1項1号括弧書「留保していない金額を減算」）。たとえば，損金に算入できない交際費の支出がこれに当たる。なお，特に規定が設けられている損金不算入項目もある（令9条1項1号ヘ）。過年度の欠損金額（課税所得のマイナス（2条19号））は，課税所得の計算上は一定の範囲でしか控除できないが（57，80条），利益積立金額の計算では無制限に控除される（令9条1項1号ホ）。
>
> 岡村忠生［2007］368-369頁

「配当を支払った法人は，利益積立金額を配当の額だけ減額する」ということはない。「配当の額だけ減額する」対象は，利益積立金額ではなく，所得の金額累計額（厳密にはこれに損金算入留保累計額と益金不算入留保累計額を加えたもの）であり，その減額の結果が利益積立金額なのである。令第9条第1項の，第1

号イ（ならびにト）と，第7号とから明らかである。

「利益積立金額とは，基本的には，法人が獲得した利益のうち，法人において『留保していない金額を減算した金額』である」ということはない。『留保していない金額を減算』する対象は，「法人が獲得した利益」ではなく，所得の金額累計額（厳密に言えば，これに損金算入留保累計額と益金不算入留保累計額を加えたもの）なのである。

この点を誤解を恐れず敢えて換言すれば次のようになる。「利益積立金額とは，基本的には，法人が獲得した利益のうち」ではなく，「法人が獲得した利益」に対して，少なくとも，損金不算入留保累計額と益金算入留保累計額を加算したものである。又，「法人が獲得した利益のうち」，損金算入流出累計額と益金不算入流出累計額とは，令第9条第1項においては，「留保していない金額」にはなっておらず，したがって「減算」する対象にもなっていない。この両者は，「減算」する対象から，いわば事前に除外されているからである。

「利益積立金額と課税所得との関係には注意が必要である。両者の間には，次の二つの相違がある。第1に，利益積立金額を構成する利益には，非課税のものが含まれる（例えば令9条1項1号ロ）。第2に，損金不算入項目であっても，留保せずに流出すれば，利益積立金額を減額させる（令9条1項1号括弧書「留保していない金額を減算」）。例えば，損金に算入できない交際費の支出がこれに当たる」という叙述があるが，何れも認識の範囲が部分的で視野狭窄である。先ず，第1点は，課税所得を構成しないが利益積立金額を構成するものとして，益金不算入留保額しか例示しておらず，損金算入留保額は例示していないからである。次に，第2点は，第1点とは逆に，課税所得を構成するが利益積立金額を構成しないものとして，損金不算入流出額しか例示しておらず，益金算入流出額は例示していないからである。

なお，第2の最後に，「過年度の欠損金額（課税所得のマイナス）は，課税所得の計算上は一定の範囲でしか控除できないが（57，80条），利益積立金額の計算では無制限に控除される（令9条1項ホ）」（この叙述は，直ぐ後で，別の観点からも検討する）という叙述があるが，この叙述には論理の運びで問題がある。「利益

第7章　適格合併における未処理欠損金額の引継ぎ

積立金額と課税所得との関係には注意が必要である」とするのであれば，「過年度の欠損金額……は，課税所得の計算上は一定の範囲でしか控除できないが（57，80条)，利益積立金額の計算では」という叙述の後に，"しかし，利益積立金額を構成する"という叙述を続けるべきである。そうすると，過年度の欠損金額は，第2に，ではなく，第1に，で論ぜられるべきである，ということになる。そして，「過年度の欠損金額（課税所得のマイナス）は……無制限に控除される」というのは，「利益積立金額と課税所得との関係」ではなく，プラスの課税所得とマイナスの課税所得との関係であり，要するに，設立から当該事業年度の期末までの所得の金額の累計額のことなのであるから，そういう観点から言及すべきである。

　上述の根本的な難点は，令第9条第1項の利益積立金額に関する規定に従っては利益積立金額の明示的な算出は行われていない，ということを指摘していないことであり，したがって，法人税法施行規則別表五(一)において利益積立金額の明示的な算出が行われているが，この別表五(一)と，令第9条第1項との関連を指摘していないことである。所得金額の明示的な算出の式から，利益積立金額に関する令第9条第1項の規定と，利益積立金額の別表五(一)による明示的な算出との，同値性を算出することが，必要不可欠である。「利益積立金額と課税所得との関係には注意が必要である」とする場合，根源的に必要なことは，課税所得から利益積立金額が導出されることを，明確にすることである。そうしないと，「両者の間には，次の2つの相違がある」として，利益積立金額に関して，第1に受取配当を挙げ，第2に交際費を挙げたとしても，これらは別表五(一)による明示的な算出においては，それこそ全く明示されないのであるから，それらの列挙は空に帰すことになる。これらの列挙を意味あるものにするためには，何よりも，課税所得から利益積立金額が導出されることを明確にすることが必要不可欠なのである。

　「過年度の欠損金額は，課税所得の計算上は一定の範囲でしか控除できないが，利益積立金額の計算では無制限に控除される」というのは，無意味である。と言うのは，「課税所得の計算上は一定の範囲でしか控除できない」と言う場

合の欠損金額と,「利益積立金額の計算では無制限に控除される」と言う場合の欠損金額とは,相互に無関係で独立のものと考えられているからである。両者は,相互に無関係で独立のものではなく,前者が後者に包含される関係にある。そもそも,「控除できない」と言う場合の控除と,「控除される」と言う場合の控除とは,同じ控除という言葉が使用されており,その限りで,同じことを意味しているように解しているが,しかし,両者では全く意味が異なる。先ず,「過年度の欠損金額は,課税所得の計算上は一定の範囲でしか控除できない」と言う場合,控除される対象は,各事業年度における「課税所得の計算」直前の金額である。次に,「過年度の欠損金額は」「利益積立金額の計算では無制限に控除される」と言う場合,控除される対象は,前者の控除後の,上記の用語に従えば,課税所得である。このように,同じ控除でも意味は全く異なるのである。

利益積立金額を,所得の金額累計額,欠損金繰越控除累計額,欠損金額累計額の三つで考えることにすれば,令第9条第1項は次のように規定している。

　利益積立金額

　　=(所得の金額累計額+欠損金繰越控除累計額)-欠損金額累計額

これは次のように変換される。

　　=所得の金額累計額-(欠損金額累計額-欠損金繰越控除累計額)

上式の第3辺の第2項は,未処理欠損金額であり,これには,将来において,繰越控除される可能性のあるものと,ないものとがある。上式の第2辺の第2項は,過年度に繰越控除された欠損金額も,形式的には,引き継がれることを意味し,第3辺の第2項は,それは実質的には引き継がれないことを意味している。これは換言すれば,欠損金額累計額には,欠損金繰越控除累計額が包含されるということであり,両者は無関係に独立に存在するものではないということなのである。

> 適格合併では,利益積立金額を引き継ぎ(令9条1項2号),受け入れた純資産帳簿価額から引き継いだ利益積立金額を控除した金額だけ,資本金

第7章　適格合併における未処理欠損金額の引継ぎ

> 等の額を増額する（令8条1項5号）。引き継がれる利益積立金額は負値を含むと解される。また，前7年以内に生じた欠損金額も引き継がれる（57条2項）。
>
> 岡村忠生［2007］420頁

　事実として利益積立金額が未処理欠損金額をマイナスの形であれ内包しているとしても，利益積立金額の算出において未処理欠損金額は明示されない。そのような中で，「利益積立金額を引き継ぎ」未処理「欠損金額も引き継がれる」関係を明らかにすることが望まれる。先にも述べたように，何よりも，課税所得から利益積立金額が導出されることを明確にすることが必要不可欠なのである。

> 　適格合併等（適格合併および合併類似適格分割型分割）が行われた場合，被合併法人等（被合併法人または分割法人）の合併または分割の日前7年以内に開始した事業年度において生じた青色欠損金額および災害損失欠損金額で既に損金算入されたものを除いた金額（それぞれ未処理欠損金額および未処理災害欠損金額という）は，合併法人等（合併法人または分割承継法人）における相当する各事業年度の欠損金額とみなして，青色欠損金額および災害損失欠損金額の規定が適用される（57条2項，58条2項）。
> 　適格合併等におけるこうした欠損金額の引継は，利益積立金額の引継と平仄を合わせたものである。
>
> 岡村忠生［2007］445頁，446頁

　事実として利益積立金額が未処理欠損金額をマイナスの形であれ内包しているとしても，利益積立金額の算出において未処理欠損金額は明示されない。そのような中で，未処理「欠損金額の引継は，利益積立金額の引継と平仄を合わせたものである」ということを明らかにすることが望まれる。先にも述べたように，何よりも，課税所得から利益積立金額が導出されることを明確にすることが必要不可欠なのである。

6 所得金額の規定と明示的算出

先に述べたように,所得金額又は欠損金額は,法人税法施行規則別表四①欄において,明示的に算出される。新たに番号を付して次に再掲する。

　　利益金＋(損金不算入額＋益金算入額)－(損金算入額＋益金不算入額)
　　　＝所得金額又は欠損金額……………………………………………………(2)

他方,法第22条第1項は,所得の金額を次のように規定している。

　　所得の金額＝益金－損金………………………………………………………(3)

ここで,所得の金額と,所得の金額又は欠損金額とは同一のものである。以下,所得金額と称することにする。

所得金額は(3)式のように規定されているが,しかし,(3)式のようには明示的には算出されない。明示的には,(2)式のように算出され,その結果が(3)式と同一視されている。そこで,先の,令第9条第1項と別表五(一)の関係と,同じような問題が生ずる。つまり,(2)式の算出結果を,何故に,(3)式と同一視して良いのか,ということである。両者が同値であることを証明する必要がある。法人税法はその証明を行っていない。その限りで,法人税法には不備がある。以下,その証明を行う。

法人税法の第22条の第2項と第3項について,別段の定めの含意を汲むことにすると,それぞれ次のように規定されていることになる。

　　益金＝収益＋益金算入額－益金不算入額…………………………………(4)
　　損金＝原価・費用・損失＋損金算入額－損金不算入額…………………(5)

それぞれ簡単に定義しておく。

益 金 算 入 額：法人は収益に算入していないが,税法では収益に算入する。
益金不算入額：法人は収益に算入しているが,税法では収益に算入しないでも
　　　　　　　良いとしている。
損 金 算 入 額：法人は原価・費用・損失に算入していないが,税法では原価・
　　　　　　　費用・損失に算入しても良いとしている。

第7章　適格合併における未処理欠損金額の引継ぎ

損金不算入額：法人は原価・費用・損失に算入しているが，税法では原価・費用・損失に算入しない。

(4)式と(5)式とを，(3)式に代入し，又，利益金＝収益－原価・費用・損失を考慮すると，次のようになる。

所得金額
　＝(収益＋益金算入額－益金不算入額)
　　－(原価・費用・損失＋損金算入額－損金不算入額)
　＝(収益－原価・費用・損失)
　　＋(損金不算入額＋益金算入額)－(損金算入額＋益金不算入額)
　＝利益金＋(損金不算入額＋益金算入額)－(損金算入額＋益金不算入額)
　　　　　　　　　　　　　　　　　　　　　　　　　　　………(6)

　上式の第4辺は，別表四①欄の，最後の合計を除く部分である。つまり，上式の第1辺の所得金額を，第4辺のように変換できるからこそ，最後の合計を除く部分の算出結果を，法第22条第1項の所得の金額と同一視して良いのである。このような証明なしに，法人税法は同一視しており，その限りで，論証抜きの独断になっているのである。

　このような(6)式から，先の(1)式が導出され，この中で利益積立金額の引継ぎと未処理欠損金額の引継ぎが行われるのである。

> 　法人税の課税標準である各事業年度の所得の金額は (21条)，益金から損金を控除することにより，算定される (22条1項)。
> 　法人税法は，益金および損金という所得計算の出発点として，収益や原価，費用，損失という概念を，自らは定義することなく用いていることが分かる。公正処理基準の定めから，これらは企業会計上の概念を利用しているものと理解される。つまり，法人税法の所得計算は，企業会計における利益計算を基礎として，別段の定めによりこれに修正を加えるという仕組みになっている。
>
> 　　　　　　　　　　　　　　　　岡村忠生 [2007] 34頁，35頁

事実として,「所得の金額は,益金から損金を控除することにより,算定される」としても,明示的には,そのような算定は行われていない。明示的には,「所得計算は,企業会計における利益計算を基礎として,別段の定めによりこれに修正を加える仕組みになっている」。後者を前者と同値として良い理由の説明が望まれる。

7　おわりに

本章の結論は次のようになる。

法人税法施行規則別表四①欄における所得金額の明示的な算出の式の変換によって,法人税法施行令第9条第1項における利益積立金額の規定と,法人税法施行規則別表五(一)における利益積立金額の明示的な算出とが,それぞれ理論化体系化された形で,かつ,両者が等しいという形で,導出される。これによって,利益積立金額の明示的な算出においては,未処理欠損金額の引継ぎは明示されないが,未処理欠損金額の引継ぎの規定は,実現されている,と解して良いことになる。

第 8 章

欠損等法人・特定支配関係による適格合併

1 はじめに

　本章の課題は，平成18年度に導入された欠損等法人が，しかも，それに随伴して特定支配関係も導入されたが，その特定支配関係にある欠損等法人が，適格合併を行ったとき，欠損金額の引継ぎと，特定資産譲渡等損失額の取り扱いは，如何に規定されているか，ということを明らかにすることである。それを，特に，平成13年度に導入された，特定資本関係にある法人の特定適格合併の規定との関連で，明らかにすることである。

　法人税法は，欠損等法人による適格合併を，欠損等法人が合併法人として行う適格合併と，欠損等法人が被合併法人として行われる適格合併とに，截然と区別して規定している。本章も，截然と区別して論ずることにするが，ただ，殆ど，前者の，欠損等法人が合併法人として行う適格合併について論じ，後者の，欠損等法人が被合併法人として行われる適格合併については，簡単に，指摘するだけに留めることにする。それと言うのも，前者を十二分に論ずれば，後者について論じなくとも，それだけで事足りるからである。

　本章では，2で，特定支配関係にある欠損等法人による適格合併，に関する既存文献を検討することにする。既存文献としては，岡村忠生［2007］を取り上げることにする。それと言うのも，同書は，特定支配関係にある欠損等法人

による適格合併を論ずる際に必要不可欠な，多岐にわたる諸論点を，網羅的に論じており，その研究を行うにあたって避けて通れない論稿と考えるからである。それらの検討を通して，本章の問題意識を明確にし，その上で，3と4で関連条文の法解釈を，試みたい。5で簡単に本章の結論を述べる。

法人税法は，欠損等法人に対して，いくつかの事由を掲げ，欠損等法人において，それらの事由が該当した日を，該当日と規定し，その該当日が属する事業年度を適用事業年度と規定し，適用事業年度開始日から3年以内の期間を適用期間と規定しているが，以下，3では適用期間前において，4では適用期間において，それぞれ論ずることにする。何れにおいても殆ど，欠損等法人が合併法人である場合を，論ずるので，何れも表題に，それを冠することにする。そして，適用期間前においては欠損金額について，適用期間においては特定資産譲渡等損失額について，それぞれ規定しているので，3と4でもそれぞれについて，論ずることにする。

法人税法は，適格合併の合併日が，該当日以後になる場合について規定している。他方，被合併法人の合併日前日が含まれるはずであった事業年度のうち，その事業年度開始日から合併日前日までの期間を，一つの事業年度と規定し，それは最終事業年度ということになるが，その最終事業年度以前の各事業年度を前7年内事業年度と規定し，それについて規定している。又，合併法人については，合併日が含まれる事業年度を，合併事業年度と規定し，合併事業年度開始の日前7年以内に開始した各事業年度を前7年内事業年度と規定している。

そして，欠損等法人の適用期間前については，被合併法人の場合は最終事業年度以前の各事業年度と，又，合併法人の場合は合併事業年度前の各事業年度と，それぞれ対比しながら，規定している。そこで，3の副題に，それを付けることにする。他方，適用期間については，合併法人の合併事業年度以後の各事業年度と対比しながら，規定しているので，4の副題に，それを付けることにする。

翻って，2においては既存文献の見解のうち，3に関する見解を2-1で，4に関する見解を2-2で，それぞれ論ずることにする。

第8章　欠損等法人・特定支配関係による適格合併

　本章の2では，既存文献の引用文は，実線の外枠で囲んで掲げ，それについて引用して論ずる際には，引用文はカギ括弧「　」で示すことにする。また，条文は，全体を引用するときは，実線の外枠で囲んで掲げ，個別に引用するときは，引用の条文はカギ括弧「　」で示すことにする。尚，条文を引用する際に，本章の課題を論ずるのに不必要な部分は省略するが，煩瑣を極めるので，そのことを一々断ることはしないことにする。

　3と4でも，条文は，全体を引用するときは，実線の外枠で囲んで掲げ，個別に引用するときは，引用の条文はカギ括弧「　」で示すことにする。ただ，ここでは，条文の全体は，それぞれ，順序を付けて，分割して掲げることにする。そして，特定支配関係にある欠損等法人に関する条文については，①，②，③等々のように，数字に丸印を付して順序付けて分割し，他方，特定資本関係にある法人に関する条文については，1，2，3等々のように，数字に四角印を付して順序付けて分割し，併せて，何れも通し番号を付すことにし，前者については①から㊹まであり，後者については1から37まである。尚，極めて一部においてではあるが，条文を，明確にするために，条文を重複して，掲げた場合もあることを予め，お断りしておく。又，この3と4においても，2と同様に，条文を引用する際に，本章の課題を論ずるのに不必要な部分は省略するが，煩瑣を極めるので，そのことを一々断ることはしないことにする。

　予め，本章の課題を明らかにする上で，一見すると難解と思われる点について述べておく。それは，二重否定と見える点があることである。法第57条の2第2項・第4項において，法第57条第3項の「欠損金額を含まないものとする」規定は「適用しない」と規定され，又，法第62条の7第4項・第5項において，同条第1項の「損金の額に算入しない」とする規定は「適用しない」と規定されているが，両者は二重否定ではなく，前者については，法第57条第2項の「欠損金額とみなす」規定は「適用しない」とする法第57条の2第2項の他の部分を適用し，又は，法第57条第1項の「損金の額に算入する」とする規定は「適用しない」とする法第57条の2第1項を適用し，後者については，法第60条の3第1項・第2項の「損金の額に算入しない」という規定を適用するとい

うことである。二重否定に見える点は，選択適用させない，いう意味である。

2　既存文献の検討

2－1　合併法人たる欠損等法人の適用期間前の欠損金額
　　　　――他法人の合併日前日以前および自己の合併事業年度直前事業年度以前との関連で――

> 　欠損等法人についても，他の法人と同様，自己を合併法人または分割承継法人とする適格合併等を行い，相手方から未処理欠損金額を引き継ぐことが考えられる（57条2項）。この引継は特定資本関係による制限の対象となるが（57条3項），欠損等法人が該当日以後にこれらを行った場合は，より厳格に，引継を一律に認めないこととされている（57条の2第2項1号）。したがって，特例計算の適用もない（令113条の2第23項1，2号）。
> 　また，このような適格組織再編成においても，どちらを合併法人または分割承継法人とするかは任意であることから，合併法人または分割承継法人自身に生じた欠損金額についても対称的に制限の対象とされる（57条5項）。しかし，適格組織再編成の場合の制限は，これまで述べた特定支配関係による制限と競合し，特定資本関係による制度のほうが緩やかな部分があるため，特定資本関係による制度を適用しないことが明示されている（57条の2第2項2号，令113条の2第23項3号）。
>
> 　　　　　　　　　　　　　　　　　　　　　（岡村忠生［2007］456頁）

・　**欠損等法人における合併法人と被合併法人との区別**

　結論から先に言えば，特定支配関係における，適格合併については，欠損等法人が，合併法人である場合と，被合併法人である場合とに，それぞれ区別して規定されている。具体的には，前者は法第57条の2第2項において，後者は同条第4項において，それぞれ規定されている。特に前者の第2項においては，その第1号においては被合併法人の欠損金額について，又，第2号においては

第8章 欠損等法人・特定支配関係による適格合併

欠損等法人自身の欠損金額について，それぞれ規定されている。結局，欠損等法人自身の欠損金額については，法第57条の2第2項第2号においては，合併法人の欠損金額として，又，同条第4項においては，被合併法人の欠損金額として，それぞれ区別して，規定されているのである。

これに対して，特定資本関係における，適格合併については，法人を区別することなく，何れの法人でも，被合併法人ならば，その被合併法人の欠損金額は法第57条第3項において，又，法人を区別することなく，何れの法人でも，合併法人ならば，その合併法人の欠損金額は同条第5項において，それぞれ規定されている。従って，特定資本関係における被合併法人と合併法人との関係，同じことだが，法第57条第3項と同条第5項との関係を，欠損等法人の特定支配関係における被合併法人と合併法人との関係と対比するのであれば，法第57条の2第2項の，欠損等法人が一面的に同じく合併法人でしかない，第1号と第2号の関係ではなく，欠損等法人が被合併法人である，法第57条の2第4項と，合併法人である，法第57条の2第2項（理由は後述するが，その第2号）との関係と対比すべきである。

上記は，「欠損等法人についても，他の法人と同様，自己を合併法人または分割承継法人とする適格合併等を行い，相手方から未処理欠損金額を引き継ぐことが考えられる(57条2項)。この引継は特定資本関係による制限の対象となるが(57条3項)」，と述べているが，この法第57条第3項が規定する法人には，「欠損等法人が該当日以後にこれらを行った場合は，より厳格に，引継を一律に認めないこととされている(57条の2第2項1号)」，とする，法第57条の2第2項第1号が規定する，欠損等法人を合併法人とする，被合併法人だけでなく，同条第4項が規定する，被合併法人としての欠損等法人自身も含まれている。従って，法第57条第3項と法第57条の2第2項第1号とは，「なるが」と言って，関連づけられる関係には無く，相互に無関係な独立した関係にあるのである。仮に，関連づけられる関係にあるとしたら，「特定資本関係による制限の対象となる」被合併法人に，欠損等法人も含めざるを得ず，そうなると，欠損等法人が，合併法人として，他方で，欠損等法人が，被合併法人として，同時に，

適格合併に現れ，欠損等法人が欠損等法人を合併する，という，特定支配関係とは無関係な設定をすることになるからである。

又，上記は，「このような適格組織再編成においても，どちらを合併法人または分割承継法人とするかは任意であることから，合併法人または分割承継法人自身に生じた欠損金額についても対称的に制限の対象とされる（57条5項）」，と述べているが，この法第57条第5項が規定する法人には，「適格組織再編成の場合の制限は，これまで述べた特定支配関係による制限と競合し，特定資本関係による制度のほうが緩やかな部分があるため，特定資本関係による制度を適用しないことが明示されている（57条の2第2項2号）」，とする，法第57条の2第2項第2号が規定する，合併法人としての欠損等法人だけでなく，同条第4項が規定する，欠損等法人を被合併法人とする合併法人も含まれている。従って，法第57条第5項と法第57条の2第2項第2号とは，「しかし」と言って，関連づけられる関係には無く，相互に無関係な独立した関係にあるのである。仮に，関連づけられる関係にあるとしたら，「合併法人自身に生じた欠損金額についても対称的に制限の対象とされる」合併法人に，欠損等法人を被合併法人とする合併法人も含めざるを得ず，そうなると，欠損等法人が，合併法人として，他方で，欠損等法人が，被合併法人として，同時に，適格合併に現れ，欠損等法人が欠損等法人を合併する，という，特定支配関係とは無関係な設定をすることになるからである。

・　**合併法人としての欠損等法人**

上記の第1パラグラフの最後で，「特例計算の適用もない（令113条の2第23項1，2号）」と述べ，令第113条の2第23項について，第1号と第2号とを挙げ，又，第2パラグラフの最後で，「特定資本関係による制度を適用しないことが明示されている（57条の2第2項2号，令113条の2第23項3号）」と述べ，令第113条の2第23項について，第3号を挙げている。

しかし，上記の第1パラグラフの法第57条の2第2項第1号の場合も，第2パラグラフの同条同項第2号の場合も，何れも欠損等法人が合併法人である場合である。他方，令第113条の2第23項において，欠損等法人が合併法人であ

第8章　欠損等法人・特定支配関係による適格合併

る場合は，第1号と第3号であり，第2号は，欠損等法人が被合併法人である場合である。従って上記において第2号を挙げたのは誤りである。

- **被合併法人としての欠損等法人**

　上記は，「欠損等法人についても，他の法人と同様，自己を合併法人または分割承継法人とする適格合併等を行い，相手方から未処理欠損金額を引き継ぐことが考えられる(57条2項)。この引継は特定資本関係による制限の対象となるが(57条3項)，欠損等法人が該当日以後にこれらを行った場合は，より厳格に，引継を一律に認めないこととされている（57条の2第2項1号)」，と述べ，欠損等法人が，自己を合併法人とする場合しかあげていないが，法第57条の2第4項は，欠損等法人が，自己を被合併法人とする場合を規定しているのである。

　上記には，法第57条の2第4項において，欠損等法人が被合併法人である場合が規定されている，という認識がなく，それ故に，逆に，第2項において，欠損等法人が合併法人である場合が規定されている，という認識が弱いように思われる。

- **特定支配関係事業年度の以後の欠損金額**

　上記は，「引継を一律に認めないこととされている（57条の2第2項1号)。したがって，特例計算の適用もない」，と述べているが，この1号において，適用しない規定としては，前条つまり第57条の第2項と第3項との二つが挙げられている。しかし上記では，専ら，第2項のみが検討されている。それ故に，当の第2項の解釈に疑問な点が見られ，第3項が検討されていないことに難点が生じている。さしあたり，第2項の解釈について検討する。

　「一律に認めない」ということの意味は，この叙述に続く，「したがって，特例計算の適用もない」という叙述から逆に類推すれば，各法人は，部分的に，相異なる大きさの欠損金額の引継ぎをそれぞれ認められているが，そのような引継ぎを一切認めないということである。すなわち，特定資本関係事業年度の前事業年度の終了の時における時価あるいは簿価純資産超過額と各事業年度欠損金額との大小関係によって，各法人が，部分的に，引き継げない欠損金額が定められ，同じことだが，部分的に，引き継げる欠損金額が定められ，これら

の欠損金額が，法人によって一般に多様で異なるが，引継ぎを一切認めないことで，このような多様性を認めない，と解釈している。一切，の対概念は，法人によって異なること，と解釈している

　しかし，このような意味で，引継ぎを一切認めない，ということを，法第57条の2第2項第1号から読み取ることは，不可能なように思われる。そのように解釈できる余地あるいは根拠は，全く無いように思われる。

　法第57条の2第2項第1号の，前条第2項，第3項を適用しない，という規定は，次のように解釈されるのが望ましい。

　「前条第2項」を「適用しない」というのは，「被合併法人の」「前7年内事業年度において生じた未処理欠損金額は，それぞれ当該未処理欠損金額の生じた前7年内事業年度開始の日の属する当該合併法人等の各事業年度において生じた欠損金額とみなす」，ことはしない，ということであるが，これは，欠損等法人に特定支配関係がある場合は，特定支配関係事業年度の前だけでなく，以後も，各事業年度の欠損金額は，合併法人の欠損金額と，「みなす」ことはしない，ということであり，従って，前だけでなく，以後も，各事業年度の欠損金額は引き継げない，ということである。一般に特定資本関係がある場合には，引き継げないのは，前の各事業年度の欠損金額だけであり，以後の各事業年度の欠損金額については，引き継げないのは，そのうち，特定資産譲渡等損失額だけであり，これを除く残余の部分は，引き継げるのであるから，欠損等法人の場合の方が，合併法人にとって所得の計算上，厳しく規定されている。「前条第2項」を「適用しない」というのは，このように，特に，特定支配関係事業年度の以後について，大きな意味があるのである。

　前条「第3項」は「適用しない」ということの意味は，次のようになる。

　欠損等法人が特定資本関係を有し，「適格合併等が共同で事業を営むための適格合併等に該当しないとき」は，「前条第2項」を「適用しない」場合と，この前条「第3項」とを，一応は選択適用できる可能性があるが，選択適用はさせない，つまり，前者を強制する，と言う意味である。

　又，「適格合併等が共同で事業を営むための適格合併等に該当しないとき」

第8章　欠損等法人・特定支配関係による適格合併

以外は，当然，「前条第2項」を「適用しない」ことになる，という意味である。

　欠損等法人の場合の方が，合併法人にとって所得の計算上，厳しく規定されている。「前条第2項」を「適用しない」というのは，特に，特定支配関係事業年度の以後について，大きな意味があるのである。

・ **特定支配関係と特定資本関係（その1）**

　仮に，「欠損等法人が該当日以後に」「自己を合併法人または分割承継法人とする適格合併等」「を行った場合は，より厳格に，引継を一律に認めないこととされている（57条の2第2項1号）」というのが，第1号に指摘されるのが正しいのであれば，これは第2号に指摘されるのも正しいはずである。実際，前条第2項つまり法第57条第2項が適用されない，と第1号に指摘されることと，「欠損等法人が，次に掲げる事由に該当する場合には，適用事業年度以後の各事業年度においては，当該適用事業年度前の各事業年度において生じた欠損金額については，前条第1項の規定は，適用しない」という，法第57条の2第1項が，第2号には前提されている，と指摘されることとは，同じことに帰するからである。第2号において，「引継は」，前条第5項という「特定資本関係による制限の対象となるが，欠損等法人が該当日以後にこれらを行った場合は」，前条第5項は適用しない，という特定支配関係の規定により，「より厳格に，引継を一律に認めないこととされている」，というように解されるからである。そのようになっていないのは，「引継を一律に認めない」ということの意味が明確になっていないからである。

　仮に，「適格組織再編成の場合の制限は，これまで述べた特定支配関係による制限と競合し，特定資本関係による制度のほうが緩やかな部分があるため，特定資本関係による制度を適用しないことが明示されている（57条の2第2項2号）」というのが，第2号に指摘されるのが正しいのであれば，これは第1号に指摘されるのも正しいはずである。実際，第2号において，前条第5項が適用されないということと，第1号において，前条第3項が適用されないということとは，同じことに帰することだからである。第1号において，前条第3項という「適格組織再編成の場合の制限は」，前条第2項は適用しないとする「特

定支配関係による制限と競合し」，前条第3項という「特定資本関係による制度のほうが緩やかな部分があるため，特定資本関係による制度を適用しないことが明示されている」，からである。そのようになっていないのは，「競合」や「緩やかな」ということの意味が明確になっていないからである。

・ 特定適格合併における不適用

法第57条の2第2項においては，欠損等法人が合併法人として適格合併を行う場合が規定されているが，その第1号では被合併法人の欠損金額に法第57条第3項を，第2号では合併法人の欠損金額に同条第5項を，それぞれ，適用しない，と規定されている。又，法第57条の2第4項においては，欠損等法人が被合併法人として適格合併を行う場合が規定されているが，その被合併法人としての欠損等法人の欠損金額に法第57条第3項を，適用しない，と規定されている。

法第57条第3項では被合併法人の欠損金額が，同条第5項では合併法人の欠損金額が，それぞれ引き継がれない，と規定され，要するに，欠損金額が，それぞれ引き継がれない，と規定されている。従って，引き継がれない，ということを，適用しない，ということになる。

この法第57条第3項にしても，同条第5項にしても，何れも，そこでの適格合併は，「適格合併等が共同で事業を営むための適格合併等として政令で定めるものに該当しない」という特定適格合併である。適格合併が特定適格合併の場合は，引き継がれない，ということを，適用しない，ということである。引き継がれない，ということを，適用しない，のは，特定適格合併の場合である，ということになる。

上記では，特定適格合併ということが明示されていないのである。

特定支配関係とは，他の者がその法人の発行済株式数または出資の50%超（自己の保有する自己株式を除く。以下同じ）を直接間接に保有する関係をいう。特定資本関係とは異なることに注意すべきである。

（岡村忠生［2007］453頁）

第8章　欠損等法人・特定支配関係による適格合併

> 　特定資本関係とは，過半数の支配がある関係，すなわち，①一方が他方の発行済株式数または出資の50％超（自己の保有する自己株式を除く。以下同じ）を直接または間接に保有する関係，または，②同一の者によってそれぞれの法人の発行済株式数または出資の50％超を直接または間接に保有される関係，のいずれかに該当する関係をいう（57条3項，令112条4～6項）（62条の7第1項，令123条の8第1～3項も同じ）。この判定は，適格組織再編成における50％超支配要件の判定と同じである。
>
> 　　　　　　　　　　　　　　　　　　　　（岡村忠生［2007］447頁）

・　**特定支配関係と特定資本関係（その2）**

　上記は，特定支配関係は「特定資本関係とは異なることに注意すべきである」，と述べているが，「②同一の者によってそれぞれの法人の発行済株式数または出資の50％超を直接または間接に保有される関係」，がなく，「①一方が他方の発行済株式数または出資の50％超（自己の保有する自己株式を除く。以下同じ）を直接または間接に保有する関係」，しかない場合は，「発行済株式数または出資の50％超（自己の保有する自己株式を除く。以下同じ）を直接間接に保有する関係」，という点では，両者は，同じである。

　同じとした上で，異なるのは，「発行済株式数または出資の50％超（自己の保有する自己株式を除く。以下同じ）を直接間接に保有する関係」が，特定支配関係では，「他の者がその法人の」となっており，他方，特定資本関係では，「一方が他方の」（法律の条文では，「いずれか一方の法人が他方の法人の」となっている）となっている点である，と解すべきである。すなわち，「発行済株式数または出資の50％超（自己の保有する自己株式を除く。以下同じ）を直接間接に保有」される法人が，必ず，欠損等法人である，という一方向の特定の関係にあるのが，特定支配関係であり，他方，「発行済株式数または出資の50％超（自己の保有する自己株式を除く。以下同じ）を直接間接に保有する」法人が特定されず，しかも双方向である可能性もあるのが，特定資本関係である。特定支配関係については，「50％超を保有」されるのが必ず欠損等法人である，という点が強調さるべ

きであり，他方，特定資本関係については，「いずれか一方の法人が他方の法人の」という点が強調さるべきである。

- **特定支配関係と特定資本関係（その3）**

特定支配関係においては，第57条の2第1項「内国法人で他の者との間に当該他の者による特定支配関係を有することとなったもののうち，特定支配事業年度において欠損金額又は評価損資産を有する」，「欠損等法人が合併を行う場合には，次の各号に掲げる欠損金額については，それぞれ当該各号に定める規定は，適用しない。一　欠損等法人が自己を合併法人とする適格合併等を行う場合における被合併法人の欠損金額　前条第2項，第3項　二　欠損等法人が自己を合併法人とする適格合併等を行う場合における当該欠損等法人欠損金額　同項」法第57条の2第2項のように，合併法人には欠損等法人が，又，「内国法人が欠損等法人との間で当該内国法人を合併法人とする適格合併等を行う場合には，当該欠損等法人の欠損金額については，前条第2項，第3項及び第7項の規定は，適用しない」同条第4項のように，被合併法人には欠損等法人が，何れも特定される。

これに対して，特定資本関係の場合は，「適格合併等に係る被合併法人等と合併法人等との間に特定資本関係がある場合において，当該適格合併等が共同で事業を営むための適格合併等に該当しないときは，未処理欠損金額には，当該被合併法人等の欠損金額を含まないものとする」法第57条第3項のように被合併法人も，又，「内国法人と特定資本関係がある法人との間で当該内国法人を合併法人とする適格合併が行われる場合において，当該内国法人の欠損金額は，ないものとする」同条第5項のように合併法人も，何れも，特定されない。

2-2　合併法人たる欠損等法人の適用期間における特定資産譲渡等損失額——自己の合併事業年度以後との関連で——

法人の買収による繰越欠損金の利用については前述したが，含み損失を利用した税負担の軽減も考えることができる。たとえば，欠損金額は無く

第8章　欠損等法人・特定支配関係による適格合併

とも，含み損失のある資産を有する休眠状態にある法人を買収し，買収者のそれまでの事業をこの法人に移転して利益をあげながら，含み損失を実現して損金を発生させることができれば，その限りで税負担は生じない。したがって，繰越欠損金の利用を目的とする法人買収に対する規制を行うのであれば，含み損失についても制限が必要と考えられる。欠損等法人の資産譲渡損失額の損金不算入の制度は，このような場合に含み損失資産から実現された損失を，損金不算入とするものである（60条の3）。又，この制度は，適格組織再編成による含み損失の利用に対する制限（62条の7）を補完する作用をも果たすものである。

（岡村忠生［2007］471頁）

・　**欠損等法人の資産譲渡等損失額の損金不算入**

　上記は，「適格組織再編成による含み損失の利用に対する制限（62条の7）」，と述べているが，敢えて言えば，これは誤りである。と言うのは，法第62条の7は，全体が，「適格組織再編成による含み損失の利用に対する制限」ではなく，そうなのは，初めの，第1項から第3項までであり，第4項以後は，そうではないからである。第1項から第3項のうち，第1項で，「適格組織再編成による含み損失の利用に対する制限」の基本的なものが規定されており，このような「第1項の規定は，適用しない」，と，第4項と第5項では規定されているのであるから，到底，「適格組織再編成による含み損失の利用に対する制限（62条の7）」とは考えられないのである。

　上記は，「欠損等法人の資産譲渡損失額の損金不算入の制度は，このような場合に含み損失資産から実現された損失を，損金不算入とするものである（60条の3）。又，この制度は，適格組織再編成による含み損失の利用に対する制限（62条の7）を補完する作用をも果たすものである」，と述べ，「補完する」と解しているが，その内容を明示していないので，これは意味不明である。仮に「補完」と言う用語を使用するのであれば，法第60条の3第1項と法第62条の7第5項との「補完」関係は，次のように解するのが望ましい。

法第60条の3

　欠損等法人の適用期間において生ずる特定資産（欠損等法人が有する資産及び当該欠損等法人が関連者を被合併法人とする適格合併により移転を受けた資産）の譲渡等損失額は，当該欠損等法人の所得の金額の計算上，損金の額に算入しない。

（合併法人）

2　欠損等法人がその適用期間内に自己を被合併法人とする適格合併によりその有する特定資産を合併法人に移転した場合には，当該合併法人等を前項の規定の適用を受ける欠損等法人とみなして，同項の規定を適用する。

（被合併法人）

法第62条の7

　内国法人と特定資本関係法人との間で当該内国法人を合併法人とする特定適格合併等が行われた場合において，当該内国法人の適用期間において生ずる特定資産譲渡等損失額は，当該内国法人の所得の金額の計算上，損金の額に算入しない。

4　第1項に規定する特定資本関係法人が欠損等法人であるときは，第1項の内国法人が当該特定資本関係法人から移転を受けた資産については，同項の規定は，適用しない。

（被合併法人）

5　第1項の内国法人が欠損等法人であるときは，当該内国法人が有する資産については，第1項の規定は，適用しない。

（合併法人）

・**特定支配関係・欠損等法人規定の特定資本関係法人規定に対する「補完」**

　上において，（合併法人）あるいは（被合併法人）とあるのは，各条文中の適格合併における欠損等法人の役割を明確にするために，筆者が付け加えたも

第8章　欠損等法人・特定支配関係による適格合併

ので，条文にあるのではない。

　上の条文は，特定支配関係にある欠損等法人の適格合併における特定資産譲渡等損失額に関する条文である。

　特定支配関係にある欠損等法人の適格合併は，欠損等法人が，合併法人である場合と，被合併法人である場合とに分けて，それぞれ規定されている。したがって条文を対比するときも，それぞれの場合において対比する必要がある。

　欠損等法人が合併法人であるのは，法第60条の3では第1項であり，法第62条の7では第5項である。欠損等法人が被合併法人であるのは，法第60条の3では第2項であり，法第62条の7では第4項である。

　このように，特定支配関係にある欠損等法人の適格合併は，欠損等法人が，合併法人である場合と，被合併法人である場合とに分けて，二つの条文で，それぞれ規定されている。これに対して，特定資本関係にある特定適格合併については，法第62条の7第1項の一つの条文で規定されている。それと言うのも，前者の特定支配関係が，「他の者が内国法人の発行済株式の総数の100分の50を超える数を保有する関係」法第57条の2第1項と規定され，保有される内国法人が欠損等法人に特定される，のに対して，後者の特定資本関係は，「いずれか一方の法人が他方の法人の発行済株式の総数の100分の50を超える数を保有する関係」法第57条第3項と規定され，保有される法人が特定されない，からである。

　以下，欠損等法人が合併法人である場合について検討する。

　法第60条の3第1項と，法第62条の7第5項とは，特定資産譲渡等損失額は，所得の金額の計算上，損金の額に算入しない，という点では同じである。つまり，「特定資産譲渡等損失額は」，合併法人の「所得の金額の計算上，損金の額に算入しない」，と規定している点では，同じである。異なるのは，適用期間である。適用期間の開始の日が，前者では適用事業年度開始日で，後者は合併等事業年度開始日で，適用事業年度開始日は合併等事業年度開始日以前である。そして，「特定適格合併等が行われた場合において」（法第62条の7第1項），「第1項の規定は，適用しない」（法第62条の7第5項）で，法第60条の3第1項を適

用する,つまり,開始の日が,合併等事業年度開始日以前である,適用期間が強制される。

結局,平成18年度前までは,ある法人に対して,特定資産譲渡等損失額は,所得の金額の計算上,損金の額に算入しない,ということが,合併等事業年度開始日以後,強制されたのに対して,18年度以後は,それ以前の,適用事業年度開始日以後に,強制されるようになり,又,ある法人に対しては,平成18年度前までは,なんら強制されなかったのが,18年度以後,同じことが新たに強制されるようになった。平成18年度に欠損等法人が新たに規定されたが,これを含めた新規定が,上記の言う「補完」の内容である。

欠損等法人が被合併法人である場合も,合併法人である場合と同様の指摘が可能なので,ここでは検討は割愛することにする。

3 合併法人たる欠損等法人の適用期間前の欠損金額
――他法人の合併日前日以前および自己の合併事業年度直前事業年度以前との関連で――

3-1 関連条文

法第57条の2
① 内国法人で他の者との間に当該他の者による特定支配関係(当該他の者が当該内国法人の発行済株式又は出資の総数又は総額の100分の50を超える数又は金額の株式又は出資を直接又は間接に保有する関係その他の政令で定める関係)を有することとなったもののうち,
② 当該特定支配関係を有することとなった日(「支配日」)の属する事業年度(「特定支配事業年度」)において当該特定支配事業年度前の各事業年度において生じた欠損金額(前条第1項の規定の適用があるものに限る。)又は評価損資産(当該内国法人が当該支配日において有する資産のうち当該支配日における価額がその帳簿価額に満たないものとして政令で定めるものをいう。)を有

第8章　欠損等法人・特定支配関係による適格合併

するもの（「欠損等法人」という。）が，
③　当該支配日（「特定支配日」）以後5年を経過した日の前日までに
④　次に掲げる事由に該当する場合には，
⑤　その該当することとなつた日（第4号に掲げる事由に該当する場合にあつては，同号に規定する適格合併等の日の前日。「該当日」という。）の属する事業年度（「適用事業年度」という。）以後の各事業年度においては，当該適用事業年度前の各事業年度において生じた欠損金額については，前条第1項の規定は，適用しない。
2
⑥　欠損等法人が該当日以後に合併，分割又は現物出資を行う場合には，次の各号に掲げる欠損金額については，それぞれ当該各号に定める規定は，適用しない。
⑦　一　欠損等法人が自己を合併法人又は分割承継法人とする適格合併等を行う場合における
⑧　当該適格合併等に係る被合併法人又は分割法人の当該適格合併等の日の前日の属する事業年度以前の各事業年度において生じた欠損金額
⑨　（当該適格合併等が当該欠損等法人の適用事業年度開始の日以後3年を経過する日（その経過する日が特定支配日以後5年を経過する日後となる場合にあっては，同日）後に行われるものである場合には，当該欠損金額のうち，これらの生じた事業年度開始の日が当該適用事業年度開始の日前であるものに限る。）
⑩　前条第2項，第3項
⑪　二　欠損等法人が自己を合併法人，分割承継法人又は被現物出資法人とする
⑫　前条第5項に規定する適格合併等を行う場合における
⑬　当該欠損等法人の適用事業年度前の各事業年度において生じた欠損金額
⑭　同項

4
- ⑮ 内国法人が欠損等法人との間で
- ⑯ 当該内国法人を合併法人又は分割承継法人とする適格合併等を行う場合には,
- ⑰ 当該欠損等法人の適用事業年度前の各事業年度において生じた欠損金額については,前条第2項,第3項の規定は,適用しない。

法第57条

1 内国法人の各事業年度開始の日前7年以内に開始した事業年度において生じた欠損金額がある場合には,当該欠損金額に相当する金額は,当該各事業年度の所得の金額の計算上,損金の額に算入する。

2

- 2 適格合併等が行われた場合において,当該適格合併等に係る被合併法人等の当該適格合併等の日前7年以内に開始した前7年内事業年度において生じた未処理欠損金額があるときは,
- 3 合併法人等の合併等事業年度以後の各事業年度における前項の規定の適用については,
- 4 当該前7年内事業年度において生じた未処理欠損金額は,それぞれ当該未処理欠損金額の生じた前7年内事業年度開始の日の属する当該合併法人等の各事業年度において生じた欠損金額とみなす。

3

- 5 適格合併等に係る被合併法人等と合併法人等との間に特定資本関係(いずれか一方の法人が他方の法人の発行済株式又は出資の総数又は総額の100分の50を超える数又は金額の株式又は出資を直接又は間接に保有する関係)があり,
- 6 かつ,当該特定資本関係が当該合併法人等の当該適格合併等に係る合併等事業年度開始の日の5年前の日以後に生じている場合において,

⑦　当該適格合併等が共同で事業を営むための適格合併等として政令で定めるものに該当しないときは，

⑧　前項に規定する未処理欠損金額には，当該被合併法人等の次に掲げる欠損金額を含まないものとする。

⑨　一　当該被合併法人等の特定資本関係事業年度（当該被合併法人等と当該合併法人等との間に当該特定資本関係が生じた日の属する事業年度）前の各事業年度で前7年内事業年度に該当する事業年度において生じた欠損金額

⑩　二　当該被合併法人等の特定資本関係事業年度以後の各事業年度で前7年内事業年度に該当する事業年度において生じた欠損金額のうち特定資産譲渡等損失額に相当する金額から成る部分の金額として政令で定める金額

5

⑪　第1項の内国法人と特定資本関係法人（当該内国法人との間に特定資本関係がある法人）との間で当該内国法人を合併法人，分割承継法人又は被現物出資法人とする適格合併等が行われ，

⑫　かつ，当該特定資本関係が当該内国法人の当該適格合併等の日の属する事業年度（「合併等事業年度」）開始の日の5年前の日以後に生じている場合において，

⑬　当該適格合併等が共同で事業を営むための適格合併等として政令で定めるものに該当しないときは，

⑭　当該内国法人の当該合併等事業年度以後の各事業年度における第1項の規定の適用については，当該内国法人の同項に規定する欠損金額のうち次に掲げる欠損金額は，ないものとする。

⑮　一　当該内国法人の特定資本関係事業年度（当該内国法人と当該特定資本関係法人との間に当該特定資本関係が生じた日の属する事業年度）前の各事業年度で前7年内事業年度（当該合併等事業年度開始の日前7年以内

> に開始した各事業年度)に該当する事業年度において生じた欠損金額
> 16 二 当該内国法人の特定資本関係事業年度以後の各事業年度で前7年内事業年度に該当する事業年度において生じた欠損金額のうち第62条の7第2項に規定する特定資産譲渡等損失額に相当する金額から成る部分の金額として政令で定める金額

3-2 特定支配関係にある欠損等法人

・特定支配関係と特定資本関係

　特定支配関係については①において，特定資本関係については5において，それぞれ規定されている。両者に共通するのは，「発行済株式又は出資の総数又は総額の100分の50を超える数又は金額の株式又は出資を直接又は間接に保有する関係」ということである。異なるのは，特定支配関係については「当該他の者が当該内国法人の」となっている点であり，他方，特定資本関係については，「いずれか一方の法人が他方の法人の」となっている点である。つまり，特定支配関係については一方向であり，特定資本関係については双方向であり，この点が異なる点であるが，この限りでは，特定支配関係は特定資本関係に含まれる関係にある。

　ただ，その際に，前者の，特定支配関係については，保有される法人として，欠損等法人が予定されており，他方，後者の，特定資本関係については，適格合併のうち，特定適格合併と関係させられているのである。

・特定支配事業年度「前と以後」と適用事業年度前各事業年度

　②「特定支配関係を有することとなった日」を③「特定支配日」と規定し③「特定支配日以後5年を経過した日の前日までに④次に掲げる事由に該当する場合には，⑤その該当することとなった日」を「該当日」と規定し，前者の③「特定支配日」の属する事業年度を「特定支配事業年度」と規定し，後者の「該当日」の属する事業年度を「適用事業年度」と規定する。

　⑥「特定支配日以後5年を経過した日の前日までに」④「次に掲げる事由に

該当する場合には」，当該適用事業年度前の各事業年度を，②「特定支配関係を有することとなった支配日の属する特定支配事業年度前の各事業年度」と，特定支配事業年度以後，適用事業年度の前事業年度までの各事業年度とを，区別することなく，一括して，適用事業年度前の各事業年度と規定している。

・欠損等法人における特定支配関係の一方向性

⑥「欠損等法人が該当日以後に合併，分割又は現物出資を行う場合」で，⑦⑪⑫「欠損等法人が自己を合併法人又は分割承継法人とする適格合併等を行う場合」は，法第57条の2第2項で規定され，他方，⑮「内国法人が欠損等法人との間で当該内国法人を合併法人又は分割承継法人とする適格合併等を行う場合」は同条第4項で規定されている。第2項と第4項は逆の関係にある。つまり，欠損等法人を，第2項では合併法人として，他方，第4項では，被合併法人として，それぞれ，特定して，規定している。

それと言うのも，先に見たように，「発行済株式又は出資の総数又は総額の100分の50を超える数又は金額の株式又は出資を直接又は間接に保有する関係」が，特定支配関係については「当該他の者が当該内国法人の」というように一方向になっており，他方，特定資本関係については，「いずれか一方の法人が他方の法人の」というように双方向となっており，前者の特定支配関係には，欠損等法人について逆の場合の規定も必要であるが，後者の特定資本関係の場合には，それぞれ代替可能なので一方向だけで十分なのである

・前7年内事業年度における特定資本関係事業年度の前と以後

後の議論との関係において，予め，前7年内事業年度における特定資本関係事業年度の前と以後とについて，明確にしておく。

⑥「特定資本関係が当該合併法人等の当該適格合併等に係る合併等事業年度開始の日の5年前の日以後に生じている場合」に，②「適格合併等に係る被合併法人等の当該適格合併等の日前7年以内に開始した前7年内事業年度」を，⑨「当該被合併法人等の特定資本関係事業年度前の各事業年度」と，⑩「以後の各事業年度」とに分割する。

⑫「特定資本関係が当該内国法人の合併等事業年度開始の日の5年前の日以

後に生じている場合」に，⑮合併法人の［合併等事業年度開始の日前7年以内に開始した各事業年度］を，「特定資本関係事業年度前の各事業年度」と，⑯「以後の各事業年度」とに分割する。

3−3 欠損等法人が合併法人である場合
(1) はじめに

　法第57条の2第2項で規定されている，⑥「欠損等法人が該当日以後に合併，分割又は現物出資を行う場合」で，⑦⑪⑫「欠損等法人が自己を合併法人又は分割承継法人とする適格合併等を行う場合」について，検討することにする。

　法第57条の2第2項の第1号も第2号も何れも欠損金額に関する規定であるが，第1号では，合併法人の「欠損等法人」が合併する⑧「被合併法人」について，第2号では，⑬合併法人の「欠損等法人」自身について，それぞれ規定されている。

(2) 被合併法人の欠損金額（あるいは特定資産譲渡等損失額）

　⑧「被合併法人の当該適格合併等の日の前日の属する事業年度以前の各事業年度において生じた欠損金額」に対しては，⑩「前条第2項」を⑥「適用しない」，と規定されているが，これは，

法第57条第2項

② 適格合併等が行われた場合において，当該適格合併等に係る被合併法人等の当該適格合併等の日前7年以内に開始した前7年内事業年度において生じた未処理欠損金額があるときは，

③ 合併法人等の合併等事業年度以後の各事業年度における前項の規定の適用については，

④ 当該前7年内事業年度において生じた未処理欠損金額は，それぞれ当該未処理欠損金額の生じた前7年内事業年度開始の日の属する当該合併法人等の各事業年度において生じた欠損金額とみなす。

ことはしない，ということで，②「被合併法人等の当該適格合併等の日前7年

第8章　欠損等法人・特定支配関係による適格合併

以内に開始した前7年内事業年度において生じた未処理欠損金額」は引き継がせない,ということである。

⑧「被合併法人の当該適格合併等の日の前日の属する事業年度以前の各事業年度において生じた欠損金額」に対しては,⑩「第3項」を⑥「適用しない」,と規定されているが,これは,

---

法第57条第3項

⑤　適格合併等に係る被合併法人等と合併法人等との間に特定資本関係（いずれか一方の法人が他方の法人の発行済株式又は出資の総数又は総額の100分の50を超える数又は金額の株式又は出資を直接又は間接に保有する関係）があり,

⑥　かつ,当該特定資本関係が当該合併法人等の当該適格合併等に係る合併等事業年度開始の日の5年前の日以後に生じている場合において,

⑦　当該適格合併等が共同で事業を営むための適格合併等として政令で定めるものに該当しないときは,

⑧　前項に規定する未処理欠損金額には,当該被合併法人等の次に掲げる欠損金額を含まないものとする。

⑨　一　当該被合併法人等の特定資本関係事業年度（当該被合併法人等と当該合併法人等との間に当該特定資本関係が生じた日の属する事業年度）前の各事業年度で前7年内事業年度に該当する事業年度において生じた欠損金額

⑩　二　当該被合併法人等の特定資本関係事業年度以後の各事業年度で前7年内事業年度に該当する事業年度において生じた欠損金額のうち特定資産譲渡等損失額に相当する金額から成る部分の金額として政令で定める金額

という規定は,「適用しない」,ということである。⑦「当該適格合併等が共同で事業を営むための適格合併等として政令で定めるものに該当しないときは」,⑨「一　当該被合併法人等の特定資本関係事業年度前の各事業年度において生

153

じた欠損金額」と，⑩「二　当該被合併法人等の特定資本関係事業年度以後の各事業年度において生じた欠損金額のうち特定資産譲渡等損失額に相当する金額」は，⑧「前項に規定する未処理欠損金額には，含まないものとする」，という規定は，「適用しない」，ということである。⑩「前条第2項」を⑥「適用しない」ということと，⑩前条「第3項」を⑥「適用」するということとは，一応は選択できる可能性があるが，"⑩前条「第3項」を⑥「適用」するということ"は選択させず，"⑩「前条第2項」を⑥「適用しない」ということ"を，強制する，ということである。

　特に，⑩「被合併法人等の特定資本関係事業年度以後の各事業年度」について，⑧「未処理欠損金額には含まないものとする」当該被合併法人等の欠損金額は，⑩「前条第2項」を⑥「適用しない」場合は，⑩「二　当該被合併法人等の特定資本関係事業年度以後の各事業年度において生じた欠損金額」であり，他方，⑩前条「第3項」を⑥「適用」する場合は，⑩「二　当該被合併法人等の特定資本関係事業年度以後の各事業年度において生じた欠損金額のうち特定資産譲渡等損失額に相当する金額から成る部分の金額」，である。欠損金額は，前者の方が大きく，後者の方は小さい。そこで，欠損金額が小さい後者の方は選択させず，つまり，前条「第3項」は「適用しない」で，欠損金額が大きい前者の方を強制する，つまり，「前条第2項」は「適用しない」ということになる。

(3) 合併法人自身の欠損金額（あるいは特定資産譲渡等損失額）

　⑪「二　欠損等法人が自己を合併法人とする」，⑫「前条第5項に規定する適格合併等を行う場合における」，⑬「当該欠損等法人の適用事業年度前の各事業年度において生じた欠損金額」については，⑭「同項」つまり，⑫「前条第5項」を，⑥「適用しない」，と規定されているが，これは，

法第57条

5

⑪　第1項の内国法人と特定資本関係法人（当該内国法人との間に特定資本関

> 係がある法人)との間で当該内国法人を合併法人,分割承継法人又は被現物出資法人とする適格合併等が行われ,
>
> [12] かつ,当該特定資本関係が当該内国法人の当該適格合併等の日の属する事業年度(「合併等事業年度」)開始の日の5年前の日以後に生じている場合において,
>
> [13] 当該適格合併等が共同で事業を営むための適格合併等として政令で定めるものに該当しないときは,
>
> [14] 当該内国法人の当該合併等事業年度以後の各事業年度における第1項の規定の適用については,当該内国法人の同項に規定する欠損金額のうち次に掲げる欠損金額は,ないものとする。
>
> [15] 一 当該内国法人の特定資本関係事業年度(当該内国法人と当該特定資本関係法人との間に当該特定資本関係が生じた日の属する事業年度)前の各事業年度で前7年内事業年度(当該合併等事業年度開始の日前7年以内に開始した各事業年度)に該当する事業年度において生じた欠損金額
>
> [16] 二 当該内国法人の特定資本関係事業年度以後の各事業年度で前7年内事業年度に該当する事業年度において生じた欠損金額のうち第62条の7第2項に規定する特定資産譲渡等損失額に相当する金額から成る部分の金額として政令で定める金額

という規定は,「適用しない」ということである。[13]「当該適格合併等が共同で事業を営むための適格合併等として政令で定めるものに該当しないときは」,[14]「当該内国法人の当該合併等事業年度以後の各事業年度における第1項に規定する欠損金額のうち」,[15]「一 当該内国法人の特定資本関係事業年度前の各事業年度において生じた欠損金額」と[16]「二 当該内国法人の特定資本関係事業年度以後の各事業年度において生じた欠損金額のうち特定資産譲渡等損失額に相当する金額」とは,[14]「ないものとする」,という規定は,「適用しない」ということである。

そもそも,法第57条の2第1項において,②「欠損等法人が」,④「事由に

該当する場合には」，⑤「該当日の属する適用事業年度以後の各事業年度においては，当該適用事業年度前の各事業年度において生じた欠損金額については，前条第１項の規定は，適用しない」，と規定されている。

　法第57条の２第１項の⑤「前条第１項の規定は，適用しない」という規定と，法第57条の２第２項第２号における，⑭「同項」つまり，⑫「前条第５項」を，⑥「適用」する，ということとは，一応は選択できる可能性があるが，[⑭「同項」つまり，⑫「前条第５項」を，⑥「適用」する，ということ]は選択させず，⑤「前条第１項の規定は，適用しない」という規定を，強制する，ということである。

　特に，⑯「当該内国法人の特定資本関係事業年度以後の各事業年度」について，⑭「内国法人の同項に規定する欠損金額のうち，ないものとする」内国法人の欠損金額は，⑭「同項」つまり，⑫「前条第５項」を，⑥「適用しない」場合には，⑯「二　当該内国法人の特定資本関係事業年度以後の各事業年度において生じた欠損金額」であり，他方，⑭「同項」つまり，⑫「前条第５項」を，⑥「適用」する場合には，⑯「二　当該内国法人の特定資本関係事業年度以後の各事業年度において生じた欠損金額のうち特定資産譲渡等損失額に相当する金額から成る部分の金額」，である。欠損金額は，前者の方が大きく，後者の方は小さい。そこで，欠損金額が小さい後者の方は選択させず，つまり，前条「第５項」は「適用しない」で，欠損金額が大きい前者の方を強制する，つまり，「前条第１項」は「適用しない」という規定を，強制する，ということになる。

３－４　欠損等法人が被合併法人である場合

　この場合は，特に論ずることも無いので，関連する次の条文を掲げるだけに留めることにする。

第8章　欠損等法人・特定支配関係による適格合併

4
⑮　内国法人が欠損等法人との間で
⑯　当該内国法人を合併法人又は分割承継法人とする適格合併等を行う場合には，
⑰　当該欠損等法人の適用事業年度前の各事業年度において生じた欠損金額については，前条第2項，第3項の規定は，適用しない。

4　合併法人たる欠損等法人の適用期間における特定資産譲渡等損失額——自己の合併事業年度以後との関連で——

4−1　関連条文

法第60条の3
⑱　第57条の2第1項に規定する欠損等法人の第57条の2第1項に規定する適用事業年度開始の日から同日以後3年を経過する日までの期間
⑲　(その経過する日が第57条の2第1項に規定する特定支配日以後5年を経過する日後となる場合にあっては，同日)までの期間(「適用期間」という。)
⑳　において生ずる特定資産
㉑　(当該欠損等法人が当該特定支配日において有する資産及び
㉒　当該欠損等法人が当該適用事業年度等の開始の日以後に行われる第57条の2第1項に規定する他の者を分割法人若しくは現物出資法人とする適格分割若しくは適格現物出資又は同項第3号に規定する関連者を被合併法人，分割法人若しくは現物出資法人とする適格合併，適格分割若しくは適格現物出資により移転を受けた資産)
㉓　の譲渡，評価換え，貸倒れ，除却その他これらに類する事由(「譲渡等特定事由」)による損失の額
㉔　(当該譲渡等特定事由が生じた日の属する事業年度の適用期間において生ずる

特定資産の譲渡又は評価換えによる利益の額がある場合には，当該利益の額を控除した金額。「譲渡等損失額」）は，
㉕　当該欠損等法人の各事業年度の所得の金額の計算上，損金の額に算入しない。

2

㉖　欠損等法人がその適用期間内に自己を被合併法人，分割法人，現物出資法人又は事後設立法人とする適格合併，適格分割，適格現物出資又は適格事後設立（「適格組織再編成」）により
㉗　その有する特定資産
㉘　（第57条の2第1項に規定する評価損資産に該当するものに限る。）を
㉙　当該適格組織再編成に係る合併法人，分割承継法人，被現物出資人又は被事後設立法人（以下この条において「合併法人等」という。）に移転した場合には，
㉚　当該合併法人等を前項の規定の適用を受ける欠損等法人とみなして，
㉛　同項の規定を適用する。

法第62条の7

⑰　内国法人と特定資本関係法人
⑱　（当該内国法人との間に第57条第3項に規定する特定資本関係がある法人をいう。）
⑲　との間で当該内国法人を合併法人，分割承継法人又は被現物出資法人とする
⑳　特定適格合併等（適格合併，適格分割又は適格現物出資のうち，第57条第5項に規定する共同で事業を営むための適格合併等に該当しないものをいう。）が行われた場合において，
㉑　当該特定資本関係が当該内国法人の当該特定適格合併等の日の属する事業年度（以下この項において「特定適格合併等事業年度」という。）開始の

日の5年前の日以後に生じているときは,
22 当該内国法人の適用期間
23 (当該特定適格合併等事業年度開始の日から同日以後3年を経過する日までの期間
24 (その経過する日が当該特定資本関係が生じた日以後5年を経過する日後となる場合にあっては,その5年を経過する日)までの期間)
25 において生ずる特定資産譲渡等損失額は,
26 当該内国法人の各事業年度の所得の金額の計算上,損金の額に算入しない。

2
27 前項に規定する特定資産譲渡等損失額とは,次に掲げる金額の合計額をいう。
28 一 前項の内国法人が同項の特定資本関係法人から特定適格合併等により移転を受けた資産で
29 当該特定資本関係法人が当該特定資本関係発生日前から有していた特定引継資産の
31 譲渡,評価換え,貸倒れ,除却その他これらに類する事由による損失の額の合計額から
32 特定引継資産の譲渡又は評価換えによる利益の額の合計額を
33 控除した金額
34 二 前項の内国法人が特定資本関係発生日前から有していた
35 特定保有資産の譲渡,評価換え,貸倒れ,除却その他これらに類する事由による損失の額の合計額から
36 特定保有資産の譲渡又は評価換えによる利益の額の合計額を
37 控除した金額

法第62条の7

4

㉜ 第1項に規定する特定資本関係法人又は前項に規定する被合併法人等が

㉝ 特定適格合併等の直前において

㉞ 第60条の3第1項に規定する欠損等法人であり，かつ，

㉟ 当該特定適格合併等が同条第1項に規定する適用期間内に行われるものであるときは，

㊱ 第1項の内国法人が当該特定資本関係法人又は当該被合併法人等から

㊲ 当該特定適格合併等により移転を受けた資産については，

㊳ 当該特定適格合併等に係る同項の規定は，

㊴ 適用しない。

5

㊵ 第1項の内国法人が欠損等法人であり，かつ，

㊶ 特定適格合併等が第60条の3第1項に規定する適用期間内に行われるものであるときは，

㊷ 当該内国法人が有する資産については，

㊸ 当該特定適格合併等に係る第1項の規定は，

㊹ 適用しない。

すぐ後で明らかにするが，この第4項は，欠損等法人が被合併法人である場合の規定であり，次の第5項は，欠損等法人が合併法人である場合の規定である。これまで，法第57条の2においても，法第60条の3においても，欠損等法人が合併法人である場合が最初に規定され，その後で，欠損等法人が被合併法人である場合が規定されていた。ここでは，規定の順序が，逆になっているのである。本章では，条文の順序とは逆に，先ず，欠損等法人が合併法人である場合の規定について検討し，次に，欠損等法人が被合併法人である場合の規定について検討する。

第 8 章　欠損等法人・特定支配関係による適格合併

4 − 2　欠損等法人が合併法人である場合

　法第60条の3第1項の規定，つまり，⑱「欠損等法人の」⑲「適用期間」⑳「において生ずる特定資産」㉑「(当該欠損等法人が当該特定支配日において有する資産及び㉒当該欠損等法人が当該適用事業年度等の開始の日以後に行われる第57条の2第1項第3号に規定する関連者を被合併法人とする適格合併により移転を受けた資産)」㉓「の譲渡等特定事由による損失の額」，という規定から明らかなように，法第60条の3第1項の規定は，欠損等法人が合併法人である場合の規定である。

　この法第60条の3第1項では，⑱「欠損等法人」の⑲「適用期間」⑳「において生ずる特定資産」㉔「譲渡等損失額は」㉕「当該欠損等法人の各事業年度の所得の金額の計算上，損金の額に算入しない」，と規定されている。

> **法第62条の7**
> 5
> ㊵　第1項の内国法人が欠損等法人であり，かつ，
> ㊶　特定適格合併等が第60条の3第1項に規定する適用期間内に行われるものであるときは，
> ㊷　当該内国法人が有する資産については，
> ㊸　当該特定適格合併等に係る第1項の規定は，
> ㊹　適用しない。

　以下，第5項を検討するが，この第5項における，㊵「第1項の内国法人」は，第1項の⒄「内国法人と特定資本関係法人」⑲「との間で当該内国法人を合併法人とする」，という規定から明らかなように，合併法人であり，従ってこの場合は，欠損等法人が合併法人である場合である。以下，欠損等法人が合併法人である場合について検討することになる。

　⑲「内国法人を合併法人とする」⑳「特定適格合併等が行われた場合において」，という規定から明らかなように，④「掲げる事項に該当する」を経た欠損等法人によって，⑳「特定適格合併等が行われた場合」であるから，時間的に，「該当する」が前で，合併が後である。㊶「特定適格合併等が第60条の3第

161

1項に規定する適用期間内に行われるものであるときは」，という規定は，このような時間の前後関係を含んでいる。以下，特定適格合併等を含む，欠損等法人の適用期間について，検討することになる。

　法第62条の7第1項の内国法人を欠損等法人とすれば，法第60条の3第1項と，法第62条の7第1項とで共通なのは，次の点である。法第60条の3第1項では，⑱「欠損等法人」の⑲「適用期間」⑳「において生ずる特定資産」の㉔「譲渡等損失額は」㉕「当該欠損等法人の各事業年度の所得の金額の計算上，損金の額に算入しない」，と規定され，法第62条の7第1項では，欠損等法人である㉒「当該内国法人の適用期間」㉕「において生ずる特定資産譲渡等損失額は」，㉖「当該内国法人の各事業年度の所得の金額の計算上，損金の額に算入しない」，と規定されており，内容的には共通している。

　異なるのは，適用期間の初めである。法第60条の3第1項では，⑱「適用事業年度開始の日」となっており，他方，法第62条の7第1項では，㉓「適格合併等事業年度開始の日」となっている。時間的に，「該当する」が前で，合併が後である，から，⑱「適用事業年度開始の日」が，時間的に，前で，㉓「適格合併等事業年度開始の日」が，後である。同じく，適用期間でも，⑱「適用事業年度開始の日」を初めとする，法第60条の3第1項の適用期間が前で，㉓「適格合併等事業年度開始の日」を初めとする，法第62条の7第1項の適用期間が後である。

法第57条の2

③　当該支配日（「特定支配日」）以後5年を経過した日の前日までに

④　次に掲げる事由に該当する場合には，

⑤　その該当することとなった該当日の属する適用事業年度以後の各事業年度においては，

2

⑥　欠損等法人が該当日以後に合併，分割又は現物出資を行う場合には，

法第57条第3項

⑥ 当該特定資本関係が当該合併法人等の当該適格合併等に係る合併等事業年度開始の日の5年前の日以後に生じている場合において,

法第57条第5項

⑫ 当該特定資本関係が当該内国法人の当該適格合併等の日の属する事業年度(「合併等事業年度」)開始の日の5年前の日以後に生じている場合において,

法第60条の3

⑱ 第57条の2第1項に規定する欠損等法人の第57条の2第1項に規定する適用事業年度開始の日から同日以後3年を経過する日までの期間

⑲ (その経過する日が第57条の2第1項に規定する特定支配日以後5年を経過する日後となる場合にあっては,同日)までの期間(「適用期間」という。)

法第62条の7

㉒ 当該内国法人の適用期間

㉓ (当該特定適格合併等事業年度開始の日から同日以後3年を経過する日までの期間

㉔ (その経過する日が当該特定資本関係が生じた日以後5年を経過する日後となる場合にあっては,その5年を経過する日)までの期間)

4

㉟ 当該特定適格合併等が同条第1項に規定する適用期間内に行われるものであるときは,

5

㊶ 特定適格合併等が第60条の3第1項に規定する適用期間内に行われるものであるときは,

二つの期間は、重なる。

③「特定支配日」と⑥⑫「特定資本関係」が生じた日とを、同日とし、③「特定支配日以後に」④「掲げる事由に該当」し、⑥「欠損等法人が該当日以後に合併を行」い、⑫「特定資本関係が合併等事業年度開始の日の5年前の日以後に生じている場合において」⑱「欠損等法人の適用事業年度開始の日から同日以後3年を経過する日までの期間」以内⑲の「適用期間」内に㉟㊶「特定適格合併等が行われるものであるときは」、この適用期間と、㉓「当該特定適格合併等事業年度開始の日から同日以後3年を経過する日までの期間」以内の㉒「適用期間」とは、重なっている。

さて、⑳「特定適格合併等（適格合併、適格分割又は適格現物出資のうち、第57条第5項に規定する共同で事業を営むための適格合併等に該当しないものをいう。）が行われた場合において」、という規定から明らかなように、法第62条の7第1項の適格合併は、特定適格合併である。この特定適格合併の場合に、㉕「特定資産譲渡等損失額は」、㉖「当該内国法人の各事業年度の所得の金額の計算上、損金の額に算入しない」、と規定されているのである。

そして、この、㉖「損金の額に算入しない」、という規定を、㊹「適用しない」、と、法第62条の7第5項は規定しているのである。すなわち、㊶「特定適格合併等が行われるときは」、欠損等法人である㊷「当該内国法人が有する資産については」、㉖「損金の額に算入しない」、という㊸「第1項の規定は」、㊹「適用しない」、と規定されている。

あくまで、⑱「欠損等法人」の⑳「特定資産」の㉔「譲渡等損失額は」㉕「損金の額に算入しない」、という、法第60条の3第1項が適用されることになる。

適用期間で言えば、同じく、適用期間でも、⑱「適用事業年度開始の日」を初めとする、法第60条の3第1項の適用期間が適用され、㉓「適格合併等事業年度開始の日」を初めとする、法第62条の7第1項の適用期間は適用されない、のである。

第8章　欠損等法人・特定支配関係による適格合併

㊶「特定適格合併等が行われ」無い「ときは」，法第62条の7第1項のような，㉕「特定資産譲渡等損失額は」，㉖「損金の額に算入しない」，という規定は，法第60条の3第1項以外に存在しないので，法第60条の3第1項が適用されることになる。

4－3　欠損等法人が被合併法人である場合

法第60条の3

2

㉖　欠損等法人がその適用期間内に自己を被合併法人，分割法人，現物出資法人又は事後設立法人とする適格合併，適格分割，適格現物出資又は適格事後設立（「適格組織再編成」）により

㉗　その有する特定資産

㉘　（第57条の2第1項に規定する評価損資産に該当するものに限る。）を

㉙　当該適格組織再編成に係る合併法人，分割承継法人，被現物出資法人又は被事後設立法人（以下この条において「合併法人等」という。）に移転した場合には，

㉚　当該合併法人等を前項の規定の適用を受ける欠損等法人とみなして，

㉛　同項の規定を適用する。

この法第60条の3第2項の欠損等法人は，明らかに，被合併法人である。

法第62条の7

4

㉜　第1項に規定する特定資本関係法人又は前項に規定する被合併法人等等が

㉝　特定適格合併等の直前において

㉞　第60条の3第1項に規定する欠損等法人であり，かつ，

㉟　当該特定適格合併等が同条第1項に規定する適用期間内に行われるも

のであるときは,
㊱ 第1項の内国法人が当該特定資本関係法人又は当該被合併法人等から
㊲ 当該特定適格合併等により移転を受けた資産については,
㊳ 当該特定適格合併等に係る同項の規定は,
㊴ 適用しない。

第4項は次のようになっている。

㉜ 「第1項に規定する特定資本関係法人」は,次の,法第62条の7第1項の規定から,明らかなように,特定適格合併等における,被合併法人である。

法第62条の7
⑰ 内国法人と特定資本関係法人
⑲ との間で当該内国法人を合併法人,分割承継法人又は被現物出資法人とする
⑳ 特定適格合併等が行われた場合において,

この被合併法人が,㉝「特定適格合併等の直前において㉞欠損等法人であり,かつ,㉟当該特定適格合併等が適用期間内に行われるものであるとき」,㊱「第1項の内国法人が当該特定資本関係法人から㊲当該特定適格合併等により移転を受けた資産について」,第4項は規定しているのである。

㊳「当該特定適格合併等に係る同項の規定は,㊴適用しない」,という場合の,「同項」とは,㊱「第1項の内国法人が当該特定資本関係法人又は当該被合併法人等から,㊲当該特定適格合併等により移転を受けた資産については」,という規定から,明らかなように,法第62条の7第1項である。従って,㊳「同項の規定は,㊴適用しない」,ということは,次の規定は「適用しない」ということである。

法第62条の7
⑳ 特定適格合併等(適格合併,適格分割又は適格現物出資のうち,第57条第5

第8章 欠損等法人・特定支配関係による適格合併

項に規定する共同で事業を営むための適格合併等に該当しないものをいう。）が行われた場合において，
㉒ 当該内国法人の適用期間
㉕ において生ずる特定資産譲渡等損失額は，
㉖ 当該内国法人の各事業年度の所得の金額の計算上，損金の額に算入しない。

「損金の額に算入しない」という規定を，「適用しない」，ということである。

「損金の額に算入しない」ということを，「適用」する規定は，法第60条の3第2項である，ということである。法第60条の3第2項は，㉖「欠損等法人がその適用期間内に」㉗「その有する特定資産」を㉙「合併法人に移転した場合には」，㉚「当該合併法人等を前項の規定の適用を受ける欠損等法人とみなして」，㉛「同項の規定を適用する」，と規定している。ここで，㉚「前項」，㉛「同項」とは，法第60条の3第1項を指す。かくして，㉚「当該合併法人等を欠損等法人とみなして」，㉛「同項の規定を適用する」と，㉙「合併法人に移転」，された，"⑱「欠損等法人」の⑳「特定資産」の㉔「譲渡等損失額は」㉕「損金の額に算入しない」"という，法第60条の3第1項が適用されることになる。

5 おわりに

本章の結論は，次の通りである。
特定支配関係にある欠損等法人が合併法人である適格合併の場合
0．前提
・特定支配日は特定資本関係日と同日である。
・該当日は特定支配日以後であり，該当日以後に合併日があり，合併日は，特定支配日と同日である特定資本関係日以後5年以内に属する。
・特定支配関係にある欠損等法人の適用期間は，その開始日を，該当日の属

する適用事業年度の開始日とする，期間である，と規定し，他方，特定資本関係にある合併法人の適用期間は，その開始日を，合併日の属する合併事業年度の開始日とする，期間である，と規定する。
1．特定支配関係にある欠損等法人の適用期間前の欠損金額は，適用事業年度以後の各事業年度の所得の金額の計算上，損金の金額に算入しない。
2．被合併法人の前7年内事業年度の欠損金額を，欠損等法人の欠損金額とみなす，という規定は適用しない。
3．特定適格合併のとき，被合併法人の前7年内事業年度のうち，特定資本関係事業年度前の各事業年度の欠損金額と，以後の各事業年度の特定資産譲渡損失額とは，合併法人の合併事業年度以後の各事業年度の所得の金額の計算上，損金の金額に算入しない，という規定は，適用しない。
4．特定適格合併のとき，合併法人の前7年内事業年度のうち，特定資本関係事業年度前の各事業年度の欠損金額と，以後の各事業年度の特定資産譲渡損失額とは，合併法人の合併事業年度以後の各事業年度の所得の金額の計算上，ないものとする，という規定は，欠損等法人の適用事業年度前の各事業年度の欠損金額に対して，適用しない。
5．特定支配関係にある欠損等法人の適用期間の特定資産譲渡等損失額は，欠損等法人の各事業年度の所得の金額の計算上，損金の金額に算入しない。
6．特定適格合併のとき，合併法人の，特定適格合併等事業年度開始の日から同日以後3年を経過する日以前の期間において生ずる特定資産譲渡等損失額は，合併法人の各事業年度の所得の金額の計算上，損金の額に算入しない，という規定は，欠損等法人には適用しない。

　特定支配関係にある欠損等法人が被合併法人である適格合併の場合については，省略する。

第 9 章

特定適格合併と「共同で事業を営むための合併」

1 はじめに

　本章の課題は，法人税法第57条第3項で規定されている特定適格合併を明確にすることである。具体的には，そこで規定されている「共同で事業を営むための適格合併」を，法第2条第12号の8「ハ　共同で事業を営むための合併」と対比させて明確にし，それによって，特定適格合併を明確にすることにする。ただ，法第57条第3項の「共同で事業を営むための適格合併」は，具体的には，法人税法施行令第112条第7項において，又，法第2条第12号の8「ハ　共同で事業を営むための合併」は，具体的には，令第4条の2第4項において，それぞれ規定されており，本章の課題を果たすためには，これらの施行令を検討することになる。

　以下，2においては，法第57条第3項の「共同で事業を営むための適格合併」を，法第2条第12号の8「ハ　共同で事業を営むための合併」と，直接，対比させて明確にし，それによって，特定適格合併を明確にすることにする。3と4においては，相互に違う角度から，法第57条第3項の「共同で事業を営むための適格合併」と関連した場合の，法第2条第12号の8「ロ　100分の50を超え100分の100に満たない数の株式を保有する関係」を，同号「ハ　共同で事業を営むための合併」と対比して，明確にし，それによって，法第57条第3項の

「共同で事業を営むための適格合併」を,延いては,特定適格合併を明確にすることにする。法第57条第3項「当該適格合併等が共同で事業を営むための適格合併等として政令で定めるものに該当」する場合を,3で,又,しない場合を,4で,それぞれ述べる。3で,共通する面を,4で,逆になることを,それぞれ述べることになる。最後に5において,簡単に本章の結論を述べることにする。

尚,「共同で事業を営むための適格合併」という概念ならば,法第57条第3項だけでなく,同条第5項にもあるが,この第5項も第3項と同様なので,本章ではこの第5項は取り扱わないことにする。

本章では,条文は,本章で不必要な箇所は割愛して掲げることにするが,煩瑣を極めるので,割愛したことを一々述べることはしない。条文は実線で囲んで掲げることにする。条文について論ずる際に,条文自体を引用するときは,出来るだけ,カギ括弧「　」を付して引用することにする。

2　法第57条第3項「共同で事業を営むための適格合併」VS. 法第2条第12号の8「ハ　共同で事業を営むための合併」

2-1　特定適格合併という用語

予め,特定適格合併と言う用語について,注意しておく。この用語は,法第57条第3項においては使用されておらず,法第62条の7第1項において初めて使用されている。つまり,「特定適格合併等(適格合併,適格分割又は適格現物出資のうち,第57条第5項に規定する共同で事業を営むための適格合併等として政令で定めるものに該当しないものをいう。)」として規定されている。

法第62条の7第1項の条文中の「第57条第5項に規定する共同で事業を営むための適格合併等として政令で定めるもの」については,令第112条第9項において,「第7項の規定は,法第57条第5項に規定する政令で定める適格合併等について準用する」と規定されている。そしてこの「第7項」というのは,

第9章 特定適格合併と「共同で事業を営むための合併」

「法第57条第3項に規定する政令で定めるものは，適格合併等のうち，第1号から第4号までに掲げる要件又は第1号及び第5号に掲げる要件に該当するものとする」と言う文章から始まっており，それは「法第57条第3項に規定する政令で定めるもの」であり，これは，法第57条第3項において「適格合併等が共同で事業を営むための適格合併等として政令で定めるもの」と規定されており，そして，この適格合併等が「該当しないとき」となっており，結局，法第57条第3項の適格合併は，特定適格合併と命名されていることになる。そこで本章でも，以下，そのように，使うことにする。

2－2 法第2条第12号の8「ハ　共同で事業を営むための合併」

法第2条

この法律において，次の各号に掲げる用語の意義は，当該各号に定めるところによる。

十二の八　適格合併　次のいずれかに該当する合併で被合併法人の株主等に合併法人株式又は合併親法人株式のいずれか一方の株式又は出資以外の資産が交付されないものをいう。

イ　発行済株式等の全部を保有する関係

ロ　100分の50を超え，かつ，100分の100に満たない数の株式を保有する関係

(1)　被合併法人の従業者の100分の80以上に相当する数の者が合併後に合併法人の業務に従事する

(2)　被合併事業が合併後に引き続き営まれる

ハ　共同で事業を営むための合併として政令で定めるもの

この「ハ　共同で事業を営むための合併として政令で定めるもの」とは，次の令第4条の2第4項である。

> **令第4条の2**
>
> 4　法第2条第12号の8ハに規定する政令で定めるものは，同号イ又はロに該当する合併以外の合併のうち，次に掲げる要件のすべてに該当するものとする。
> 　一　被合併事業と合併事業とが相互に関連
> 　二　被合併事業と合併事業それぞれの売上金額，従業者の数，資本金の額の規模の割合が5倍を超えないこと又は被合併法人の特定役員のいずれかと合併法人の特定役員のいずれかとが合併後に合併法人の特定役員となる
> 　三　被合併法人の従業者の100分の80以上に相当する数の者が合併後に合併法人の業務に従事する
> 　四　被合併事業が合併後に引き続き営まれる
> 　五　被合併法人の株主等で交付を受ける株式の全部を継続して保有することが見込まれる者及び合併法人が有する当該合併に係る被合併法人の株式の数を合計した数が当該被合併法人の発行済株式等の100分の80以上である

　この，令第4条の2第4項の柱書において規定されている，「法第2条第12号の8ハに規定する政令で定めるものは，同号イ又はロに該当する合併以外の合併」とは，「イ　発行済株式等の全部を保有する関係　ロ　100分の50を超え，かつ，100分の100に満たない数の株式を保有する関係」，以外の合併であり，法第57条第3項において規定されている「特定資本関係（いずれか一方の法人が他方の法人の発行済株式又は出資の総数又は総額の100分の50を超える数又は金額の株式又は出資を直接又は間接に保有する関係をいう。）」以外の合併である。と言うことは，適格合併の一つたる，「ハ　共同で事業を営むための合併として政令で定めるもの」，は，法第57条第3項の対象外である，ということである。つまり，法第57条第3項でいう「当該適格合併等が共同で事業を営むための適格合併等として政令で定めるものに該当」するか否かの対象になるのは，適格合併のう

第9章 特定適格合併と「共同で事業を営むための合併」

ち,「イ 発行済株式等の全部を保有する関係 ロ 100分の50を超え, かつ, 100分の100に満たない数の株式を保有する関係」, であり, 「ハ 共同で事業を営むための合併として政令で定めるもの」, とは無関係である。両者に共通する部分を取り上げて言うと, 同じく, 共同で事業を営むための合併として政令で定めるもの, と言っても, 法第57条第3項での規定と, 「法第2条第12号の8ハ」の規定とは, 全く関係のないものなのである。

無関係であることを前提にして, 以下, 両者の規定を比較することにする。

2－3 法第57条第3項「共同で事業を営むための適格合併」VS. 法第2条第12号の8「ハ 共同で事業を営むための合併」

法第57条

3 適格合併等に係る被合併法人等と合併法人等との間に特定資本関係（いずれか一方の法人が他方の法人の発行済株式又は出資の総数又は総額の100分の50を超える数又は金額の株式又は出資を直接又は間接に保有する関係をいう。）があり, かつ, 当該特定資本関係が当該合併法人等の当該適格合併等に係る合併等事業年度開始の日の5年前の日以後に生じている場合において, 当該適格合併等が共同で事業を営むための適格合併等として政令で定めるものに該当しないときは, 前項に規定する未処理欠損金額には, 当該被合併法人等の次に掲げる欠損金額を含まないものとする。

一 当該被合併法人等の特定資本関係事業年度（当該被合併法人等と当該合併法人等との間に当該特定資本関係が生じた日の属する事業年度をいう。）前の各事業年度で前7年内事業年度に該当する事業年度において生じた欠損金額

二 当該被合併法人等の特定資本関係事業年度以後の各事業年度で前7年内事業年度に該当する事業年度において生じた欠損金額のうち特定資産譲渡等損失額に相当する金額から成る部分の金額

以下,「共同で事業を営むための適格合併等として政令で定めるもの」について検討するが，予め，特定適格合併について補足しておくと，特定適格合併とは,「適格合併等が共同で事業を営むための適格合併等として政令で定めるものに該当しないとき」のものである。特定適格合併は,「該当しない」と否定形で規定されている。否定形の前の，いわば肯定型の「適格合併等が共同で事業を営むための適格合併等として政令で定めるもの」を，ここでは，検討することになる。

　「共同で事業を営むための適格合併等として政令で定めるもの」とは，次の令第112条第7項である。

令第112条

7　法第57条第3項に規定する政令で定めるものは，適格合併等のうち，第1号から第4号までに掲げる要件又は第1号及び第5号に掲げる要件に該当するものとする。

一　被合併等事業と合併等事業とが相互に関連。

二　被合併等事業と合併等事業それぞれの売上金額，従業者の数，資本金の額の規模の割合が5倍を超えないこと。

三　被合併等事業が特定資本関係の生じた時から当該適格合併等の直前の時まで継続して営まれており，かつ，当該被合併法人等特定資本関係発生時と当該適格合併等の直前の時における当該被合併等事業の規模の割合がおおむね2倍を超えないこと。

四　合併等事業が当該適格合併等に係る合併法人等と被合併法人等との間に特定資本関係が生じた時から当該適格合併等の直前の時まで継続して営まれており，かつ，当該合併法人等特定資本関係発生時と当該適格合併等の直前の時における当該合併等事業の規模の割合がおおむね2倍を超えないこと。

五　適格合併等に係る被合併法人等の当該適格合併等の前における特定役員のいずれかの者と当該合併法人等の当該適格合併等の前における

> 特定役員のいずれかの者とが当該適格合併等の後に当該合併法人等の特定役員となることが見込まれていること。

 この，令第112条第7項においては，その柱書で，「第1号から第4号までに掲げる要件又は第1号及び第5号に掲げる要件に該当するものとする」，として，選択されること，を規定しつつ，このうち，第1号だけは両者に共通としている。その第1号は

> 一 被合併等事業と合併等事業とが相互に関連。

と規定しており，これは，法第2条第12号の8「ハ 共同で事業を営むための合併として政令で定めるもの」である令第4条の2第4項の第1号と同じ規定である。

 次に，令第112条第7項においては，柱書において，「第1号から第4号までに掲げる要件又は第1号及び第5号に掲げる要件に該当するものとする」，として，

> 二 被合併等事業と合併等事業それぞれの売上金額，従業者の数，資本金の額の規模の割合が5倍を超えないこと。

と，

> 五 適格合併等に係る被合併法人等の当該適格合併等の前における特定役員のいずれかの者と当該合併法人等の当該適格合併等の前における特定役員のいずれかの者とが当該適格合併等の後に当該合併法人等の特定役員となることが見込まれていること。

とが選択の対象になっているが，この点は，法第2条第12号の8「ハ 共同で事業を営むための合併として政令で定めるもの」である令第4条の2第4項の第2号と同じである。その第2号は次のように選択になっている。

175

> 二　被合併事業と合併事業それぞれの売上金額，従業者の数，資本金の額の規模の割合が5倍を超えないこと又は被合併法人の特定役員のいずれかと合併法人の特定役員のいずれかとが合併後に合併法人の特定役員となる

　さて令第112条第7項においては，その第3号と第4号において次のように規定されているが，これは，法第2条第12号の8「ハ　共同で事業を営むための合併として政令で定めるもの」である令第4条の2第4項には無い規定である。

> 三　被合併等事業が特定資本関係の生じた時から当該適格合併等の直前の時まで継続して営まれており，かつ，当該被合併法人等特定資本関係発生時と当該適格合併等の直前の時における当該被合併等事業の規模の割合がおおむね2倍を超えないこと。
> 四　合併等事業が当該適格合併等に係る合併法人等と被合併法人等との間に特定資本関係が生じた時から当該適格合併等の直前の時まで継続して営まれており，かつ，当該合併法人等特定資本関係発生時と当該適格合併等の直前の時における当該合併等事業の規模の割合がおおむね2倍を超えないこと。

　他方，法第2条第12号の8「ハ　共同で事業を営むための合併として政令で定めるもの」である令第4条の2第4項に有って，法第57条第3項の「共同で事業を営むための適格合併等として政令で定めるもの」である令第112条第7項に無い規定は，次の規定である。

> 三　被合併法人の従業者の100分の80以上に相当する数の者が合併後に合併法人の業務に従事する
> 四　被合併事業が合併後に引き続き営まれる
> 五　被合併法人の株主等で交付を受ける株式の全部を継続して保有することが見込まれる者及び合併法人が有する当該合併に係る被合併法人

第9章　特定適格合併と「共同で事業を営むための合併」

> の株式の数を合計した数が当該被合併法人の発行済株式等の100分の80以上である

　この"第3号と第4号と第5号"は，法第2条第12号の8において規定されている，イ，ロ，ハの3種類の適格合併のうち，最後のハに関する規定であり，これに対して，すぐ前の"第3号と第4号"は，法第57条第3項の「特定資本関係（いずれか一方の法人が他方の法人の発行済株式又は出資の総数又は総額の100分の50を超える数又は金額の株式又は出資を直接又は間接に保有する関係をいう。）」に関する規定であるから，イ，ロ，ハの3種類の適格合併のうち，前2者のイとロに関する規定である。結局，この"第3号と第4号"は，法第57条第3項の「共同で事業を営むための適格合併等として政令で定めるもの」を特徴付ける，法第2条第12号の8「ハ」と区別化される，特徴であり，他方，"第3号と第4号と第5号"は，法第2条第12号の8「ハ　共同で事業を営むための合併として政令で定めるもの」を特徴付ける，法第57条第3項と区別化される，特徴である，ということになる。両者に共通する表現をとって言えば，同じく，共同で事業を営むための合併として政令で定めるもの，と言っても，両者の各内容は相互に独立の無関係なものなのである。

3　法第57条第3項「共同で事業を営むための適格合併」と関連する法第2条第12号の8「ロ　100分の50を超え100分の100に満たない数の株式を保有する関係」VS. 同号「ハ　共同で事業を営むための合併として政令で定めるもの」（その1）

　法第2条第12号の8の「ロ　100分の50を超え100分の100に満たない数の株式を保有する関係」の合併と，同号「ハ　共同で事業を営むための合併として政令で定めるもの」という合併とを，特に前者が，法第57条第3項の「共同で

事業を営むための適格合併等として政令で定めるもの」と関連する場合において，対比して，それぞれを明確にする。それと言うのも，法第57条第3項の「共同で事業を営むための適格合併等として政令で定めるもの」と関連する場合の「ロ　100分の50を超え100分の100に満たない数の株式を保有する関係」の合併と，「ハ　共同で事業を営むための合併として政令で定めるもの」という合併とは，酷似しているからである。酷似しているが両者は明確に異なっており，従って，両者それぞれを明確にする必要があるからである。

　さしあたり，法第57条第3項の「共同で事業を営むための適格合併等として政令で定めるもの」に該当するか否かを考慮する，しないに係わらず，両者が基本的に異なるのは，両者の各特徴の次の点である。
　「ロ　100分の50を超え100分の100に満たない数の株式を保有する関係」については，これ自身である。
　「ハ　共同で事業を営むための合併として政令で定めるもの」については，次の，令第4条の2第4項の柱書の一部とその第5号である。

令第4条の2
4　法第2条第12号の8ハに規定する政令で定めるものは，同号イ又はロに該当する合併以外の合併
　五　被合併法人の株主等で交付を受ける株式の全部を継続して保有することが見込まれる者及び合併法人が有する当該合併に係る被合併法人の株式の数を合計した数が当該被合併法人の発行済株式等の100分の80以上である

　この第5号の意味は，「被合併法人の株主等で交付を受ける株式の全部を継続して保有することが見込まれる者」「が有する当該合併に係る被合併法人の株式の数」も，「合併法人が有する当該合併に係る被合併法人の株式の数」も，何れも100分の50以下の株式の数で，しかし，「合計した数が当該被合併法人の発行済株式等の100分の80以上である」ということである。

第9章 特定適格合併と「共同で事業を営むための合併」

さて，法第57条第3項の「共同で事業を営むための適格合併等として政令で定めるもの」に該当するか否かを考慮する，しないに係わらず，両者に共通するのは，次の点である。

「ロ 100分の50を超え100分の100に満たない数の株式を保有する関係」については，次の規定である。

法第2条第12の8
　ロ
　(1) 被合併法人の従業者の100分の80以上に相当する数の者が合併後に合併法人の業務に従事する
　(2) 被合併事業が合併後に引き続き営まれる

この規定は，「ハ 共同で事業を営むための合併として政令で定めるもの」についての，次の規定と，同じである。

令第4条の2
4
　三 被合併法人の従業者の100分の80以上に相当する数の者が合併後に合併法人の業務に従事する
　四 被合併事業が合併後に引き続き営まれる

法第57条第3項の「共同で事業を営むための適格合併等として政令で定めるもの」に該当するか否かを考慮する，しないに係わらず，「ハ 共同で事業を営むための合併として政令で定めるもの」に有って，「ロ 100分の50を超え100分の100に満たない数の株式を保有する関係」に無い規定は，次の規定である。

令第4条の2
　4 法第2条第12号の8ハに規定する政令で定めるものは，同号イ又はロに該当する合併以外の合併のうち，次に掲げる要件のすべてに該当するものとする。

179

> 一 被合併事業と合併事業とが相互に関連
> 二 被合併事業と合併事業それぞれの売上金額，従業者の数，資本金の額の規模の割合が5倍を超えないこと又は被合併法人の特定役員のいずれかと合併法人の特定役員のいずれかとが合併後に合併法人の特定役員となる

　しかし，法第57条第3項の「共同で事業を営むための適格合併等として政令で定めるもの」に該当するか否かを考慮する，ことになると，この「ハ　共同で事業を営むための合併として政令で定めるもの」に関するのと同様の規定が，「ロ　100分の50を超え100分の100に満たない数の株式を保有する関係」にも採用されることになる。それが，次の規定である。

> **令第112条**
> 7　法第57条第3項に規定する政令で定めるものは，適格合併等のうち，第1号から第4号までに掲げる要件又は第1号及び第5号に掲げる要件に該当するものとする。
> 一　被合併等事業と合併等事業とが相互に関連
> 二　被合併等事業と合併等事業それぞれの売上金額，従業者の数，資本金の額の規模の割合が5倍を超えないこと。
> 五　適格合併等に係る被合併法人等の当該適格合併等の前における特定役員のいずれかの者と当該合併法人等の当該適格合併等の前における特定役員のいずれかの者とが当該適格合併等の後に当該合併法人等の特定役員となることが見込まれていること。

　結局，この規定は，同じであり，「ロ　100分の50を超え100分の100に満たない数の株式を保有する関係」と，「ハ　共同で事業を営むための合併として政令で定めるもの」とに対して，同じ規定が，採用されていることになる。

　ここまでで，「ハ　共同で事業を営むための合併として政令で定めるもの」

第9章 特定適格合併と「共同で事業を営むための合併」

に関する令第4条の2第4項の規定は，第1号から第5号まで全部出揃った。残るは，「ロ 100分の50を超え100分の100に満たない数の株式を保有する関係」に関する規定の令第112条第7項の第3号と第4号との，次の規定である。

> 三 被合併等事業が特定資本関係の生じた時から当該適格合併等の直前の時まで継続して営まれており，かつ，当該被合併法人等特定資本関係発生時と当該適格合併等の直前の時における当該被合併等事業の規模の割合がおおむね2倍を超えないこと。
> 四 合併等事業が当該適格合併等に係る合併法人等と被合併法人等との間に特定資本関係が生じた時から当該適格合併等の直前の時まで継続して営まれており，かつ，当該合併法人等特定資本関係発生時と当該適格合併等の直前の時における当該合併等事業の規模の割合がおおむね2倍を超えないこと。

しかし，これは，冒頭で述べた，「ロ 100分の50を超え100分の100に満たない数の株式を保有する関係」に関する基本的特徴であり，「ハ 共同で事業を営むための合併として政令で定めるもの」と区別化する特徴である。上の，第3号と第4号とを簡単にして，「ロ」の特徴を再記すると，次のようになる。
「ロ」
　「ロ 100分の50を超え100分の100に満たない数の株式を保有する関係」
　　令第112条第7項
　　　「三 被合併等事業が継続し，かつ，規模が2倍を超えない
　　　　四 合併等事業が継続し，かつ，規模が2倍を超えない」
他方，冒頭の，令第4条の2第4項の一部と，第5号を簡単化したものとで，「ハ」の特徴は次のように再記される。
「ハ」
　「ハに規定する政令で定めるものは，同号イ又はロに該当する合併以外の合併」
　「五 被合併法人の株主等で全部を継続して保有することが見込まれる者

及び合併法人が有する被合併法人の株式の数が100分の80以上」

　かくして、両者の相異なる特徴をそれぞれ、言えば、前者が、法第57条第3項の「共同で事業を営むための適格合併等として政令で定めるもの」、であり、他方、後者が、法第2条第12号の8「ハ　共同で事業を営むための合併として政令で定めるもの」、である、ということになる。

　他の様々な規定は、形式的に言えば、「ロ　100分の50を超え100分の100に満たない数の株式を保有する関係」と、「ハ　共同で事業を営むための合併として政令で定めるもの」とに共通の規定なので、異なる点だけが、それぞれの特徴である、ということになる。形式的に言えば、という意味は、両者が基本的に異なることを前提にした、共通点の指摘でしかないからである。

4　法第57条第3項「共同で事業を営むための適格合併」と関連する法第2条第12号の8「ロ　100分の50を超え100分の100に満たない数の株式を保有する関係」VS. 同号「ハ　共同で事業を営むための合併として政令で定めるもの」（その2）

　法第2条第12号の8「ハ　共同で事業を営むための合併として政令で定めるもの」が、次の、法第57条第3項の「当該適格合併等が共同で事業を営むための適格合併等として政令で定めるものに該当しない」、ということはあり得ない、従って、特定適格合併ではあり得ない。

> **法第57条**
> 3　適格合併等に係る被合併法人等と合併法人等との間に特定資本関係
> 　　（いずれか一方の法人が他方の法人の発行済株式又は出資の総数又は総額の100分の50を超える数又は金額の株式又は出資を直接又は間接に保有する関係をい

第9章 特定適格合併と「共同で事業を営むための合併」

> う。）があり，かつ，当該特定資本関係が当該合併法人等の当該適格合併等に係る合併等事業年度開始の日の5年前の日以後に生じている場合において，当該適格合併等が共同で事業を営むための適格合併等として政令で定めるものに該当しないとき

法第2条第12号の8「ハ 共同で事業を営むための合併として政令で定めるもの」は，令第4条の2第4項であるが，そこでは，さしあたり，次のように規定されている。

> **令第4条の2**
> 4　法第2条第12号の8ハに規定する政令で定めるものは，同号イ又はロに該当する合併以外の合併のうち，次に掲げる要件のすべてに該当するものとする。
> 一　被合併事業と合併事業とが相互に関連
> 二　被合併事業と合併事業それぞれの売上金額，従業者の数，資本金の額の規模の割合が5倍を超えないこと又は被合併法人の特定役員のいずれかと合併法人の特定役員のいずれかとが合併後に合併法人の特定役員となる

この規定は，法第57条第3項の「当該適格合併等が共同で事業を営むための適格合併等として政令で定めるもの」である，次の規定と同じ規定であり，従って，「該当しない」，ということはあり得ない，従って，[ハ]は特定適格合併たり得ない。

> **令第112条**
> 7　法第57条第3項に規定する政令で定めるものは，適格合併等のうち，第1号から第4号までに掲げる要件又は第1号及び第5号に掲げる要件に該当するものとする。
> 一　被合併等事業と合併等事業とが相互に関連

二　被合併等事業と合併等事業それぞれの売上金額，従業者の数，資本金の額の規模の割合が５倍を超えないこと。

　五　適格合併等に係る被合併法人等の当該適格合併等の前における特定役員のいずれかの者と当該合併法人等の当該適格合併等の前における特定役員のいずれかの者とが当該適格合併等の後に当該合併法人等の特定役員となることが見込まれていること。

そもそも，「令第４条の２　４　法第２条第12号の８ハに規定する政令で定めるものは，同号イ又はロに該当する合併以外の合併」，つまり，「イ　発行済株式等の全部を保有する関係　ロ　100分の50を超え，かつ，100分の100に満たない数の株式を保有する関係」「以外の合併」，であり，これに対して，法第57条第３項が対象とする合併は，「特定資本関係（いずれか一方の法人が他方の法人の発行済株式又は出資の総数又は総額の100分の50を超える数又は金額の株式又は出資を直接又は間接に保有する関係をいう。）」にある合併であり，従って，前者は，最初から，後者の規定の対象にはならないものである。つまり，前者は，法第57条第３項の「当該適格合併等が共同で事業を営むための適格合併等として政令で定めるもの」である，次の規定に「該当」する「しない」の対象になり得ないものである。「ハ」は，特定適格合併とは独立で無関係である。

令第112条

７

　三　被合併等事業が特定資本関係の生じた時から当該適格合併等の直前の時まで継続して営まれており，かつ，当該被合併法人等特定資本関係発生時と当該適格合併等の直前の時における当該被合併等事業の規模の割合がおおむね２倍を超えないこと。

　四　合併等事業が当該適格合併等に係る合併法人等と被合併法人等との間に特定資本関係が生じた時から当該適格合併等の直前の時まで継続して営まれており，かつ，当該合併法人等特定資本関係発生時と当該

> 適格合併等の直前の時における当該合併等事業の規模の割合がおおむね2倍を超えないこと。

　かくして，法第2条第12号の8ハは，法第57条第3項とは相互に独立の無関係なものである，ということになる。つまり，法第2条第12号の8「ハ　共同で事業を営むための合併として政令で定めるもの」と，法第57条第3項の「当該適格合併等が共同で事業を営むための適格合併等として政令で定めるもの」とは，同じく「共同で事業を営むための合併として政令で定めるもの」であるとしても，相互に独立の無関係な事柄なのである。

5　おわりに

　本章の結論は，法第57条第3項でいう「当該適格合併等が共同で事業を営むための適格合併等として政令で定めるものに該当」するか否かの対象になるのは，適格合併のうち，「イ　発行済株式等の全部を保有する関係　ロ　100分の50を超え，かつ，100分の100に満たない数の株式を保有する関係」，であり，「ハ　共同で事業を営むための合併として政令で定めるもの」，とは無関係である，ということになる。

　「欠損金額引継規制は，適格合併等が共同で事業を営むための適格合併等として政令に定めるものに該当する場合には課されない(57条3項)。注意しなければならないのは，ここでの『共同で事業を営むため』の要件（みなし共同事業要件と呼ばれる）が，組織再編成の適格性判定における共同条件要件とは，異なることである」。岡村忠生［2007］450頁。しかし，「『共同で事業を営むため』の要件（みなし共同事業要件と呼ばれる）が，組織再編成の適格性判定における共同条件要件とは，異なること」は，指摘されるまでもなく，条文を見れば，一目瞭然である。明らかにすべきは，両者はいかなる関係にあるのか，ということである。

第10章

適格合併における減価償却資産の引継ぎ
―― 利益積立金額の引継ぎとの関連で ――

1 はじめに

　本章の課題は，適格合併における減価償却資産の引継ぎを明らかにすることである。税法上の引継ぎを明らかにすることである。その際に，特に，被合併法人の最終事業年度終了時に，減価償却資産に限度超過額が存在する場合について考察することにする。

　減価償却限度超過額は，利益積立金額を規定している法人税法施行令第9条第1項においては，利益積立金額を構成する1項目としては，明示的に列挙されていない。また，被合併法人の利益積立金額を除けば，当該事業年度の利益積立金額である留保金額を規定している法第67条第3項において，減価償却限度超過額は，留保金額おなじことだが当該事業年度の利益積立金額を構成する1項目としては，明示的に列挙されていない。

　しかし，税引前の留保金額である留保所得おなじことだが当該事業年度の税引前の利益積立金額を算出する法人税法施行規則別表四においては，減価償却限度超過額は，留保所得おなじことだが税引前の利益積立金額を構成する1項目として，その金額が明示される。当然のこととして，法人税法施行規則別表五(一)においても，減価償却限度超過額は，利益積立金額を構成する1項目として，金額が明示される。このように，減価償却限度超過額は，法人税法や法

187

人税法施行令においては，利益積立金額を構成する1項目として明示的に列挙されていないが，法人税法施行規則では金額が明示されており，その限りで，それが利益積立金額を構成する1項目であるのは，確かである，ということになる。

他方，法人税法施行令第9条第1項第2号において，合併法人は，被合併法人の利益積立金額を引継ぐことが，明示的に規定されている。被合併法人の利益積立金額に，減価償却限度超過額が存在するとすると，この減価償却限度超過額は，合併法人に引継がれることになる。

結局，本章の課題は，適格合併における減価償却資産の引継ぎを，利益積立金額の引継ぎとの関連で明らかにすることである。かような試みをなす理由は，前者の引継ぎと後者の引継ぎとは一体として行われているにもかかわらず，従来の論稿では両者はそれぞれ別々のものとして扱われ，結果として，その一体性が明確にされていないからである。そうなったのも，究極的には，利益積立金額の解釈が明確になっていないからである，と忖度される。

2 被合併法人の減価償却限度超過額と利益積立金額

法 人 税 法
（減価償却資産の償却費の計算及びその償却の方法）
第31条 内国法人の各事業年度終了の時において有する減価償却資産につきその償却費として第22条第3項（各事業年度の損金の額に算入する金額）の規定により当該事業年度の所得の金額の計算上損金の額に算入する金額は，その内国法人が当該事業年度においてその償却費として損金経理をした金額（「損金経理額」という。）のうち，その内国法人が当該資産について選定した償却の方法（償却の方法を選定しなかった場合には，償却の方法のうち政令で定める方法）に基づき政令で定めるところにより計算した金額（「償却限度額」という。）に達するまでの金額とする。

> 4　損金経理額には，第１項の減価償却資産につき同項の内国法人が償却費として損金経理をした事業年度（「償却事業年度」という。）前の各事業年度における当該減価償却資産に係る損金経理額（当該減価償却資産が適格合併又は適格分割型分割（「適格合併等」という。）により被合併法人又は分割法人（「被合併法人等」という。）から移転を受けたものである場合にあっては当該被合併法人等の当該適格合併等の日の前日の属する事業年度以前の各事業年度の損金経理額のうち当該各事業年度の所得の金額の計算上損金の額に算入されなかった金額を含む。）のうち当該償却事業年度前の各事業年度の所得の金額の計算上損金の額に算入されなかった金額を含むものとする。

　合併法人である「内国法人が当該事業年度においてその償却費として損金経理をした金額」＝損金経理額には，「被合併法人等の当該適格合併等の日の前日の属する事業年度以前の各事業年度の損金経理額のうち当該各事業年度の所得の金額の計算上損金の額に算入されなかった金額」＝みなし事業年度の期末現在の限度超過額残高を，含む。合併法人の合併事業年度に関して，利益積立金額の期首現在は，引継現在も含むと解すれば，この限度超過額残高は，期首現在の利益積立金額を構成する１項目となる。

　この，移転を受けた減価償却資産について，当該事業年度の償却費が，限度額に満たない場合には，その差額が減価償却当期認容額となり，したがって損金算入流出となり，別表五（一）②欄に計上され，この分だけ，①欄の限度超過額残高が，消失されることになる。

（減価償却資産の償却費の計算及びその償却の方法）
法人税法第31条
> 5　前項の場合において，内国法人の有する減価償却資産（適格合併により被合併法人から移転を受けた政令で定める減価償却資産に限る。）につきその価額として帳簿に記載されていた金額として政令で定める金額が当該移転の直前に当該被合併法人の帳簿に記載されていた政令で定める金額に満

たない場合には，当該満たない部分の金額は，政令で定める事業年度前の各事業年度の損金経理額とみなす。

法人税法施行令
（損金経理額とみなされる金額がある減価償却資産の範囲等）
第61条の4　法第31条第5項（減価償却資産の償却費の計算及びその償却の方法）に規定する政令で定める減価償却資産は，次の表の各号の第1欄に掲げる資産とし，同項に規定する帳簿に記載されていた金額として政令で定める金額，同項に規定する帳簿価額その他の政令で定める金額及び同項に規定する政令で定める事業年度は，当該各号の第1欄に掲げる資産の区分に応じ，それぞれ当該各号の第2欄に掲げる金額，当該各号の第3欄に掲げる金額及び当該各号の第4欄に掲げる事業年度とする。

第1欄	第2欄	第3欄	第4欄
一　適格合併，適格分割，適格現物出資又は適格事後設立（以下この号において「適格組織再編成」という。）により被合併法人，分割法人，現物出資法人又は事後設立法人（以下この号において「被合併法人等」という。）から移転を受けた減価償却資産	当該資産の移転を受けた内国法人により当該資産の価額としてその帳簿に記載された金額	当該被合併法人等により当該資産の価額として当該適格組織再編成の直前にその帳簿に記載されていた金額	当該適格組織再編成の日の属する事業年度

「前項の場合」とは，「適格組織再編成により被合併法人等から移転を受けた減価償却資産」につき，「被合併法人等の当該適格合併等の日の前日の属する事業年度以前の各事業年度の損金経理額のうち当該各事業年度の所得の金額の計算上損金の額に算入されなかった金額」（先の法第31条第4項）が存在する場合である。みなし事業年度の期末現在において限度超過額残高が存在する場合である。

この場合において,「その価額として帳簿に記載されていた金額として政令で定める金額」＝「当該資産の移転を受けた内国法人により当該資産の価額としてその帳簿に記載された金額」＝合併の当日簿価が,「当該移転の直前に当該被合併法人の帳簿に記載されていた金額」＝合併の前日簿価「に満たない場合には,当該満たない部分の金額は,政令で定める事業年度」＝「当該適格組織再編成の日の属する事業年度」「前の各事業年度の損金経理額とみなす」。つまり,合併の前日簿価のうち,当日簿価を超過する部分は,この減価償却資産に関する,合併法人による限度超過額と,みなし,これは合併事業年度の期首現在の利益積立金額を構成する1項目として,記入されることになる。

結局,この場合は,合併法人の合併事業年度の期首現在の利益積立金額を構成するものとして,被合併法人による限度超過額残高と,合併法人による限度超過額残高との二つが記入されることになる。

被合併法人は各事業年度において法定の償却限度額と等しい額だけ減価償却を行うと仮定した場合の残存簿価を法定簿価と称することにする。合併法人は,被合併法人の合併前日簿価を引継ぐということ,そして,合併法人の利益積立金額に被合併法人の利益積立金額を加算するということは,次のようになる。

● **被合併法人の合併前日簿価＝合併法人の合併当日簿価　の場合**

同義反復めくが,合併法人の簿価は,合併当日簿価とする。他方,法定簿価のうち,合併当日簿価を超過する金額は,合併法人の合併事業年度の期首現在に,引継現在も含まれるとしたうえで,その期首現在の利益積立金額を構成する1項目として,具体的には限度超過額残高として記入される。合併前日簿価を引継ぐというのは,かような意味であって,文字通り,法定簿価を,合併法人の簿価とするという意味ではない。

● **被合併法人の合併前日簿価＞合併法人の合併当日簿価　の場合**

同義反復めくが,合併法人の簿価は,合併当日簿価とする。他方,法定簿価のうち,合併前日簿価を超過する金額と,合併前日簿価のうち,合併当日簿価

を超過する金額は，それぞれ，限度超過額残高として，合併法人の期首現在の利益積立金額を構成する1項目として記入される。合併前日簿価を引継ぐというのは，かような意味であって，文字どおり，法定簿価を，合併法人の簿価とするという意味ではない。

3　被合併法人の合併日前日の取得価額

法人税法施行令

（減価償却資産の取得価額）

第54条　減価償却資産の第48条から第50条まで（減価償却資産の償却の方法）に規定する取得価額は，次の各号に掲げる資産の区分に応じ当該各号に定める金額とする。

　五　適格合併，適格分割，適格現物出資又は適格事後設立により移転を受けた減価償却資産　次に掲げる区分に応じそれぞれ次に定める金額

　　イ　適格合併又は適格分割型分割（「適格合併等」という。）により移転を受けた減価償却資産　次に掲げる金額の合計額

　　　(1)　当該適格合併等に係る被合併法人又は分割法人が当該適格合併等の日の前日の属する事業年度において当該資産の償却限度額の計算の基礎とすべき取得価額

　　　(2)　当該適格合併等に係る合併法人又は分割承継法人が当該資産を事業の用に供するために直接要した費用の額

「償却限度額」とは，法第31条第1項で規定されているように，「内国法人が当該資産について選定した償却の方法（償却の方法を選定しなかった場合には，償却の方法のうち政令で定める方法）に基づき政令で定めるところにより計算した金額」であって，法定されているものであり，実際とは独立に，「計算した金額」である。

そして「取得価額」も，「計算の基礎とする」ものであり，実際とは独立の

ものであり，また，「べき」とされるものであり，であるか否かとは独立のものである。

結局，「当該適格合併等に係る被合併法人が当該適格合併等の日の前日の属する事業年度において当該資産の償却限度額の計算の基礎とすべき取得価額」とは，合併の前日の法定簿価であり，合併当日の法定簿価である。法定の未償却簿価である。

4 「帳簿価額による引継ぎ」vs.「帳簿に記載されていた金額」の引継ぎ

法人税法
（適格合併による資産等の帳簿価額による引継ぎ）
第62条の2　内国法人が適格合併により合併法人にその有する資産及び負債の移転をしたときは，当該合併法人に当該移転をした資産及び負債の当該適格合併に係る最後事業年度終了の時の帳簿価額として政令で定める金額による引継ぎをしたものとして，当該内国法人の各事業年度の所得の金額を計算する。
2　前項（適格合併に係る部分に限る。）の場合においては，同項の内国法人は，前項の合併法人から当該合併法人の株式を当該適格合併により移転をした資産及び負債の帳簿価額を基礎として政令で定める金額により取得し，直ちに当該株式を当該内国法人の株主等に交付したものとする。
4　合併法人が引継ぎを受ける資産及び負債の価額その他前3項の規定の適用に関し必要な事項は，政令で定める。

法人税法施行令
（適格合併における合併法人等の資産及び負債の引継価額等）
第123条の3　法第62条の2第1項（適格合併による資産等の帳簿価額による引

> 継ぎ)に規定する政令で定める金額は，同項の適格合併に係る合併法人に移転をした資産及び負債の当該適格合併に係る同項に規定する最後事業年度終了の時の帳簿価額とする。
> 2 <u>法第62条の2第2項</u>に規定する政令で定める金額は，<u>同条第1項</u>の適格合併に係る<u>第8条第1項第5号</u>（資本金等の額）に規定する純資産価額に相当する金額とする。
> 4 <u>法第62条の2第1項</u>に規定するときにおいては，<u>同項</u>の合併法人又は分割承継法人は，<u>同項</u>に規定する資産及び負債の<u>同項</u>に規定する帳簿価額による引継ぎを受けたものとする。

　減価償却資産について，結論から先に言えば，この法第62条の2ならびに令第123条の3で規定されている「当該合併法人に当該移転をした資産……の当該適格合併に係る最後事業年度終了の時の帳簿価額」と，先の法第31条第1項第5号ならびに令第61条の4第1項第1号で規定されている「当該被合併法人等により当該資産の価額として当該適格組織再編成の直前にその帳簿に記載されていた金額」とは，同じものではない。これらの規定の中から最小の語句を取って言えば，前者の「帳簿価額」と，後者の「帳簿に記載されていた金額」とは，同じものではないのである。後者の「帳簿に記載されていた金額」は，減価償却資産それ自体の合併前日の簿価であり，これに対して，前者の「帳簿価額」は，後者の前日簿価と，この減価償却資産の過年度の減価償却累計額との，合計額なのである。かくして，「帳簿価額による引継ぎ」と，「帳簿に記載されていた金額」の引継ぎとは，異なるのである。以下，この点を順を追って述べてゆく。

　法第62条の2第1項で規定されている「当該合併法人に当該移転をした資産及び負債の当該適格合併に係る最後事業年度終了の時の帳簿価額」は，当然のこととして，その第2項で規定されている「内国法人は，前項の合併法人から当該合併法人の株式を当該適格合併により移転をした資産及び負債の帳簿価額を基礎として政令で定める金額により取得し」，という場合の，「資産及び負債

第10章　適格合併における減価償却資産の引継ぎ

の帳簿価額」と同じものである。そして，この第2項における「政令で定める金額」は，令第123条の3第2項で規定されている「第8条第1項第5号（資本金等の額）に規定する純資産価額に相当する金額とする」となっているのである。つまり，株式金額は純資産価額なのである。

法人税法施行令

第8条

五　合併により移転を受けた資産（イにおいて「移転資産」という。）及び負債（ロにおいて「移転負債」という。）の純資産価額（当該株主等に交付した当該法人の株式，金銭並びに当該株式及び金銭以外の資産の当該合併の時の価額の合計額（適格合併の場合にあっては，イに掲げる金額からロに掲げる金額を減算した金額）をいう。）から当該合併による増加資本金額等（当該合併により増加した資本金の額又は出資金の額（法人を設立する合併にあっては，その設立の時における資本金の額又は出資金の額）並びに当該合併により被合併法人の株主等に交付した金銭並びに当該金銭及び当該法人の株式以外の資産の価額の合計額をいう。）を減算した金額

　イ　当該移転資産の帳簿価額

　ロ　当該移転負債の帳簿価額及び当該適格合併に係る第9条第1項第2号に掲げる金額の合計額

第9条　法第2条第18号（定義）に規定する政令で定める金額は，同号に規定する法人の当該事業年度前の各事業年度（「過去事業年度」という。）の第1号から第6号までに掲げる金額の合計額から当該法人の過去事業年度の第7号から第11号までに掲げる金額の合計額を減算した金額に，当該法人の当該事業年度開始の日以後の第1号から第6号までに掲げる金額を加算し，これから当該法人の同日以後の第7号から第11号までに掲げる金額を減算した金額とする。

二　当該法人を合併法人とする適格合併に係る被合併法人の当該適格合併の日の前日の属する事業年度終了の時の利益積立金額

純資産価額はさしあたり条文通りには，次のようになっている。
純資産価額：
「イに掲げる金額からロに掲げる金額を減算した金額」
　　＝移転資産の帳簿価額－（移転負債の帳簿価額
　　　　＋「当該適格合併に係る第9条第1項第2号に掲げる金額」）
　　＝移転資産の帳簿価額－（移転負債の帳簿価額
　　　　＋「被合併法人の当該適格合併の日の前日の属する事業年度終了の時の利益積立金額」）

最後の辺の各項を次のように簡略化して上式を表すことにすると，結局，これが，株式の金額ということである。
　　純資産価額＝移転資産帳簿価額－（移転負債帳簿価額＋利益積立金額）
　　　　　　　＝株式金額

この純資産価額は，資本金等の額との関連で規定されている。次に，この観点から見ていくことにする。

法第2条
　十六　資本金等の額　法人が株主等から出資を受けた金額として政令で定める金額をいう。

法人税法施行令
（資本金等の額）
第8条　法第2条第16号（定義）に規定する政令で定める金額は，同号に規定する法人の資本金の額又は出資金の額と，当該事業年度前の各事業年度（「過去事業年度」という）の第1号から第13号までに掲げる金額の合計額から当該法人の過去事業年度の第14号から第21号までに掲げる金額の合計額を減算した金額に，当該法人の当該事業年度開始の日以後の第1号から第13号までに掲げる金額を加算し，これから当該法人の同日以後の第14号から第21号までに掲げる金額を減算した金額との合計額とす

る。

　資本金等の額＝法人が株主等から出資を受けた資本金
　　　　　　　＋この第１項に加算される金額
　　　　　　＝法人が株主等から出資を受けた資本金
　　　　　　　＋（純資産価額－増加資本金額等）
これを次のように変換する。
　（資本金等の額－法人が株主等から出資を受けた資本金）＋増加資本金額等
　＝純資産価額
この左辺が株式金額である。左辺を次のように，株式金額と置き，次のように右辺の純資産価額を先の定義で表すことにする。
　　株式金額＝純資産価額
　　　　　　＝移転資産帳簿価額－（移転負債帳簿価額＋利益積立金額）
この式の第１辺と第３辺とを次のように変換する。
　　株式金額＋利益積立金額＝移転資産帳簿価額－移転負債帳簿価額
　以下，移転資産としては減価償却資産だけが存在するものとして，上式について述べることにする。簡単化のため，移転負債は存在しないものとする。
　さしあたり，利益積立金額は存在しないとすると，上式は次のようになる。
　　株式金額＝移転資産帳簿価額
　左辺の金額は，被合併法人が減価償却資産を文字通りに取得し，稼働し始めた時の，減価償却資産の価額を表す。これは，時間が経過しても不変である。もちろん，これは，時間の経過と共に，減価したものとみなしてよい，と税法で規定されている。従って右辺は，被合併法人の最後事業年度の終了時の，減価償却資産について，現実の未償却残高としての合併前日簿価と，その時点までの減価償却累計額との，合計額を表していることになる。つまり，帳簿価額とは，合併前日簿価と減価償却累計額との合計額であり，決して，前者の合併前日簿価ではないのである。
　次に，利益積立金額が存在するとする。そうすると，上式は，次のようにな

る。

　　　株式金額＋利益積立金額＝移転資産帳簿価額

　減価償却資産について，利益積立金額が存在するということは，減価償却限度超過額が存在するということである。これは，右辺の中の，減価償却累計額が，限度超過額だけ多いということであり，同じことだが，法定の未償却残高よりも，現実の未償却残高の合併前日簿価が，同額だけ，低いということである。この限度超過額が利益積立金額として，被合併法人から合併法人に引き継がれるのである。移転資産帳簿価額から，この利益積立金額を控除した残額の，純資産価額が，株主に交付される株式の金額である。被合併法人から合併法人に移転される資産の金額は，被合併法人が稼働し始めた時の減価償却資産の文字通りの取得の価額であり，不変であるが，その構成が，償却累計額が限度超過額だけ多く，同額だけ，合併前日簿価は低くなっているのである。何れにしても，帳簿価額は，合併前日簿価とは同じではない。

　結局，適格合併において，合併法人は，被合併法人が文字通り最初に取得し稼働し始めた時の減価償却資産の価額と同額を，現実の未償却残高としての合併前日簿価と，合併前日までの減価償却累計額との，合計額として引き継ぎ，その際に，合併前日簿価が，法定の未償却残高に満たない場合には，その差額を，限度超過額を構成項目とする利益積立金額として引き継ぐ，ということになる。

5　おわりに

　適格合併において減価償却資産が引き継がれるということは，一方では，被合併法人の合併前日簿価が合併法人に引き継がれ，他方では，被合併法人の純資産価額で，合併法人の株式が引き渡される，ということである。この際，被合併法人において減価償却限度超過額が発生している時は，この限度超過額は被合併法人において，利益積立金額を構成し，この利益積立金額が合併法人に引き継がれる，ということになる。結局，次のようになる。

第10章　適格合併における減価償却資産の引継ぎ

　　株式＝純資産価額
　　　　＝移転資産の帳簿価額－（移転負債の帳簿価額＋利益積立金額）
　ここで，便宜上，移転負債は零とし，資産は減価償却資産だけとすると，上式は，次のようになる。
　　株式＝移転資産の帳簿価額－利益積立金額
　　利益積立金額＝減価償却限度超過額
　　移転資産の帳簿価額＝合併前日簿価＋償却累計額
　ここで，便宜上，償却累計額は現金で保有されている，とすると，結局，減価償却資産の引継ぎとは，一方で，移転資産の帳簿価額の引継ぎとして，合併前日簿価と，償却累計額の現金とが引き継がれ，他方で，償却限度超過額が利益積立金額として引き継がれるとともに，合併法人の株式が引き渡される，ということになる。移転資産の帳簿価額は，合併前日簿価を包含する関係にある。
　減価償却限度超過額が利益積立金額を構成する，ということは，法人税法施行規則別表五(一)においては明らかであり，遡及して，別表四においては明らかであるが，法人税法および法人税法施行令においては明示されていない。詳細は，河野惟隆 [2007 a] を参照していただくことにして，法人税法および法人税法施行令と，法人税法施行規則別表五(一)とは，次式が示すように，全く同値なのである。

　　所得金額－［{利益金流出＋（損金不算入流出＋益金算入流出)}
　　　　－（損金算入留保＋益金不算入留保)］
　　＝利益金留保＋（損金不算入留保＋益金算入留保）
　　　　－（損金算入流出＋益金不算入流出）

　上式の左辺と右辺とは同値であり，左辺は法人税法および法人税法施行令における利益積立金額を表し，他方，右辺は法人税法施行規則別表五(一)における利益積立金額を表している。償却限度超過額は左辺においては明示されないが，右辺において損金不算入留保の1項目として明示される。両辺が同値である限りにおいて，償却限度超過額は，法人税法および法人税法施行令における利益積立金額を構成していることになる。

適格合併における，被合併法人の利益積立金額の，合併法人への引継ぎと，被合併法人の資産の引継ぎとの，一体的関係を明らかにするためには，何よりも，被合併法人の利益積立金額が加算される前の，合併法人の税引前当該事業年度利益積立金額が明らかにされねばならない。これを構成する各項目が，法人税法と法人税法施行規則とで全く異なっており，この同値性が明らかにされる必要がある。これによって初めて，例えば，被合併法人の，法定簿価に満たない，合併前日の簿価の引継ぎと，償却限度額残高を構成項目とする利益積立金額の引継ぎとの，一体的関係が明確になるのである。それと言うのも，利益積立金額の構成項目として，法人税法では明示されていない償却限度超過額が，法人税法施行規則では明示されているからである。

　法律では，つまり，法人税法と法人税法施行規則では利益積立金額が正確に規定されている。にも拘わらず，正確な解釈が行われていない。むしろ，誤った解釈が広く行われている。何よりも，法人税法と法人税法施行規則とで，ただ一つの税を除いて，利益積立金額を構成する項目が異なるものとして規定されていること，しかし，両者は同値であることが，正確に解釈される必要がある。それによって初めて，資産の引継ぎと，利益積立金額の引継ぎとの一体的関係が明確になるのである。

第11章

適格組織再編税制における減価償却資産と利益積立金額

1 はじめに

　本章の課題は，適格組織再編税制において，先ず，減価償却資産は如何にして引継がれるか，ということを明らかにし，次に，利益積立金額は如何なる場合に引継がれ，如何なる場合に引継がれないか，ということを明らかにし，これらの場合にそれぞれ，減価償却資産の引継ぎは如何ようになるか，ということを明らかにすることである。副次的には，資産及び負債の帳簿価額と，減価償却資産の「帳簿に記載された金額」との相違点を明らかにし，又，適格事後設立それ自体を明らかにすることも意図している。

　本章では，このような課題を果すために，それぞれ最初に法律の条文を掲げ，それを検討するスタイルを取ることにする。条文は中途において省略することもあるが，煩瑣を極めるので，その省略することを，その度毎に断ることはしないことにする。

　以下，2では減価償却資産の引継ぎを検討し，3では，利益積立金額の引継ぎを，引継がれない場合も含めて検討し，併せて，引継がれない場合も含めて，利益積立金額の引継ぎとの関連で，減価償却資産の引継ぎに触れることにする。4では簡単に本章の結論を述べることにする。

2　減価償却資産の引継ぎ

2－1　償却費の損金経理額および期中損金経理額

法 人 税 法
（減価償却資産の償却費の計算及びその償却の方法）
第31条　内国法人の各事業年度終了の時において有する減価償却資産につきその償却費として第22条第3項（各事業年度の損金の額に算入する金額）の規定により当該事業年度の所得の金額の計算上損金の額に算入する金額は，その内国法人が当該事業年度においてその償却費として損金経理をした金額（以下この条において「損金経理額」という。）のうち，その内国法人が当該資産について選定した償却の方法(償却方法を選定しなかった場合には，償却の方法のうち政令で定める方法）に基づき政令で定めるところにより計算した金額（次項において「償却限度額」という。）に達するまでの金額とする。
2　内国法人が，適格分社型分割，適格現物出資又は適格事後設立（第4項までにおいて「適格分社型分割等」という。）により分割承継法人，被現物出資法人又は被事後設立法人に減価償却資産を移転する場合において，当該減価償却資産について損金経理に相当する金額を費用の額としたときは，当該費用の額とした金額（次項及び第4項において「期中損金経理額」という。）のうち，当該減価償却資産につき当該適格分社型分割等の日の前日を事業年度終了の日とした場合に前項の規定により計算される償却限度額に相当する金額に達するまでの金額は，当該適格分社型分割等の日の属する事業年度（第4項において「分割等事業年度」という。）の所得の金額の計算上，損金の額に算入する。

第11章　適格組織再編税制における減価償却資産と利益積立金額

法人税法
（事業年度の意義）
第13条　この法律において「事業年度」とは，法人の財産及び損金の計算の単位となる期間（以下この章において「会計期間」という。）で，法令で定めるもの又は法人の定款，寄附行為，規則，規約（以下この章において「定款等」という。）に定めるものをいい，法令又は定款等に会計期間の定めがない場合には，次項の規定により納税地の所轄税務署長に届け出た会計期間又は第3項の規定により納税地の所轄税務署長が指定した会計期間若しくは第4項に規定する期間をいう。ただし，これらの期間が1年を超える場合は，当該期間をその開始の日以後1年ごとに区分した各期間（最後に1年未満の期間を生じたときは，その1年未満の期間）をいう。

（みなし事業年度）
第14条　次の各号に規定する法人が当該各号に掲げる場合に該当することとなったときは，前条第1項の規定にかかわらず，当該各号に定める期間をそれぞれ当該法人の事業年度とみなす。
一　内国法人である普通法人又は協同組合等が事業年度の中途において解散（合併による解散を除く。）をした場合（第10号に掲げる場合を除く。）　その事業年度開始の日から解散の日までの期間及び解散の日の翌日からその事業年度終了の日までの期間
二　法人が事業年度の中途において合併により解散した場合（第11号に掲げる場合を除く。）　その事業年度開始の日から合併の日の前日までの期間
三　法人が事業年度の中途において当該法人を分割法人とする分割型分割を行った場合（第12号に掲げる場合を除く。）　その事策年度開始の日から分割型分割の日の前日までの期間及び分割型分割の日からその事業年度終了の日までの期間

法人税法における減価償却の規定を検討するに先立って予め，次の点を指摘しておくことにする。法人税法においては，減価償却との関連で，損金経理額という用語が頻繁に使用されている。この用語は，法人税法第31条第1項において規定され，その後も頻繁に使用されている。しかし，この定義も，又，その後の使用法も，何れも，ミスリーディングである。と言うのは，「損金経理額」は，法第31条第1項において，「償却費として損金経理した金額」と規定されているが，これは損金という法人税法の計算上の用語が使用されているものの，税法の計算上とは関係がない，会社計算上の費用処理額だからである。つまり，この第1項で規定されている「損金経理額」は，同じく第1項で規定されている「所得の金額の計算上損金の額に算入する金額」という規定の中の法人税法上の「損金」とは無関係の，会社計算上の費用処理額だからである。この「損金経理額」は，会社計算上の費用処理額と言い替えられるのが相応しい。しかし，この「損金経理額」という用語は法人税法において頻繁に使用されており，ミスリーディングとすると，その度毎に訂正することが必要になってくる。しかし，それではあまりにも煩瑣を極めるので，以下でも，「損金経理額」という用語を使用することにするが，あくまでミスリーディングであることを前提にして使用することにする（この「損金経理額」という用語はミスリーディングである，という指摘は，私のオリジナルではなく，帝京大学大学院経済学研究科の平成18年度修士課程1年在籍の野田和宏君のオリジナルである。「損金経理額」を費用処理額と言い替えるのも同様に野田和宏君のオリジナルである）。

　法第31条第1項において最も銘記すべき規定は，「各事業年度終了の時において有する減価償却資産につき」という規定であり，特に「事業年度終了の時」という規定である。「内国法人が当該事業年度においてその償却費として損金経理をした金額」「損金経理額」は，あくまで，「事業年度終了の時において有する減価償却資産につき」である。「事業年度終了の時」という規定は，減価償却に関する規定の，すべての出発点である。

　法第31条第2項が設けられているのは，適格組織再編税制において移転される減価償却資産について，移転される日の前日を期末とする，いわば最終事業

第11章 適格組織再編税制における減価償却資産と利益積立金額

年度とすることが，適格合併等については法第14条において規定されているが，適格分社型分割等においては規定されていないからである。すなわち，同条第2号においては適格合併について，又，第3号においては適格分割型分割について，それぞれ，みなし事業年度が規定されている。従って適格合併等については，法第31条第1項において，「内国法人の各事業年度終了の時において有する減価償却資産につき」「その内国法人が当該事業年度においてその償却費として損金経理をした金額」「損金経理額」が規定されることになっているのである。

しかし，適格分社型分割等における移転される減価償却資産については，移転される日の前日を含む，いわば最終の期間が，事業年度として規定されていない。そこで法第31条第2項が設けられているのである。この第2項で，「当該減価償却資産につき当該適格分社型分割等の日の前日を事業年度終了の日とした場合」と規定されているが，これは詳しくは，仮定という語句を補った，「……事業年度終了の日と」仮定「した場合」という規定であって，あくまで，みなし事業年度ではなく，仮定した事業年度である。以下でも，仮定した事業年度と表現して，この語句を使用することにする。

この第2項の末尾の，「前項の規定により計算される償却限度額に相当する金額に達するまでの金額は，当該適格分社型分割等の日の属する事業年度（第4項において『分割等事業年度』という。）の所得の金額の計算上，損金の額に算入する」という規定における，「分割等事業年度」は，分割法人等の事業年度である。分割法人等は，減価償却資産を分割承継法人等に移転しても，それ自体は存続するので，「適格分社型分割等の日の属する事業年度」つまり「分割等事業年度」が存在しうるのである。「適格分社型分割等の日」は一般には，この「分割等事業年度」の中途における日である。結局，仮定した事業年度は，「分割等事業年度」に包含される関係にある。

第1項では，「償却費として当該事業年度の所得の金額の計算上損金の額に算入する金額」である「償却限度額」は，「内国法人の各事業年度終了の時において有する減価償却資産につき」規定されている。しかし，分割法人等は，分

205

割承継法人等に移転する減価償却資産を，一般には「事業年度終了の時において有する」ことはない。「事業年度終了の時において有する」ことはないにも拘らず，仮定した事業年度における償却限度額を，分割等事業年度における償却限度額として認容する，というのが，第2項の規定の意味である。

しかし，この第2項の前半部分は，循環論法に陥っている。後半部分で初めて規定されることを，前半部分では前提しているからである。すなわち，前半部分の「内国法人が，適格分社型分割等により分割承継法人……に減価償却資産を移転する場合において，当該償却資産について損金経理額に相当する金額を費用の額としたときは，当該費用の額とした金額（『期中損金経理額』という。）のうち」において，「損金経理額」は，事業年度が規定され，その終了の時が規定されることを前提としているからである。いわば，仮定した事業年度が規定されないと，この損金経理額は存在しえないのである。結局，この前半部分は不要である。規定としては冗漫になっているのである。

「期中損金経理額」という用語にしても，この第2項の後半部分において，内容的には規定されている。と言うのは，後半部分の「前項の規定により計算される償却限度額に相当する金額に達するまでの金額は，当該適格分社型分割等の日の属する事業年度（『分割等事業年度』という。）の所得の金額の計算上，損金の額に算入する」という規定においては，前項つまり第1項における「その内国法人が当該事業年度においてその償却費として損金経理をした金額」「損金経理額」の規定を，内包しているからである。仮定した事業年度が規定されると，損金経理額が規定されるからである。移転される減価償却資産につき，仮定した事業年度において，分割法人等が償却費とした金額が，「期中損金経理額」なのである。

以下では，損金経理額のうち，償却限度額を超過する部分は，償却限度超過額と称することにする。

第11章　適格組織再編税制における減価償却資産と利益積立金額

2－2　償却事業年度前および分割等事業年度前の償却限度超過額

> 法　人　税　法
> （減価償却資産の償却費の計算及びその償却の方法）
> 第31条
> 　4　損金経理額には，第1項の減価償却資産につき同項の内国法人が償却費として損金経理をした事業年度（以下この項において「償却事業年度」という。）前の各事業年度における当該減価償却資産に係る損金経理額（当該減価償却資産が適格合併又は適格分割型分割（以下この項において「適格合併等」という。）により被合併法人又は分割法人（以下この項において「被合併法人等」という。）から移転を受けたものである場合にあっては当該被合併法人等の当該適格合併等の日の前日の属する事業年度以前の各事業年度の損金経理額のうち当該各事業年度の所得の金額の計算上損金の額に算入されなかった金額を，当該減価償却資産が適格分社型分割等により分割法人，現物出資法人又は事後設立法人（以下この項において「分割法人等」という。）から移転を受けたものである場合にあっては当該分割法人等の分割等事業年度の期中損金経理額として帳簿に記載した金額及び分割等事業年度前の各事業年度の損金経理額のうち分割等事業年度以前の各事業年度の所得の金額の計算上損金の額の算入されなかった金額を含む。以下この項において同じ。）のうち当該償却事業年度前の各事業年度の所得の金額の計算上損金の額に算入されなかった金額を含むものとし，期中損金経理額には，第2項の内国法人の分割等事業年度前の各事業年度における同項の減価償却資産に係る損金経理額のうち当該各事業年度の所得の金額の計算上損金の額に算入されなかった金額を含むものとする。

　第4項は，分量ではなく内容で判断すると，「損金経理額には……各事業年度の所得の金額の計算上損金の額に算入されなかった金額を含むものとし」という前半部分と，「期中損金経理額には……各事業年度の所得の金額の計算上損金の額に算入されなかった金額を含むものとする」という後半部分とに，二分割される。前半部分は第1項を補足し，後半部分は第2項を補足している。

ここで引用した文中の，各事業年度は，第１項の償却事業年度前の各事業年度であり，あるいは，第２項の分割等事業年度前の各事業年度である。つまり，各事業年度に，償却事業年度自体は含まれないので，以前ではなく，前であり，又，分割等事業年度自体は含まれないので，以前ではなく，前なのである。

　後半部分の中の，分割等事業年度前の各事業年度，という表現については若干のコメントをしておく。先に第２項の検討の際に見たように，期中損金経理額の期中とは，「当該減価償却資産につき当該適格分社型分割等の日の前日を事業年度終了の日と」仮定「した場合」の，仮定した事業年度を意味する。従って，この期中は，分割等事業年度のうちいわば前期の期間であって，これを除く後期の期間は，期中損金経理額が規定されている減価償却資産については存在しないものである。関係ないものである。かくして，分割等事業年度前の各事業年度，という表現は，補足して厳密に言えば，分割等事業年度のうち仮定した事業年度前の各事業年度，という意味である。

　しかし，この後半部分は，前半部分と実質的には同じ内容になっている。丁寧と言えば丁寧であるが，繰り返しである限りにおいて不要でもある。と言うのは，先に，第２項において，仮定した事業年度が定義されており，その限りで，前半部分の冒頭の損金経理額は，この仮定した事業年度の損金経理額をも包含しているからである。既に説明しているからである。

　次に，第４項の前半部分の括弧の中について述べる。この括弧の中は，「当該減価償却資産が……損金の額に算入されなかった金額を」という前半部分と，「当該減価償却資産が……損金の額に算入されなかった金額を含む」という後半部分とに，二分割される。前半部分の末尾の，金額を，の後に，「金額を」含み，というように，含み，という語句を挿入した方が分り易い。

　先ず，括弧の中の前半部分について述べる。「適格合併等…により…被合併法人等…から移転を受けたもの」とは，第１項で言う，合併法人等が償却「事業年度終了の時において有する減価償却資産」であり，これについて，第１項で言う，「当該事業年度においてその償却費として損金経理をした金額（『損金経理額』という。）」には，第１項で言う，「当該事業年度」のうち適格合併等の

第11章　適格組織再編税制における減価償却資産と利益積立金額

日以後「においてその償却費として損金経理をした金額」の他に、「当該被合併法人等の当該適格合併等の日の前日の属する事業年度以前の各事業年度の損金経理額のうち当該各事業年度の所得の金額の計算上損金の額に算入されなかった金額」つまり償却限度超過額を含む、ということになる。合併法人等は被合併法人等の償却限度超過額を引き継ぐ、ということである。合併法人等は、適格合併等の日以後において、この減価償却資産について償却限度不足額が生じた場合に、この償却限度超過額を、自らの超過額として、償却限度額に損金として算入することが、認容される、ということである。

　次に、括弧の中の後半部分について述べる。「適格分社型分割等により…分割法人等…から移転を受けたもの」とは、第1項で言う、分割承継法人等が償却「事業年度終了の時において有する減価償却資産」である。「及び」で並置されているのは、「分割等事業年度の期中損金経理額として帳簿に記載した金額」と、「分割等事業年度前の各事業年度の損金経理額」との両者である。従って、「分割等事業年度以前の各事業年度」と規定し、「以前」となっているのは、これら両者が、つまり期中と前の両者が、特に前者が含まれているからである。かくして、「適格分社型分割等により…分割法人等…から移転を受けた」、第1項で言う、分割承継法人等が償却「事業年度終了の時において有する減価償却資産」について、第1項で言う、「当該事業年度においてその償却費として損金経理をした金額（『損金経理額』という。）」には、第1項で言う、「当該事業年度」のうち適格分社型分割等の日以後「においてその償却費として損金経理をした金額」の他に、「当該分割法人等の分割等事業年度の期中損金経理額として帳簿に記載した金額及び分割等事業年度前の各事業年度の損金経理額のうち分割等事業年度以前の各事業年度の所得の金額の計算上損金の額に算入されなかった金額」つまり償却限度超過額を含む、ということになる。分割承継法人等は、分割法人等の償却限度超過額を引き継ぐ、ということである。分割承継法人等は、適格分社型分割等の日以後において、この減価償却資産について償却限度不足額が生じた場合に、この償却限度超過額を、自らの超過額として、償却限度額に損金として算入することが認容される、ということになる。

尚，上述の，「及び」で並置される部分についてコメントしておく。前者の「分割等事業年度の期中損金経理額として帳簿に記載した金額」は，後者の「分割等事業年度前の各事業年度の損金経理額」を，含んではいない。厳密に言えば，前者の「期中損金経理額」は，後者の「分割等事業年度前の各事業年度の損金経理額」のうち「各事業年度の所得の金額の計算上損金に算入されなかった金額」は含んではいない。だからこそ，両者は並置されているのである。

　しかるに，同じ第4項の他の箇所では，含む，と規定されている。すなわち，今検討している括弧の中の後半部分の直後において，つまり，第4項の全体を前半部分と後半部分とに二分割した後半部分においては，含む，と規定されている。次のように規定されているからである。「期中損金経理額には，第2項の内国法人の分割等事業年度前の各事業年度における同項の減価償却資産に係る損金経理額のうち当該各事業年度の所得の金額の計算上損金の額に算入されなかった金額を含むものとする」。かくして，「及び」で並置されている部分，つまり，「分割等事業年度の期中損金経理額として帳簿に記載した金額及び分割等事業年度前の各事業年度の損金経理額」というのは，次で規定する期中損金経理額，という意味である。このように規定する方が望ましい。

　ともあれ，この第4項では，適格組織再編税制において償却限度超過額が引き継がれる，と規定されている。これは，この超過額が，引き継ぎ後に，損金として認容される，ということを意味するのである。

2－3　「帳簿に記載されていた金額」と「帳簿に記載された金額」

法人税法
（減価償却資産の償却費の計算及びその償却の方法）
第31条
　5　前項の場合において，内国法人の有する減価償却資産（適格合併により被合併法人から移転を受けた減価償却資産，第61条の11第1項（連結納税の開始に伴う資産の時価評価損益）の規定の適用を受けた同項に規定する時価評価資産

に該当する減価償却資産その他の政令で定める減価償却資産に限る。）につきその価額として帳簿に記載されていた金額として政令で定める金額が当該移転の直前に当該被合併法人の帳簿に記載されていた金額，同条第１項の規定の適用を受けた直後の帳簿価額その他の政令で定める金額に満たない場合には，当該満たない部分の金額は，政令で定める事業年度前の各事業年度の損金経理額とみなす。

法人税法施行令
（損金経理額とみなされる金額がある減価償却資産の範囲等）
第61条の４　法第31条第５項（減価償却資産の償却費の計算及びその償却の方法）に規定する政令で定める減価償却資産は，次の表の各号の第１欄に掲げる資産とし，<u>同項</u>に規定する帳簿に記載されていた金額として政令で定める金額，<u>同項</u>に規定する帳簿価額その他の政令で定める金額及び<u>同項</u>に規定する政令で定める事業年度は，当該各号の第１欄に掲げる資産の区分に応じ，それぞれ当該各号の第２欄に掲げる金額，当該各号の第３欄に掲げる金額及び当該各号の第４欄に掲げる事業年度とする。

第　１　欄	第２欄	第３欄	第４欄
一　適格合併，適格分割，適格現物出資又は適格事後設立（以下この号において「適格組織再編成」という。）により被合併法人，分割法人，現物出資法人又は事後設立法人（以下この号において「被合併法人等」という。）から移転を受けた減価償却資産	当該資産の移転を受けた内国法人により当該資産の価額としてその帳簿に記載された金額	当該被合併法人により当該資産の価額として当該適格組織再編成の直前にその帳簿に記載されていた金額	当該適格組織再編成の日の属する事業年度

この第5項で規定されている金額についていわば時間的前後関係は次のようになる。「内国法人の有する減価償却資産（適格合併により被合併法人から移転を受けた減価償却資産その他の政令で定める減価償却資産に限る。）につきその価額として帳簿に記載されていた金額として政令で定める金額」と、「当該移転の直前に当該被合併法人の帳簿に記載されていた金額その他の政令で定める金額」とは、規定の順序とは逆に、時間的には前者が後で、後者が前である。前者においても、後者においても、何れにおいても、同じく「帳簿に記載されていた金額」と規定されている。

　この第5項に関連して、令第61条の4第1号において、前者は「当該資産の移転を受けた内国法人により当該資産の価額としてその帳簿に記載された金額」と規定され、「帳簿に記載されていた金額」ではなく、「帳簿に記載された金額」と規定されている。時間的な前後関係を考慮すると、第5項よりも、この第1号のように、「帳簿に記載された金額」の方が望ましい。以後、第5項については、この「された」という用語を使用することにする。

　後者は「当該被合併法人等により当該資産の価額として当該適格組織再編成の直前にその帳簿に記載されていた金額」と規定されている。これは時間的に前、つまり、「直前」なので、「帳簿に記載されていた金額」という規定が、特に変更される必要もなく、適切である。

　「満たない場合」が生じうるのは、上の前者の、「減価償却資産につきその価額として帳簿に記載」「された」「金額として政令で定める金額」が、第4項で規定されている「所得の金額の計算上」つまり法人税法の計算上のものではなく、会社計算上のものだからである。同じく、後者の「適格組織再編成の直前にその帳簿に記載されていた金額」が、「所得の金額の計算上」つまり法人税法の計算上のものではなく、会社計算上のものだからである。

　この後者の金額は、「直前にその帳簿に記載されていた金額」という規定から明らかなように、適格合併等の場合はみなし事業年度の、又、適格分社型分割等の場合は仮定された事業年度の、何れにしても、いわば期末の未償却残高である。組織再編成の日の前日を期末とすれば、期末の未償却残高である。そ

して上述を考慮に入れれば，会社計算上の期末の未償却残高である，ということになる。

前者の「帳簿に記載」「された」「金額として政令で定める金額」は，組織再編成の日の，いわば引継ぎ現在の，会社計算上の未償却残高である。

当然のことの確認でしかないが，前者の，引継ぎ現在の会社計算上の未償却残高は合併法人等あるいは分割承継法人等が「帳簿に記載」したのであり，他方，後者の，期末の会社計算上の未償却残高は被合併法人等あるいは分割法人等が「帳簿に記載」したのである。

「当該満たない部分の金額」が生じたのは，「適格組織再編成の日」であり，合併法人等あるいは分割承継法人等の「当該適格組織再編成の日の属する事業年度」の一般には中途の日である。

「政令で定める事業年度」は，令第61条の4第1号によると，「当該適格組織再編成の日の属する事業年度」であるから，合併法人等あるいは分割承継法人等の事業年度である。従って，「政令で定める事業年度前の各事業年度」も，同様に，合併法人等あるいは分割承継法人等の事業年度なのである。

第4項の末尾において「みなす」と規定されているのは，「満たない場合」が生じたのは，「政令で定める事業年度」つまり「当該適格組織再編成の日の属する事度年度」においてであるにも拘らず，その「前の各事業年度」において生じたものと擬制するからである。

2－4　減価償却資産の取得価額

> **法人税法施行令**
>
> （減価償却資産の取得価額）
>
> **第54条**　減価償却資産の第48条から第50条まで（減価償却資産の償却の方法）に規定する取得価額は，次の各号に掲げる資産の区分に応じ当該各号に定める金額とする。
>
> 一　購入した減価償却資産　次に掲げる金額の合計額

イ　当該資産の購入の代価（引取運賃，荷役費，運送保険料，購入手数料，関税その他当該資産の購入のために要した費用がある場合には，その費用の額を加算した金額）

　　ロ　当該資産を事業の用に供するために直接要した費用の額

　五　適格合併，適格分割，適格現物出資又は適格事後設立により移転を受けた減価償却資産　次に掲げる区分に応じそれぞれ次に定める金額

　　イ　適格合併又は適格分割型分割（以下この号において「適格合併等」という。）により移転を受けた減価償却資産　次に掲げる金額の合計額

　　　(1)　当該適格合併等に係る被合併法人又は分割法人が当該適格合併等の日の前日の属する事業年度において当該資産の償却限度額の計算の基礎とすべき取得価額

　　　(2)　当該適格合併等に係る合併法人又は分割承継法人が当該資産を事業の用に供するために直接要した費用の額

　　ロ　適格分社型分割，適格現物出資又は適格事後設立（以下この号において「適格分社型分割等」という。）により移転を受けた減価償却資産　次に掲げる金額の合計額

　　　(1)　当該適格分社型分割等に係る分割法人，現物出資法人又は事後設立法人が当該適格分社型分割等の日の前日を事業年度終了の日とした場合に当該事業年度において当該資産の償却限度額の計算の基礎とすべき取得価額

法人税法施行令

第48条の2　平成19年4月1日以後に取得をされた減価償却資産の償却限度額の計算上選定をすることができる法第31条第1項（減価償却資産の償却費の計算及びその償却の方法）に規定する資産の種類に応じた政令で定める償却の方法は，次の各号に掲げる資産の区分に応じ当該各号に定める方法とする。

一 建物 定額法（当該減価償却資産の取得価額にその償却費が毎年同一となるように当該資産の耐用年数に応じた償却率を乗じて計算した金額を各事業年度の償却限度額として償却する方法をいう。）

二 第13条第1号（減価償却資産の範囲）に掲げる建物の附属設備及び同条第2号から第7号までに掲げる減価償却資産 次に掲げる方法

　イ 定額法

　ロ 定率法（当該減価償却資産の取得価額（既にした償却の額で各事業年度の所得の金額の計算上損金の額に算入された金額がある場合には，当該金額を控除した金額）にその償却費が毎年一定の割合で逓減するように当該資産の耐用年数に応じた償却率を乗じて計算した金額（当該計算した金額が償却保証額に満たない場合には，改定取得価額にその償却費がその後毎年同一となるように当該資産の耐用年数に応じた改定償却率を乗じて計算した金額）を各事業年度の償却限度額として償却する方法をいう。）

以下では簡単化のために，移転を行う法人は減価償却資産を購入したものとし，「当該資産を事業の用に供するために直接要した費用の額」は無いものとし，償却方法としては定率法が採用されているものとする。

適格合併等

「適格合併等の日の前日の属する事業年度において」というのは厳密に言えば，「……事業年度」終了の日つまり期末「において」という意味である。「償却限度額の計算の基礎とすべき」という規定において，「償却限度額」は法人税法の計算によるものであり，「べき」というのは法人税法の計算によらなければならないということである。かくして「取得価額」とは，減価償却資産の購入代金から，償却限度額の累計額を控除した後の残額以上の金額である。この金額は未償却残高であり，その残額は未償却残高の下限である。法人税法の計算上の，期末の未償却残高の下限である。

適格分社型分割等

「適格分社型分割等の日の前日を事業年度終了の日とした場合」というのは，先に，法第31条第2項を検討した際に述べたように，「…事業年度終了の日と」仮定「した場合」という意味である。従って「当該事業年度において」というのは，「当該事業年度」の仮定された「終了の日」つまり期末「において」という意味である。「償却限度額の計算の基礎とすべき取得価額」とは，適格合併等と同様であり，購入代価から償却限度額の累計額を控除した後の残額を下限とし，その下限以上の未償却残高である。

結局，法人税法の取得価額は，減価償却資産を取得するために必要な価額ではなく，法人税法で規定された償却限度額を算出するための，未償却残高である。文字通りの取得価額は，先に，2－3で見た，「帳簿に記載されていた金額」である。この未償却残高である取得価額を基準にして，先の，2－1と2－2において，償却限度額が算出され，償却限度超過額が判断され，同じことだが，2－3において，「帳簿に記載されていた金額」が，この未償却残高と等しいか否かが判断されるのである。

2－5　小　　括

適格組織再編税制において，償却限度超過額が引継がれ，再編以後の各事業年度において償却限度不足額が生じた場合に，その不足額を上限として，引継がれた限度超過額の損金算入が認容される。この限度超過額は，詳細な説明は河野惟隆［2007ａ］と河野惟隆［2007ｂ］とに譲るが，被合併法人等あるいは分割法人等の利益積立金額に含まれている。しかし，次の3で見るように，適格組織再編税制のうち，全てにおいて，利益積立金額が引継がれるとは限らない。償却限度額は，全てにおいて，引継がれるが，利益積立金額はそうではないのである。次に，この点を見てゆくことにする。

第11章 適格組織再編税制における減価償却資産と利益積立金額

3 利益積立金額の引継ぎ

3-1 適格合併等
3-1-1 利益積立金額の引継ぎ

> **法人税法**
> （定義）
> 第2条 この法律において、次の各号に掲げる用語の意義は、当該各号に定めるところによる。
> 十八 利益積立金額 法人の所得の金額で留保している金額として政令で定める金額をいう。
>
> **法人税法施行令**
> （利益積立金額）
> 第9条 法第2条第18号（定義）に規定する政令で定める金額は、同号に規定する法人の当該事業年度前の各事業年度（以下この項において「過去事業年度」という。）の第1号から第6号までに掲げる金額の合計額から当該法人の過去事業年度の第7号から第11号までに掲げる金額の合計額を減算した金額に、当該法人の当該事業年度開始の日以後の第1号から第6号までに掲げる、金額を加算し、これから当該法人の同日以後の第7号から第11号までに掲げる金額を減算した金額とする。
> 一 イからトまでに掲げる金額の合計額からチ及びリに掲げる金額の合計額を減算した金額（当該金額のうちに当該法人が留保していない金額がある場合には当該留保していない金額を減算した金額）
> 　イ 所得の金額
> 　ロ 法第23条（受取配当等の益金不算入）の規定により所得の金額の計算上益金の額に算入されない金額

217

ハ 法第23条の2（外国子会社から受ける配当等の益金不算入）の規定により所得の金額の計算上益金の額に算入されない金額

ニ 法第26条第1項（還付金等の益金不算入）に規定する還付を受け又は充当される金額（同項第1号に掲げる金額にあっては，法第38条第1項（法人税額等の損金不算入）の規定により所得の金額の計算上損金の額に算入されない法人税の額並びに当該法人税の額に係る地方税法（昭和25年法律第226号）の規定による道府県民税及び市町村民税（都民税及びこれらの税に係る均等割を含む。）の額に係る部分の金額を除く。），法第26条第2項に規定する減額された金額，同条第3項に規定する減額された部分として政令で定める金額，同条第4項に規定する附帯税の負担額又は同条第5項に規定する附帯税の負担額の減少額を受け取る場合のその受け取る金額及び同条第6項に規定する還付を受ける金額

ホ 法第57条（青色申告書を提出した事業年度の欠損金の繰越し），第58条（青色申告書を提出しなかった事業年度の災害による損失金の繰越し）又は第59条（会社更生等による債務免除等があつた場合の欠損金の損金算入）の規定により所得の金額の計算上損金の額に算入された金額

ヘ 法第64条の3第3項（法人課税信託に係る所得の金額の計算）に規定する収益の額から同項に規定する損失の額を減算した金額

ト 法第136条の4第1項（医療法人の設立に係る資産の受贈益等）に規定する金銭の額又は金銭以外の資産の価額及び同条第2項に規定する利益の額

チ 欠損金額

リ 法人税（法第38条第1項第1号及び第2号に掲げる法人税並びに附帯税を除く。以下この号及び次条第1項第1号において同じ。）として納付することとなる金額並びに地方税法（昭和25年法律第226号）の規定により当該法人税に係る道府県民税及び市町村民税（都民税及びこれらの税に係る均等割を含む。）として納付することとなる金額

第11章　適格組織再編税制における減価償却資産と利益積立金額

　二　当該法人を合併法人とする適格合併に係る被合併法人の当該適格合併の日の前日の属する事業年度終了の時の利益積立金額（当該被合併法人の株主等に対する法第2条第12号の8に規定する剰余金の配当等として交付した金銭その他の資産がある場合には当該金銭の額及び金銭以外の当該資産の価額の合計額を控除した金額とする。）

　四　当該法人を分割承継法人とする適格分割型分割に係る分割法人の利益積立金額につき第11号の規定により計算した金額

　十一　適格分割型分割に係る分割法人の当該適格分割型分割の日の前日の属する事業年度終了の時（以下この号において「期末時」という。）の利益積立金額（当該分割法人の株主等に対する法第2条第12号の8に規定する剰余金の配当等として交付した金銭その他の資産がある場合には当該金銭の額及び金銭以外の当該資産の価額の合計額を控除した金額とする。）に、イに掲げる金額のうちにロに掲げる金額の占める割合（当該割合に小数点以下三位未満の端数があるときは、これを四捨五入する。）を乗じて計算した金額

　　イ　当該分割法人の期末時の資産の帳簿価額から負債（新株予約権に係る義務を含む。）の帳簿価額を控除した金額

　　ロ　当該分割法人の期末時の移転資産（当該適格分割型分割により当該分割法人から分割承継法人に移転した資産をいう。）の帳簿価額から移転負債（当該適格分割型分割により当該分割法人から当該分割承継法人に移転した負債をいう。）の帳簿価額を減算した金額（当該金額がイに掲げる金額を超える場合には、イに掲げる金額）

　以下でも、これまでと同様に、適格合併と適格分割型分割とは、一括して、適格合併等と称し、他方、適格分社型分割、適格現物出資そして適格事後設立は、一括して、適格分社型分割等と称することにする。

　上で引用した条文において、適格合併等においては、被合併法人等から合併法人等に、利益積立金額が引き継がれることが規定されている。令第9条第1

項のうち，上の部分を除く部分は省略した。しかし，その省略した部分に，適格分社型分割等に関する規定はない。つまり，適格分社型分割等において利益積立金額が引き継がれる，とは規定されていないのである。

3－1－2　資産等の帳簿価額による引継ぎと株式・利益積立金額

法人税法
（適格合併及び適格分割型分割による資産等の帳簿価額による引継ぎ）
第62条の2　内国法人が適格合併又は適格分割型分割により合併法人又は分割承継法人にその有する資産及び負債の移転をしたときは，当該合併法人又は分割承継法人に当該移転をした資産及び負債の当該適格合併又は適格分割型分割に係る最後事業年度又は分割前事業年度終了の時の帳簿価額として政令で定める金額による引継ぎをしたものとして，当該内国法人の各事業年度の所得の金額を計算する。
2　前項（適格合併に係る部分に限る。）の場合においては，同項の内国法人は，前条第1項後段の規定にかかわらず，前項の合併法人から当該合併法人の株式（第61条の2第3項（有価証券の譲渡益又は譲渡損の益金又は損金算入）に規定する場合において同項の規定により同項に規定する株式割当等を受けたものとみなされる当該合併法人の株式を含む。）を当該適格合併により移転をした資産及び負債の帳簿価額を基礎として政令で定める金額により取得し，直ちに当該株式を当該内国法人の株主等に交付したものとする。
3　第1項（適格分割型分割に係る部分に限る。）の場合においては，同項の内国法人が同項の分割承継法人から交付を受けた当該分割承継法人の株式の当該交付の時の価額は，当該適格分割型分割により移転をした資産及び負債の帳簿価額を基礎として政令で定める金額とする。
4　合併法人又は分割承継法人が引継ぎを受ける資産及び負債の価額その他前3項の規定の適用に関し必要な事項は，政令で定める。

法人税法施行令

第123条の3 法第62条の2第1項（適格合併及び適格分割型分割による資産等の帳簿価額による引継ぎ）に規定する政令で定める金額は，同項の適格合併又は適格分割型分割に係る合併法人又は分割承継法人に移転をした資産及び負債の当該適格合併又は適格分割型分割に係る同項に規定する最後事業年度又は分割前事業年度終了の時の帳簿価額とする。

2　法第62条の2第2項に規定する政令で定める金額は，同条第1項の適格合併に係る第8条第1項第5号（資本金等の額）に規定する純資産価額に相当する金額とする。

3　法第62条の2第3項に規定する政令で定める金額は，同条第1項の適格分割型分割に係る第8条第1項第6号に規定する純資産価額に相当する金額とする。

4　法第62条の2第1項に規定するときにおいては，同項の合併法人又は分割承継法人は，同項に規定する資産及び負債の同項に規定する帳簿価額による引継ぎを受けたものとする。

法人税法

（定義）

第2条　この法律において，次の各号に掲げる用語の意義は，当該各号に定めるところによる。

　十六　資本金等の額　法人が株主等から出資を受けた金額として政令で定める金額をいう。

法人税法施行令

（資本金等の額）

第8条　法第2条第16号（定義）に規定する政令で定める金額は，同号に規定する法人の資本金の額又は出資金の額と，当該事業年度前の各事業

年度(「過去事業年度」という)の第1号から第13号までに掲げる金額の合計額から当該法人の過去事業年度の第14号から第21号までに掲げる金額の合計額を減算した金額に当該法人の当該事業年度開始の日以後の第1号から第13号までに掲げる金額を加算し,これから当該法人の同日以後の第14号から第21号までに掲げる金額を減算した金額との合計額とする。
五 合併により移転を受けた資産(イにおいて「移転資産」という。)及び負債(ロにおいて「移転負債」という。)の純資産価額(当該株主等に交付した当該法人の株式,金銭並びに当該株式及び金銭以外の資産(当該合併に係る被合併法人の株主等に対する法第2条第12号の8に規定する剰余金の配当等として交付した金銭その他の資産及び合併に反対する当該株主等に対するその買取請求に基づく対価として交付される金銭その他の資産を除くものとし,法第24条第2項(配当等の額とみなす金額)に規定する抱合株式に交付されるべきこれらの資産を含む。以下この号において同じ。)の当該合併の時の価額の合計額(適格合併の場合にあっては,イに掲げる金額からロに掲げる金額を減算した金額)をいう。)から当該合併による増加資本金額等(当該合併により増加した資本金の額又は出資金の額(法人を設立する合併にあっては,その設立の時における資本金の額又は出資金の額)並びに当該合併により被合併法人の株主等に交付した金銭並びに当該金銭及び当該法人の株式以外の資産の価額の合計額をいう。)を減算した金額
  イ 当該移転資産の帳簿価額
  ロ 当該移転負債の帳簿価額及び当該適格合併に係る第9条第1項第2号に掲げる金額の合計額

株式の金額は,適格合併の場合は,法第62条の2第2項,そして令第123条の3第2項において,又,適格分割型分割の場合は,法同条第3項,そして,令同条第3項において,何れも同じく,次のように規定されている。

  株式の金額=純資産価額

この純資産価額は,適格合併の場合は,令第8条第1項第5号において,そ

第11章　適格組織再編税制における減価償却資産と利益積立金額

のロの第9条第1項第2号は先に同号を見た際に明らかなように利益積立金額であるので，又，適格分割型分割の場合は，同条同項第6号において，そのロの第9条第1項第3号は先に同号を見た際に明らかなように利益積立金額であるので，何れも同じく次のように規定されている。

　　純資産価額＝移転資産帳簿価額－（移転負債の帳簿価額＋利益積立金額）

結局，次のようになる。

　　株式の金額＝移転資産の帳簿価額－（移転負債の帳簿価額＋利益積立金額）

この式を変換すると次のようになる。

　　移転資産の帳簿価額－移転負債の帳簿価額
　　　　＝株式の金額＋利益積立金額

簡単化のために，移転負債は無いとすると，上式は次のようになる。

　　移転資産の帳簿価額
　　　　＝株式の金額＋利益積立金額

資産は減価償却資産だけであるとし，「帳簿に記載された金額」は「帳簿に記載されていた金額」と同じであるとすれば，上式は次のようになる。

　　帳簿に記載された金額＋償却累計額
　　　　＝株式の金額＋利益積立金額

さらに減価償却には限度超過額が生じており，償却累計額には限度超過額が含まれているとする。詳細な説明は，河野惟隆［2007ａ］と河野惟隆［2007ｂ］とに譲るが，限度超過額は利益積立金額に含まれている。この点を考慮に入れて，上式を次のように変換する。

　　｛帳簿に記載された金額＋（償却累計額－償却限度超過額）｝
　　　　＋償却限度超過額＝株式の金額＋利益積立金額

結局，左辺の第1項は右辺の第1項に，左辺の第2項は右辺の第2項に，それぞれ，対応することになる。

3－2　適格分社型分割等
3－2－1　適格分社型分割

> 法人税法
> （定義）
> 第2条　この法律において，次の各号に掲げる用語の意義は，当該各号に定めるところによる。
>
> 　十二の九　分割型分割　分割により分割法人が交付を受ける分割承継法人の株式その他の資産（次号及び第12号の11において「分割対価資産」という。）のすべてがその分割の日において当該分割法人の株主等に交付される場合の当該分割をいう。
>
> 　十二の十　分社型分割　分割により分割法人が交付を受ける分割対価資産がその分割の日において当該分割法人の株主等に交付されない場合の当該分割をいう。
>
> 　十二の十一　適格分割　次のいずれかに該当する分割（分割型分割にあっては分割法人の株主等に分割承継法人の株式又は分割承継親法人株式（分割承継法人との間に当該分割承継法人の発行済株式等の全部を保有する関係として政令で定める関係がある法人の株式をいう。以下この号において同じ。）のいずれか一方の株式以外の資産（当該株主等に対する剰余金の配当等として交付される分割対価資産以外の金銭その他の資産を除く。）が交付されず，かつ，当該株式が当該株主等の有する分割法人の株式の数の割合に応じて交付されるものに，分社型分割にあっては分割法人に分割承継法人の株式又は分割承継親法人株式のいずれか一方の株式以外の資産が交付されないものに限る。）をいう。
>
> 　十二の十二　適格分割型分割　分割型分割のうち適格分割に該当するものをいう。
>
> 　十二の十三　適格分社型分割　分社型分割のうち適格分割に該当するものをいう。

（適格分社型分割による資産等の帳簿価額による譲渡）

第62条の3 内国法人が適格分社型分割により分割承継法人にその有する資産及び負債の移転をしたときは，第62条第1項（合併及び分割による資産等の時価による譲渡）の規定にかかわらず，当該分割承継法人に当該移転をした資産及び負債の当該適格分社型分割の直前の帳簿価額による譲渡をしたものとして，当該内国法人の各事業年度の所得の金額を計算する。

2　分割承継法人の資産及び負債の取得価額その他前項の規定の適用に関し必要な事項は，政令で定める。

法人税法施行令
（適格分社型分割における分割承継法人の資産及び負債の取得価額）

第123条の4　法第62条の3第1項（適格分社型分割による資産等の帳簿価額による譲渡）に規定するときにおいては，同項の分割承継法人の同項に規定する資産及び負債の取得価額は，同項に規定する帳簿価額に相当する金額（その取得のために要した費用がある場合には，その費用の額を加算した金額）とする。

　法人税法において，適格分社型分割は，「分割により分割法人が交付を受ける分割対価資産がその分割の日において当該分割法人の株主等に交付されない場合の」分社型分割のうち，「分割法人に分割承継法人の株式以外の資産が交付されないものに限る」ものとして規定され，「当該分割承継法人に当該移転をした資産及び負債の当該適格分社型分割の直前の帳簿価額による譲渡をしたものとして，当該内国法人の各事業年度の所得の金額を計算する」ものとして規定され，そして，「分割承継法人の資産及び負債の取得価額は」法第62条の3第1項「に規定する帳簿価額に相当する金額とする」ものとして規定されている。

法人税法

（定義）

第2条 この法律において，次の各号に掲げる用語の意義は，当該各号に定めるところによる。

　十六　資本金等の額　法人が株主等から出資を受けた金額として政令で定める金額をいう。

法人税法施行令

（資本金等の額）

第8条　法第2条第16号（定義）に規定する政令で定める金額は，同号に規定する法人の資本金の額又は出資金の額と，当該事業年度前の各事業年度（以下この項において「過去事業年度」という。）の第1号から第13号までに掲げる金額の合計額から当該法人の過去事業年度の第14号から第21号までに掲げる金額の合計額を減算した金額に，当該法人の当該事業年度開始の日以後の第1号から第13号までに掲げる金額を加算し，これから当該法人の同日以後の第14号から第21号までに掲げる金額を減算した金額との合計額とする。

　七　分社型分割により移転を受けた資産（以下この号において「移転資産」という。）及び負債（以下この号において「移転負債」という。）の純資産価額（当該分社型分割により分割法人に交付した当該法人の株式その他の資産の当該分社型分割の時の価額の合計額（適格分社型分割に該当しない分社型分割のうち法第62条の8第1項に規定する非適格合併等に該当しないものにあっては当該分社型分割の時の当該移転資産の価額から当該移転負債の価額を減算した金額とし，適格分社型分割の場合にあっては分割法人の当該適格分社型分割の直前の当該移転資産の帳簿価額から当該移転負債の帳簿価額を減算した金額とする。）をいう。）から当該分社型分割による増加資本金額等（当該分社型分割により増加した資本金の額又は出資金の額（法人を設立する

分社型分割にあっては,その設立の時における資本金の額又は出資金の額)並びに当該分社型分割により分割法人に交付した金銭並びに当該金銭及び当該法人の株式以外の資産の価額の合計額をいい,適格分社型分割により分割法人に分割承継親法人株式を交付した場合にあっては,その交付した分割承継親法人株式の当該適格分社型分割の直前の帳簿価額をいう。)を減算した金額

「純資産価額」は「適格分社型分割の場合にあっては分割法人の当該適格分社型分割の直前の当該移転資産の帳簿価額から当該移転負債の帳簿価額を減算した金額とする」から,これは次のように定式化される。

　　純資産価額＝移転資産の帳簿価額－移転負債の帳簿価額

適格分社型分割にあっては,分割法人は分割承継法人に,資産と負債のみを移転し,それに対して,株式のみを取得するから,上式は次のようになる。

　　株式の金額＝移転資産の帳簿価額－移転負債の帳簿価額

右辺の純資産価額は資本金等の額であるから,次のようにもなっているのである。

　　株式の金額＝資本金等の額

3－2－2　適格現物出資

法人税法
（定義）
第2条　この法律において,次の各号に掲げる用語の意義は,当該各号に定めるところによる。
　十二の十四　適格現物出資　次のいずれかに該当する現物出資（外国法人に国内にある資産又は負債として政令で定める資産又は負債の移転を行うもの及び新株予約権付社債に付された新株予約権の行使に伴う当該新株予約権付社債についての社債の給付を除き,現物出資法人に被現物出資法人の株式のみが交付されるものに限る。）をいう。

> （適格現物出資による資産等の帳簿価額による譲渡）
> 第62条の4　内国法人が適格現物出資により被現物出資法人にその有する資産の移転をし，又はこれと併せてその有する負債の移転をしたときは，当該被現物出資法人に当該移転をした資産及び負債の当該適格現物出資の直前の帳簿価額による譲渡をしたものとして，当該内国法人の各事業年度の所得の金額を計算する。
> 2　被現物出資法人の資産及び負債の取得価額その他前項の規定の適用に関し必要な事項は，政令で定める。
>
> **法人税法施行令**
> （適格現物出資における被現物出資法人の資産及び負債の取得価額）
> 第123条の5　法第62条の4第1項（適格現物出資による資産等の帳簿価額による譲渡）に規定するときにおいては，同項の被現物出資法人の同項に規定する資産及び負債の取得価額は，同項に規定する帳簿価額に相当する金額（その取得のために要した費用がある場合には，その費用の額を加算した金額）とする。

　法人税法において，適格現物出資は，「現物出資法人に被現物出資法人の株式のみが交付されるものに限る」ものとして規定され，「当該被現物出資法人に当該移転をした資産及び負債の当該適格現物出資の直前の帳簿価額による譲渡をしたものとして，当該内国法人の各事業年度の所得の金額を計算する」ものとして規定され，そして，「被現物出資法人の資産及び負債の取得価額は」法第62条の4第1項「に規定する帳簿価額に相当する金額とする」ものとして規定されている。

> **法人税法**
> （定義）
> 第2条　この法律において，次の各号に掲げる用語の意義は，当該各号に

定めるところによる。

　十六　資本金等の額　法人が株主等から出資を受けた金額として政令で定める金額をいう。

法人税法施行令
（資本金等の額）

第８条　法第２条第16号（定義）に規定する政令で定める金額は，同号に規定する法人の資本金の額又は出資金の額と，当該事業年度前の各事業年度（以下この項において「過去事業年度」という。）の第１号から第13号までに掲げる金額の合計額から当該法人の過去事業年度の第14号から第21号までに掲げる金額の合計額を減算した金額に，当該法人の当該事業年度開始の日以後の第１号から第13号までに掲げる金額を加算し，これから当該法人の同日以後の第14号から第21号までに掲げる金額を減算した金額との合計額とする。

　八　適格現物出資により移転を受けた資産及び当該資産と併せて移転を受けた負債の純資産価額（現物出資法人の当該適格現物出資の直前の当該資産の帳簿価額（当該資産が当該現物出資法人である公益法人等又は人格のない社団等の収益事業以外の事業に属する資産であった場合には，当該資産の価額として当該法人の帳簿に記載された金額）から当該現物出資法人の当該適格現物出資の直前の当該負債の帳簿価額（当該負債が当該現物出資法人である公益法人等又は人格のない社団等の収益事業以外の事業に属する負債であった場合には，当該負債の価額として当該法人の帳簿に記載された金額）を減算した金額をいう。）から当該適格現物出資により増加した資本金の額又は出資金の額（法人を設立する適格現物出資にあっては，その設立の時における資本金の額又は出資金の額）を減算した金額

「適格現物出資により移転を受けた資産及び当該資産と併せて移転を受けた負債の純資産価額」は「現物出資法人の当該適格現物出資の直前の当該資産の

帳簿価額から当該現物出資法人の当該適格現物出資の直前の当該負債の帳簿価額を減算した金額」であり，次のように定式化される。

　　　純資産価額＝移転資産の帳簿価額－移転負債の帳簿価額

　適格現物出資にあっては，現物出資法人は被現物出資法人に，資産と負債のみを移転し，それに対して，株式のみを取得するから，上式は次のようになる。

　　　株式の金額＝移転資産の帳簿価額－移転負債の帳簿価額

　右辺の純資産価額は資本金等の額であるから，次のようにもなっているのである。

　　　株式の金額＝資本金等の額

3－2－3　適格事後設立

適格事後設立

> **法 人 税 法**
> （定義）
> 第2条　この法律において，次の各号に掲げる用語の意義は，当該各号に定めるところによる。
> 　十二の十五　適格事後設立　事後設立のうち，事後設立法人が被事後設立法人の発行済株式等の全部を保有していることその他の政令で定める要件に該当するもの（外国法人に前号に規定する政令で定める資産又は負債の移転を行うものを除く。）をいう。
>
> **法人税法施行令**
> **第4条の2第13項**
> 　四　事後設立による資産等の移転による譲渡の対価の額が当該事後設立に係る被事後設立法人を設立するために当該事後設立に係る事後設立法人が払い込んだ金銭の額とおおむね同額であったこと。

　適格事後設立においては，先ず，事後設立法人の保有する金銭と，被事後設

第11章　適格組織再編税制における減価償却資産と利益積立金額

立法人の発行する株式との交換が行われる。金銭との交換が行われるので，この株式の価額は時価である。

次いで，被事後設立法人が保有するに至った金銭と，事後設立法人が元々から保有する資産および負債との交換が行われる。金銭との交換が行われるので，この交換は，法第62条の5の見出しの称する「適格事後設立による資産等の時価による譲渡」である。この譲渡は条文の中では，事後設立法人については移転と称され，被事後設立法人については取得と称されている。

さらに，この時価は，条文の中では対価と称されている。これに対して，事後設立法人が交換に出す直前の資産および負債の帳簿価額は原価と称されている。

この時価による交換は，交換の後に修正される。時価による交換それ自体が存在しなかったとするのではなく，それは存在したという前提の下で，修正される。以下，この点を条文に則して述べることにする。

> **法人税法**
> （適格事後設立による資産等の時価による譲渡と株式の帳簿価額修正益又は帳簿価額修正損の益金又は損金算入）
> 第62条の5　内国法人が適格事後設立により被事後設立法人にその有する資産の移転をし，又はこれと併せてその有する負債の移転をしたときは，当該移転による譲渡の日の属する事業年度の所得の金額の計算上，帳簿価額修正益（当該移転をした資産及び負債の当該譲渡に係る原価等の額（原価の額及びその他の費用の額の合計額をいう。以下この項において同じ。）が対価の額を超える場合における当該超える部分の金額に相当する金額をいう。次項において同じ。）又は帳簿価額修正損（当該移転をした資産及び負債の当該譲渡に係る対価の額が原価等の額を超える場合における当該超える部分の金額に相当する金額をいう。次項において同じ。）を益金の額又は損金の額に算入する。
> 2　前項の場合においては，同項の内国法人の有する適格事後設立に係る被事後設立法人の株式（出資を含む。次条第1項において同じ。）の前項に

規定する譲渡の時の帳簿価額に帳簿価額修正益に相当する金額を加算し，又は，当該帳簿価額から帳簿価額修正損に相当する金額を減算する。

3 被事後設立法人の資産及び負債の帳簿価額その他前2項の規定の適用に関し必要な事項は，政令で定める。

事後設立法人の資産及び負債

法第62条の5第1項

　帳簿価額修正益＝原価－対価＞0の場合

　修正後の移転資産の帳簿価額

　　　＝移転資産の対価＋帳簿価額修正益

　　　＝移転資産の対価＋（移転資産の原価－移転資産の対価）

　　　＝移転資産の原価　　　　　　　(1)

　修正後の移転負債の帳簿価額

　　　＝移転負債の対価＋帳簿価額修正益

　　　＝移転負債の対価＋（移転負債の原価－移転負債の対価）

　　　＝移転負債の原価　　　　　　　(2)

　先ず資産について述べる。条文の「帳簿価額修正益を益金の額に算入する」とは，(1)式の第2辺のように，移転資産の対価に，帳簿価額修正益を加算することである。つまり，「当該移転をした資産の当該譲渡に係る原価等の額が対価の額を超える」ので「当該移転による譲渡の日の属する事業年度の所得の金額の計算上」，損が生じているが，同額を益金に算入することによって損を益金で相殺し，時価による交換ではなく，原価による交換が行われたように修正するのである。(1)式の第1辺の修正後の移転資産の帳簿価額を，第4辺の移転資産の原価に，いわば戻すのである。

　次に負債について述べる。条文の「帳簿価額修正益を損金の額に算入する」とは，(2)式の第2辺のように，移転負債の対価に，帳簿価額修正益を加算することである。つまり，「当該移転をした負債の当該譲渡に係る原価等の額が対

第11章 適格組織再編税制における減価償却資産と利益積立金額

価の額を超える」ので,「当該移転による譲渡の日の属する事業年度の所得の金額の計算上」,益が生じているが,同額を損金に算入することによって益を損金で相殺し,時価による交換ではなく,原価による交換が行われたように修正するのである。(2)式の第1辺の修正後の移転負債の帳簿価額を,第4辺の移転負債の原価に,いわば戻すのである。

帳簿価額修正損＝対価－原価＞０の場合

修正後の移転資産の帳簿価額

　　　＝移転資産の対価－帳簿価額修正損

　　　＝移転資産の対価－(移転資産の対価－移転資産の原価)

　　　＝移転資産の原価　　　　　　　　(3)

修正後の移転負債の帳簿価額

　　　＝移転負債の対価－帳簿価額修正損

　　　＝移転負債の対価－(移転負債の対価－移転負債の原価)

　　　＝移転負債の原価　　　　　　　　(4)

　先ず資産について述べる。条文の「帳簿価額修正損を損金の額に算入する」とは,(3)式の第2辺のように,移転資産の対価から,帳簿価額修正損を減算することである。つまり,「当該移転をした資産の当該譲渡に係る対価の額が原価等の額を超える」ので,「当該移転による譲渡の日の属する事業年度の所得の金額の計算上」,益が生じているが,同額を損金に算入することによって,益を損金で相殺し,時価による交換ではなく,原価による交換が行われたように修正するのである。(3)式の第1辺の修正後の移転資産の帳簿価額を,第4辺の修正後の移転資産の原価に,いわば戻すのである。

　次に負債について述べる。条文の「帳簿価額修正損を益金の額に算入する」とは,(4)式の第2辺のように,移転負債の対価から,帳簿価額修正損を減算することである。つまり,「当該移転をした負債の当該譲渡に係る対価の額が原価等の額を超える」ので,「当該移転による譲渡の日の属する事業年度の所得の金額の計算上」,損が生じているが,同額を益金に算入することによって損を益金で相殺し,時価による交換ではなく,原価による交換が行われたように

修正するのである。(4)式の第1辺の修正後の移転負債の帳簿価額を，第4辺の移転負債の原価に，いわば戻すのである。

事後設立法人の株式
法第62条の5第2項
　第2項の条文を，第1項の条文も引用しつつ補足して敷衍すれば，次のようになる。「前項の場合においては，同項の内国法人」つまり事後設立法人「の有する適格事後設立に係る被事後設立法人の株式の前項に規定する譲渡の時の帳簿価額」つまり時価である対価「に」「当該移転をした資産及び負債の当該譲渡に係る原価等の額が対価の額を超える場合における当該超える部分の金額に相当する金額」である「帳簿価額修正益に相当する金額を加算し，又は当該帳簿価額」つまり時価である対価「から」「当該移転をした資産及び負債の当該譲渡に係る対価の額が原価等の額を超える場合における当該超える部分の金額に相当する金額」である「帳簿価額修正損に相当する金額を減算する」。
　資産価額から負債価額を控除した後の残額を純資産価額と定義すれば，「内国法人の有する適格事後設立に係る被事後設立法人の株式の前項に規定する譲渡の時の帳簿価額」とは純資産価額の対価ということになる。純資産価額の対価は資産価額の対価から負債価額の対価を控除した後の残額であり，純資産価額の原価は，資産価額の原価から負債価額の原価を控除した後の残額である。そうすると，第2項は次のように定式化される。

事後設立法人において
　帳簿価額修正益＝原価－対価＞0の場合
　　修正後の株式の帳簿価額＝譲渡の時の帳簿価額(対価)＋帳簿価額修正益
　　　＝純資産価額の対価＋{(資産価額の原価－負債価額の原価)
　　　　－(資産価額の対価－負債価額の対価)}
　　　＝純資産価額の対価＋(純資産価額の原価－純資産価額の対価)
　　　＝純資産価額の原価

第11章　適格組織再編税制における減価償却資産と利益積立金額

帳簿価額修正損＝対価－原価＞0の場合

　　修正後の株式の帳簿価額

　　　　　＝譲渡の時の帳簿価額(対価)－帳簿価額修正損

　　　　　＝純資産価額の対価－｛(資産価額の対価－負債価額の対価)

　　　　　　－(資産価額の原価－負債価額の原価)｝

　　　　　＝純資産価額の対価－(純資産価額の対価－純資産価額の原価)

　　　　　＝純資産価額の原価

何れにしても，次のようになっている。

　　修正後の株式の帳簿価額＝純資産価額の原価

この式の右辺は，元々，次のように定義されているものである。

　　純資産価額の原価

　　　　　＝移転資産の原価－移転負債の原価

　　　　　＝移転資産の移転直前の帳簿価額－移転負債の移転直前の帳簿価額

結局，先の式は，次のようになる。

　　修正後の株式の帳簿価額

　　　　　＝移転資産の移転直前の帳簿価額－移転負債の移転直前の帳簿価額

これは，先に見た，適格分社型の分割や適格現物出資における，次の式と同じであり，適格事後設立の場合も次の式のように表せる，ということである。

　　株式の金額

　　　　　＝移転資産の帳簿価額－移転負債の帳簿価額

被事後設立法人の資産及び負債

> **法人税法施行令**
> **（適格事後設立における被事後設立法人の資産及び負債の帳簿価額）**
> 第123条の6　法第62条の5第1項（適格事後設立による資産等の時価による譲渡と株式の帳簿価額修正益又は帳簿価額修正損の益金又は損金算入）に規定するときにおいては，同項の被事後設立法人が同項の適格事後設立によ

> り取得をした資産及び負債の帳簿価額は，当該資産の帳簿価額に<u>同項</u>に規定する帳簿価額修正益に相当する金額を加算し若しくは当該負債の帳簿価額から当該帳簿価額修正益に相当する金額を減算した金額又は当該資産の帳簿価額から<u>同項</u>に規定する帳簿価額修正損に相当する金額を減算し若しくは当該負債の帳簿価額に当該帳簿価額修正損に相当する金額を加算した金額とする。

この条文において，「当該負債の帳簿価額から当該帳簿価額修正益に相当する金額を減算した金額」というのは誤りであり，正しくは，「当該負債の帳簿価額」に「当該帳簿価額修正益に相当する金額を」加算「した金額」であり，又，「当該負債の帳簿価額に当該帳簿価額修正損に相当する金額を加算した金額」というのは誤りであり，正しくは，「当該負債の帳簿価額」から「当該帳簿価額修正損に相当する金額を」減算「した金額」である。このように正すということを前提にすれば，この条文は次のように定式化される。

被事後設立法人について
　帳簿価額修正益＝原価－対価＞０の場合
　　修正後の取得資産の帳簿価額
　　　　＝当該資産の帳簿価額＋帳簿価額修正益
　　　　＝取得資産の対価＋（取得資産の原価－取得資産の対価）
　　　　＝取得資産の原価
　　修正後の取得負債の帳簿価額
　　　　＝当該負債の帳簿価額＋帳簿価額修正益
　　　　＝取得負債の対価＋（取得負債の原価－取得負債の対価）
　　　　＝取得負債の原価
　帳簿価額修正損＝対価－原価＞０の場合
　　修正後の取得資産の帳簿価額
　　　　＝当該資産の帳簿価額－帳簿価額修正損

第11章 適格組織再編税制における減価償却資産と利益積立金額

　　　＝取得資産の対価－(取得資産の対価－取得資産の原価)
　　　＝取得資産の原価
　　修正後の取得負債の帳簿価額
　　　＝当該負債の帳簿価額－帳簿価額修正損
　　　＝取得負債の対価－(取得負債の対価－取得負債の原価)
　　　＝取得負債の原価

被事後設立法人の資本金等の額

> **法 人 税 法**
> （定義）
> 第2条　この法律において，次の各号に掲げる用語の意義は，当該各号に定めるところによる。
> 　十六　資本金等の額　法人が株主等から出資を受けた金額として政令で定める金額をいう。
>
> **法人税法施行令**
> （資本金等の額）
> 第8条　法第2条第16号（定義）に規定する政令で定める金額は，同号に規定する法人の資本金の額又は出資金の額と，当該事業年度前の各事業年度（以下この項において「過去事業年度」という。）の第1号から第13号までに掲げる金額の合計額から当該法人の過去事業年度の第14号から第21号までに掲げる金額の合計額を減算した金額に，当該法人の当該事業年度開始の日以後の第1号から第13号までに掲げる金額を加算し，これから当該法人の同日以後の第14号から第21号までに掲げる金額を減算した金額との合計額とする。
> 　十　適格事後設立により法第62条の5第1項（適格事後設立による資産等の時価による譲渡と株式の帳簿価額修正益又は帳簿価額修正損の益金又は損

237

> 金算入）に規定する資産の移転を受け，又はこれと併せて同項に規定する負債の移転を受けた場合における同条第2項に規定する帳簿価額修正益に相当する金額
>
> 十八　適格事後設立により法第62条の5第1項に規定する資産の移転を受け，又はこれと併せて同項に規定する負債の移転を受けた場合における同条第2項に規定する帳簿価額修正損に相当する金額

この条文は次のように定式化される。

被事後設立法人において

　帳簿価額修正益＝原価－対価＞0の場合

　　修正後の資本金等の額

　　　　＝被事後設立「法人が」事後設立法人の「株主等から出資を受けた金額」
　　　　　＋帳簿価額修正益

　　　　＝株式の対価＋（純資産価額の原価－純資産価額の対価）

　　　　＝純資産価額の原価

　帳簿価額修正損＝対価－原価＞0の場合

　　修正後の資本金等の額

　　　　＝被事後設立「法人が」事後設立法人の「株主等から出資を受けた金額」
　　　　　－帳簿価額修正損

　　　　＝株式の対価－（純資産価額の対価－純資産価額の原価）

　　　　＝純資産価額の原価

何れにしても，事後設立法人が被事後設立法人に金銭を払い込み株式を取得した時点での，被事後設立法人の資本金等の額は，資産と負債が移転された直後には修正されて，純資産価額の原価に，いわば戻されるのである。つまり，事後設立法人が保有する株式も，資産と負債が移転された直後に，純資産価額の原価に戻されるが，これに対応して，被事後設立法人の資本金等の額も，同額に修正されるのである。

第11章　適格組織再編税制における減価償却資産と利益積立金額

3-2-4　小　　括

適格分社型分割等の場合は結局，次のようになる。

　　株式の金額＝移転資産の帳簿価額－移転負債の帳簿価額

簡単化のために移転負債はないものとし，又，右辺は純資産価額であり，これは資本金等の額であり，そうすると上式は次のようになる。

　　株式の金額＝移転資産の帳簿価額＝資本金等の額

移転資産は減価償却資産だけとし，又，帳簿に記載されていた金額と帳簿に記載された金額は同じとすると，上式の第2辺は次のようになる。

　　移転資産の帳簿価額＝帳簿に記載された金額＋償却累計額

さらに減価償却には限度超過額が生じており，償却累計額には限度超過額が含まれているとすると，上の式は次のようになる。

　　移転資産の帳簿価額＝｜帳簿に記載された金額＋(償却累計額
　　　　　－償却限度超過額)｜＋償却限度超過額

これを，先の式の第2辺に代入すると，先の式は次のようになる。

　　株式の金額＝｜帳簿に記載された金額＋(償却累計額－償却限度超過額)｜
　　　　　＋償却限度超過額＝資本金等の額

結局，上式の第2項の償却限度超過額が，適格分社型分割等においては，資本金等の額に組み込まれているのである。適格合併等の場合は，引継がれる利益積立金額の一部に組み込まれ，それが引継がれる，というようになっていたが，適格分社型分割等においては，資本金等の額を構成する形で，いわば引継がれているのである。

4　おわりに

本章の結論は次の通りである。

1．適格組織再編税制において，償却限度超過額が引継がれ，再編以後の各事業年度において償却限度不足額が生じた場合に，その不足額を上限として，引継がれた限度超過額の損金算入が認容される。この限度超過額は，被合併

法人等あるいは分割法人等の利益積立金額に含まれている。
1．適格合併等においては，｛帳簿に記載された金額＋(償却累計額－償却限度超過額)｝が株式の金額であり，償却限度超過額が利益積立金額である。他方，適格分社型分割等においては，これら両者の合計額が株式の金額であり，償却限度超過額は，資本金等の額に組み込まれている。

以上

参 考 文 献

井上久彌・平野嘉秋［2004］『法人税の計算と理論（平成16年版）』税務研究会出版局。
稲見誠一・佐藤信祐［2008］『企業組織再編の税務』清文社。
岩﨑政明［2004］『ハイポセティカル・スタディ租税法』弘文堂。
植田 肇［2005］『法人税申告調整の実務』清文社。
江頭憲治郎・岩原紳作・神作裕之・藤田友敬編［2006］『会社法判例百選』有斐閣。
江頭憲治郎・中里 実編［2002］『企業組織と租税法』別冊商事法務252号。
岡村忠生［2007］『法人税法講義［第3版］』成文堂。
岡村忠生編［2007］『新しい法人税法』有斐閣。
岡村忠生・渡辺徹也・高橋祐介［2007］『ベーシック税法（第2版）』有斐閣。
金子 宏［2008］『租税法（第13版）』弘文堂。
金子 宏編［2007］『租税法の基本問題』有斐閣。
金子 宏・佐藤英明・増井良啓・渋谷雅弘［2004］『ケースブック租税法』弘文堂。
神谷紀子・竹内陽一・中東正文編［2002］『企業組織再編の法律と税務』清文社。
神田秀樹［2009］『会社法〔第11版〕』弘文堂。
神田秀樹・武井一浩編著［2002］『新しい株式制度』有斐閣。
北野弘久［2003］『税法学原論（第五版）』青林書院。
木村一夫［2007］『新組織再編成の税務・会計』中央経済社。
清永敬次［2005］『税法（第六版）』ミネルヴァ書房。
河野惟隆［2001］『法人税法別表四の新解釈』税務経理協会。
河野惟隆［2002］『法人税法減価償却の新解釈』税務経理協会。
河野惟隆［2006a］「適格合併等における欠損金繰越控除」『税経通信』2006年8月号。

河野惟隆 [2006 b]「適格合併等の欠損金繰越控除の制限と緩和」『税経通信』2006年9月号.

河野惟隆 [2007 a]「適格合併における利益積立金額の引継ぎ」『税経通信』2007年1月号.

河野惟隆 [2007 b]「適格合併における減価償却資産の引継ぎ――利益積立金額の引継ぎとの関連で――」『税経通信』2007年2月号.

河野惟隆 [2007 c]「適格合併等における欠損金繰越控除」税務会計研究学会『税務会計研究』第18号, 平成19年.

河野惟隆 [2008 a]「法人税法減価償却の新規定」『税経通信』2008年6月号.

河野惟隆 [2008 b]「法人税法の所得金額と利益積立金額」税務会計研究学会『税務会計研究』第19号, 平成20年.

河野惟隆 [2009 a]「適格合併における欠損金額の引継ぎ(上), (下)――利益積立金額の明示的算出との関連で――」『税経通信』2009年3月号, 4月号.

河野惟隆 [2009 b]「法人税法の新減価償却制度の定率法」税務会計研究学会『税務会計研究』第20号, 平成21年.

河野惟隆 [2009 c]「欠損等法人・特定支配関係による適格合併」『税経通信』掲載予定.

河野惟隆 [2009 d]「特定適格合併と『共同で事業を営むための合併』」『八洲学園大学紀要』第5号.

佐藤信祐 [2007]『組織再編における繰越欠損金の税務詳解』中央経済社.

佐藤信祐・鰐淵直子 [2006]『組織再編税制』清文社.

佐藤英明 [2006]『プレップ租税法』弘文堂.

佐藤英明編著 [2005]『租税法演習ノート』弘文堂.

品川芳宣 [1999]『重要租税判決の実務研究』大蔵財務協会.

新日本アーンストアンドヤング税理士法人編 [2007]『組織再編の税務ガイダンス』中央経済社.

税務会計研究学会『税務会計研究』各号, 第一法規株式会社.

瀬戸口有雄編著 [2008]『新減価償却制度の急所100問100答』ＴＫＣ出版.

参考文献

租税法学会『租税法研究』各号，有斐閣。
武田昌輔［1998］『法人税法の解釈（平成10年度版）』財経詳報社。
武田隆二［2005］『法人税法精説（平成17年度版）』森山書店。
垂井英夫［2001］『株式交換・株式移転の活用と税務』税務経理協会。
中里実［2002］『タックスシェルター』有斐閣。
中里実［2003］『デフレ下の法人課税改革』有斐閣。
中里実・神田秀樹編著［2005］『ビジネス・タックス』有斐閣。
中村利雄［1990］『法人税の課税所得計算（改訂版）』ぎょうせい。
中村利雄［2000］『法人税法要論』税務研究会出版局。
中村利雄・岡田至康［2004，2005］『法人税法要論』税務研究会出版局。
成松洋一［2001］『法人税セミナー（2訂版）』税務経理協会。
成松洋一［2004］『圧縮記帳の法人税務』（7訂版）』税務経理協会。
成松洋一［2005］『法人税法』税務経理協会。
成松洋一［2007］『新減価償却の法人税務』大蔵財務協会。
日本税務研究センター［2006］『新会社法と課税問題』財経詳報社。
平川忠雄［2001］『会社分割・企業組織再編税制の実務』税務経理協会。
松沢智［2003］『租税実体法（補正第2版）』中央経済社。
増井良啓［2002］『結合企業課税の理論』東京大学出版会。
水野忠恒［2008］『租税法（第3版）』有斐閣。
水野忠恒・中里実・佐藤英明・増井良啓編［2005］『租税判例百選〔第4版〕』有斐閣。
三輪芳朗・神田秀樹・柳川範之編［2004］『会社法の経済学』東京大学出版会。
弥永真生［2006］『リーガルマインド会社法〔第10版〕』有斐閣。
山田淳一郎編著［2004］『組織再編税制の実務（第2版）』中央経済社。
山本守之［2001］『企業組織再編の税務』税務経理協会。
山本守之［2004］『体系法人税法（16年度版）』税務経理協会。
吉牟田勲［1998］『法人税法詳説（平成10年度版）』中央経済社。
渡辺徹也［2006］『企業再編成と課税』弘文堂。

渡辺淑夫［2004］『法人税法（平成16年度版）』中央経済社。
渡辺淑夫・山本守之［1997］『法人税法の考え方・読み方（四訂版）』税務経理協会。

索　引

〔い〕

いずれか一方の法人が他方の法人の
　………………………67, 141, 142, 151, 153

〔え〕

益金算入額 ………………………………128
益金不算入額益金算入額 ………………128

〔か〕

該当日益金算入額
　………………………132, 150, 151, 164, 167
過去事業年度益金算入額…………90, 96, 98
　――の利益積立金額 ………………88, 91
合併 ………………………………………203
　――等事業年度
　　………49, 50, 52, 53, 54, 55, 56, 59,
　　61, 65, 68, 132, 145, 146, 168
　――法人等7年前事業年度開始日
　　………………49, 50, 55, 56, 58, 60, 61

〔き〕

期中損金経理額 ……206, 207, 208, 209, 210
共同で事業を営むための合併
　……169, 170, 171, 172, 173, 175, 176, 177,
　　178, 179, 180, 181, 182, 183, 185
共同で事業を営むための適格合併（等）
　…64, 68, 138, 140, 153, 155, 164, 167, 169,
　　170, 171 172, 173, 174, 176, 177, 178, 179,
　　180, 182, 183, 184, 185

〔け〕

欠損金額累計額
　……111, 115, 116, 117, 118, 120, 122, 126
欠損金繰越控除累計額
　…………111, 115, 116, 117, 118, 122, 126

欠損等法人……131, 132, 134, 135, 136, 137,
　　138, 142, 143, 144, 146, 152,
　　155, 156, 157, 160, 161, 162,
　　165, 166
　――における特定支配関係の一方向性
　　………………………………………151
　――による適格合併 ………………131
　――の適用期間 ……………………157
　――の適用期間前 …………………146
減価償却限度超過額 ……187, 188, 198, 199
限度超過額 …………………………191, 198
　――残高 ………………189, 190, 191, 192

〔さ〕

最終事業年度 ……………………132, 204

〔し〕

時価純資産超過額 ………………73, 74, 75, 84
施行規則が定める所得金額……………… 1
純資産超過額………………………………72
償却限度超過額 …………………209, 210, 239
償却費がその後毎年同一となる
　……………33, 35, 37, 41, 43, 44, 45, 46, 47
償却費が毎年一定の割合で逓減する
　……………33, 34, 35, 37, 39, 43, 44, 45, 46, 47
償却保証額………………………33, 39, 40, 41, 47
所得金額累計額
　…………………115, 116, 117, 118, 120, 126

〔せ〕

制限対象金額 ……………………………75, 76
税引前当該事業年度利益積立金額
　…96, 100, 103, 104, 105, 106, 107, 108, 110
前7年内事業年度
　………51, 52, 53, 54, 55, 57, 58, 60, 69, 70,
　　71, 72, 75, 77, 84, 132, 151, 153, 168

245

〔そ〕

損金経理額 …………………………204
損金算入額 …………………………128
損金不算入額 ………………………129

〔た〕

対象事業年度 ……………70, 71, 72, 77
他の者がその法人の ……………140, 141
他の者が当該内国法人の ………………151

〔ち〕

調整前償却額 …………33, 36, 39, 41, 46, 47
帳簿価額修正益 ……231, 232, 234, 236, 238
帳簿価額修正損…………231, 233, 234, 235, 236, 238
帳簿に記載された金額 …212, 213, 223, 239
帳簿に記載されていた金額
　………………194, 212, 216, 223, 239

〔て〕

適格合併等…………171, 205, 207, 209, 212, 215, 219, 239
　――事業年度 …………………162, 164
　――における欠損金繰越控除………49
　――の欠損金繰越控除の制限と緩和…63
適格合併における利益積立金額の引継ぎ
　………………………………………87
適格現物出資 …………………227, 228, 229
適格事後設立 ………………………230
適格分社型分割等…202, 205, 206, 207, 209, 212, 216, 219, 224, 225, 227, 239
適用期間……64, 70, 71, 79, 81, 82, 132, 144, 146, 161, 162, 164, 167, 168
適用事業年度…132, 139, 145, 146, 150, 154, 156, 157, 161, 162, 164, 168

〔と〕

当該事業年度 …………………………90, 98
　――利益積立金額 ………88, 91, 96, 99
特定資産譲渡等損失額
　………64, 67, 70, 72, 76, 79, 80, 82, 83, 84
特定資産譲渡等損失相当額 …77, 78, 83, 84
特定支配関係………131, 134, 135, 136, 137, 138, 140, 141, 142
　――と特定資本関係 …139, 141, 142, 150
　――にある欠損等法人
　　………131, 133, 145, 150, 167, 168
特定支配事業年度 ……………………150
特定支配日 …………………150, 161, 164, 167
特定資本関係 …67, 68, 70, 72, 141, 144, 164
　――事業年度 …………68, 69, 70, 71, 73, 75, 77, 80, 81
　――にある法人 ……………………131
　――発生日 ……………………………65, 67
　――法人………………………………80
特定適格合併…64, 65, 72, 79, 140, 145, 161, 162, 164, 165, 166, 168, 169, 170, 171, 174, 182, 183, 184
　――等事業年度………………64, 65, 67
特定同族会社…………………………97

〔に〕

二重否定に見える点 …………133, 134

〔ひ〕

被合併法人等7年前事業年度開始日
　………………49, 50, 55, 57, 58, 60, 61
被合併法人の利益積立金額
　………………93, 100, 101, 102, 104, 106, 110

〔ふ〕

分割型分割 …………………………203
分割等事業年度…………202, 205, 206, 207, 208, 209, 210

索　引

〔ほ〕

法・令の利益積立金額……………………23
簿価純資産超過額 ……77, 78, 81, 82, 83, 84
保証率…………………………33, 39, 40, 41, 47
　　　－等の冗漫性……………………42
　　　－等の非公開性…………………39
　　　－の冗漫性………………………33
本法の所得金額……………1, 2, 5, 20, 21, 22

〔み〕

未処理欠損金額の引継ぎ
　　…………111, 112, 114, 118, 123, 129, 130

みなし事業年度 …49, 50, 53, 54, 55, 56, 59,
　　　　　　　　　61, 203, 205, 212

〔り〕

利益積立金額の規定を理論化体系化
　　………………………………120, 121
利益積立金額の明示的な算出
　　………………119, 121, 123, 125, 130
留保金額 ………97, 99, 103, 104, 106, 107

著者紹介

河野　惟隆（こうの・これたか）

略歴
　筑波大学教授を経て，現在，帝京大学教授（法人税法，所得税法，財政学，地方財政）
　経済学博士（東京大学）
　東京大学大学院経済学研究科博士課程修了
　東京大学法学部卒業
　1941年生まれ

著書
　『法人税法・所得税法の経済学』税務経理協会，2004年。
　『法人税法減価償却の新解釈』税務経理協会，2002年。
　『法人税法別表四の新解釈』税務経理協会，2001年。
　『地方財政の研究』税務経理協会，1999年。
　『法人税・所得税の研究』税務経理協会，1995年。
　『財政投融資の研究』税務経理協会，1993年。
　『The U.S. Individual Income Tax』（英文）税務経理協会，1992年。
　『個人所得税の研究』税務経理協会，1987年。
　『財政投融資と一般会計』御茶ノ水書房，1986年。

共著
　『現代日本の財政金融Ⅲ──昭和50年代──』東京大学出版会，1986年。
　『現代日本の財政金融Ⅱ──昭和40年代──』東京大学出版会，1982年。
　『現代日本の財政金融Ⅰ──昭和30年代──』東京大学出版会，1978年。

著者との契約により検印省略

平成21年11月1日　初版発行

法人税法の研究

著　者	河　野　惟　隆
発行者	大　坪　嘉　春
印刷所	税経印刷株式会社
製本所	株式会社　三森製本所

発行所　東京都新宿区下落合2丁目5番13号　株式会社　税務経理協会
郵便番号 161-0033　振替 00190-2-187408　電話(03)3953-3301(編集部)
　　　　　　　　　FAX(03)3565-3391　　　(03)3953-3325(営業部)
URL http://www.zeikei.co.jp/
乱丁・落丁の場合はお取替えいたします。

© 河野惟隆 2009　　　　　　　　　　　　　　Printed in Japan

本書を無断で複写複製（コピー）することは，著作権法上の例外を除き，禁じられています。本書をコピーされる場合は，事前に日本複写権センター（JRRC）の許諾を受けてください。
JRRC(http://www.jrrc.or.jp　eメール:info@jrrc.or.jp　電話:03-3401-2382)

ISBN978-4-419-05327-7　C3032